Intarsien

Wir widmen dieses Buch Onkel Tommy
und meinem Vater Stanley Apps,
der mir Mentor und Freund war.

Jack Metcalfe & John Apps

Intarsien

Deutsche Verlags-Anstalt
München

Aus dem Englischen übersetzt von
Maria Gurlitt-Sartori
Recherchen: Christoph Gurlitt und Ralf Oesterreicher

Bibliografische Information der Deutschen Bibliothek
Die Deutsche Bibliothek verzeichnet diese Publikation in der Deutschen Nationalbibliografie;
detaillierte bibliografische Daten sind im Internet über <http:dnb.ddb.de> abrufbar.

© Text, Diagramme und Fotografien (außer Kapitel 6)
Jack Metcalfe und John Apps

Für die deutsche Ausgabe:
© 2005 Deutsche Verlags-Anstalt GmbH, München

Published by arrangement with B T Batsford, London
Titel der englischen Originalausgabe:
The Marquetry Course
© 2003 B T Batsford

Alle Rechte vorbehalten
Herstellung: BK-Verlagsservice, München
Printed in Singapore

ISBN 3-421-03511-3

DANKSAGUNGEN

Was als vage Idee in den Köpfen zweier passionierter Kunsttischler begann, sollte sich zu einem größeren Projekt entwickeln und einen ganzen Kreis von Menschen und Organisationen in seinen Bann ziehen, die sich der Marketerie verbunden fühlen. Ohne deren Unterstützung, professionellen Rat und technischen Beitrag, vor allem aber deren Präsenz, hätte dieses Buch nicht erscheinen können.

Unser besonderer Dank gilt dem City & Guild of London Institute als Initiator dieses Buchs, ebenso den Mitgliedern der Marketerie-Gruppe Leeds, der Studenten- und Lehrerschaft des York College und des Leeds College of Art & Design. Dank gebührt auch Stephen Hall für seine professionellen Möbelpläne, Zeichnungen und 3D-CAD Illustrationen, Jeffry Glyn, der unser Manuskript mit dem Rotstift lektorierte, Lorraine Trickett für die Erfassung des Texts sowie Ron Hudson für das Bildmaterial des sechsten Kapitels. Danken möchten wir James Lomax, Kurator der Chippendale Society und des Temple Newsam House, David Stockdale, Registrar und Collections Manager des Harewood House Trust, Adam Bowett als Holz- und Möbel-Historiker, der Firma ALPI Reconstructed real-wood veneers, Ian Frazer als Konservator und Kitty Ross als Kuratorin der Leeds Museums and Galleries. In unseren Dank einschließen möchten wir Brian Day, der uns das Werk seines verstorbenen Großvaters zugänglich machte, Giuseppe Rocco aus Sorrent für seine »Intarsia« als verlässliche Inspirationsquelle, Gordon Wight (Schreinermeister) für die Erlaubnis, seinen Wandschirm-Entwurf zu nutzen sowie den Möbelrestaurator David Hawkins. Nicht vergessen seien die nachfolgend aufgeführten Kursteilnehmer und Hobbymarketeure, die uns ihre Möbelprojekte für die Illustrationen zur Verfügung stellten: Tony Thorpe, Alan Rollinson, Tomoko Hasua, Margaret Capitano, Charles Kerr und Jenny Grout.

Ein inniges Dankeschön gebührt nicht zuletzt unseren Ehefrauen Gloria und Chrysa, die uns mit ihrer Unterstützung von Anfang an ermutigten, dieses Projekt zu verwirklichen.

INHALT

ERSTES KAPITEL
Einführung in Technik und Gestaltung der Marketerie 6

Zum Gebrauch dieses Buches 7

Werkzeuge und Ausrüstung 8
Für Marketerie • Für Parketterie • Laubsägearbeiten • Marketerie-Schneidbrett • Schattier- oder Brennzubehör • Furnierpressen

Materialien 15
Klebebänder • Klebstoffe • Schleifmittel • Polituren • Furniere

Vom Baum zum Furnier 22
Das Schneiden von Furnieren • Wirbeliges oder pyramidenartig geflammtes Maserbild • Tangentiales bzw. gefladertes Maserbild (Fladerschnitt) • Schälschnitt • Quartierschnitt • Erkennungsmerkmale der Vorder- oder Deckseite • Zusammensetzen der Furnierblätter • Furniermuster • Wurzel- und Maserhölzer

Techniken 26
Der Gebrauch des Messers • Die Fenstermethode • Kreise • Arbeiten mit der Laubsäge • Doppelschnitt-Verfahren • Sägetipps • Schattieren (Brennen) • Ahorn, gebeizt • Bearbeitung mit der Feder • Strukturlinien

ZWEITES KAPITEL
Lehrgänge 42

Historischer Hintergrund 42

Fächer anlegen mit Hilfe von Schablonen 43
Lehrgang Nr. 1: Konvexer Eckfächer • Lehrgang Nr. 2: Konkaver Eckfächer mit fünf Flöten • Lehrgang Nr. 3: Ovaler Fächer mit 28 Flöten

Die Fenstermethode 57
Lehrgang Nr. 4: Windrose • Lehrgang Nr. 5: Eine einzelne Rose

Die Laubsägetechnik 66
Lehrgang Nr. 6: Muschel • Lehrgang Nr. 7: Patera

Parketterie 74
Lehrgang Nr. 8: Schachbrett • Lehrgang Nr. 9: Würfelmuster im Louis-quatorze-Stil • Lehrgang Nr. 10: Geflechtmuster mit rustikaler Note • Lehrgang Nr. 11: Geflechtmuster in Paneelform • Lehrgang Nr. 12: Chevron

DRITTES KAPITEL
Aufbringen, Pressen und Einfassen des Ornaments 91

Das Aufbringen auf den Untergrund 91
Ein Furnier als Ausgleich • Adern, Bänder und Einfassung • Bänder • Einfassungen

Zwei-Phasen-Pressverfahren 94

Einfassungsvarianten 95
Der innenliegende Aderrand • Gestürztes Querfurnierband als Einfassung • Geviertelte Ecken, kombiniert mit Adern und Querfurnierbändern • Querfurnierbänder als Einfassung eines runden Mittelfelds

VIERTES KAPITEL
Schleifen und Polieren 102

Verputzen der Marketerie 103
Das Entfernen des Fugenpapiers • Zellulose-Schleifgrund

Schleifen 104
Methode 1: Schleifen mit dem Schwingschleifer • Methode 2: Der Handschliff

Oberflächenbehandlung 106
Lacke

Anmerkungen zu Schliff- und Oberflächenbehandlung der Projekte 108
Ovales Tablett • Pfeilertisch • Schmuckschatulle • Wandschirm

FÜNFTES KAPITEL
Projekte 111

Ovales Tablett 111

Pfeilertisch 118
Furnieren und Marketieren

Schmuckschatulle 131
Konstruktion der Schatulle • Schatullendeckel • Scharniere • Innenaufteilung • Die acht Unterteilungen • Furnieren und Verzieren der Schatulle

Wandschirm 143
Maßangaben für die Konstruktion • Das Marketerie-Design

SECHSTES KAPITEL
Möbelgalerie 148

Anhang 161

Schablonen

Konstruktionszeichnungen

Glossar 174

Bezugsquellen 175

Register 176

ERSTES KAPITEL
EINFÜHRUNG IN TECHNIK UND GESTALTUNG DER MARKETERIE

ÜBER DIESES BUCH

Dieses Buch richtet sich an alle, die sich mit Marketerie befassen, ob als passionierte Bastler, angehende Kunsttischler, erfahrene Möbelschreiner oder Restauratoren. Vorkenntnisse sind nicht erforderlich, da jede Technik anhand von Schritt-für-Schritt-Illustrationen eingeführt wird und die einzelnen Entwicklungsstadien jedes Projekts im Bild festgehalten sind. Auf diese Weise hoffen wir, die verschiedenen Arbeitsweisen dieses alten Handwerks durch einen umfassenden Lehrgang zu vermitteln.

Als Marketerie bezeichnet man die aus exotischen Furnierhölzern zusammengesetzten Bilder und Ornamente, die kunstsinnige Handwerker zur Dekoration von Möbeln einsetzen. Auch Materialien wie Messing, Elfenbein oder Perlmutt werden vereinzelt kombiniert. Gearbeitet wird in der Regel anhand von Entwürfen, die in Form von Furnieren (Holzscheiben, die so dünn sind, dass sie sich mit dem Messer schneiden lassen) zu einem Arrangement zusammengefügt und verleimt und schließlich auf eine Trägerplatte aufgebracht werden. Die andere Möglichkeit ist das Einlegen von Marketerie-Entwürfen. In diesem Fall muss die Trägerplatte so tief ausgehoben oder eingefräst werden, dass sie die Einlage vollständig aufnimmt.

Wer wie wir über 30 Jahre lang Tischler- und Marketerie-Lehrgänge leitet, verfügt über reichlich Praxiserfahrung. Da unsere Vorliebe den großartigen Marketerie-Entwürfen der Kunsttischler des 18. Jahrhunderts gilt, werden wir uns besonders eingehend mit den charakteristischen Gestaltungsmustern dieser Epoche befassen: Fächern, Muscheln, Paterae – runde Dekormotive, die eine stilisierte Blüte enthalten –, Girlanden und floralen Motiven. Überdies soll eine Reihe Parketterie-Muster vorgestellt werden.

ÜBER DIESES BUCH

ZUM GEBRAUCH DIESES BUCHES

Vorrangiges Ziel dieses Buches ist es, angehende Kunsttischler, Möbelschreiner und Restauratoren, aber auch Hobby-Schreiner, die sich erstmals mit Marketerie befassen, in dieses Handwerk einzuführen. Dies vor Augen, war es uns ein Anliegen, den Inhalt nach Schwierigkeitsgraden gestaffelt in Form eines Lehrgangs zu gestalten. Das erste Kapitel führt den Leser in die erforderlichen Grundtechniken ein. Hier finden sich auch detaillierte Anweisungen zur Erstellung von einfachen, aber äußerst nützlichen Arbeitshilfen sowie eine Liste der Vor- und Nachteile von Materialien wie Klebstoffen, Schleifpapieren, Polituren und dem wichtigsten Werkstoff dieses Handwerks: den Furnieren. Ein gründliches Erarbeiten des ersten Kapitels ist somit Grundvoraussetzung für gutes Gelingen. Wer erst einmal die wesentlichen Schnitt-Techniken beherrscht, wird bald auch schon so geschickt mit dem Skalpell umgehen, dass die ersten Entwürfe in den Marketerie-Lehrgängen des zweiten Kapitels bewältigt werden können.

Farbige Abbildungen und ausführliche Erklärungen gewährleisten die erfolgreiche Konstruktion der einzelnen Entwürfe. Diese sind nach erforderlicher Geschicklichkeit gestaffelt, immer davon ausgehend, dass auch Anfänger ohne Vorkenntnisse damit zurecht kommen.

Das fünfte Kapitel bietet dem passionierten Kunsttischler die Möglichkeit, sich an anspruchsvollere Projekte zu wagen. Detaillierte Schritt-für-Schritt-Pläne, Bilder und Anleitungen veranschaulichen die einzelnen Fertigungsphasen. Wichtig bei der Auswahl der Objekte und Marketerie-Entwürfe erschien uns, dass alte Stilvorlagen ebenso berücksichtigt werden wie modernere Designbeispiele. Ein Tablett und ein Pfeilertisch erinnern an die klassizistische englische Möbelkunst um die Mitte des 18. Jahrhunderts, während die Schmuckschatulle und der Wandschirm einer neueren Linienführung entsprechen. Alle vier Projekte stellen bezüglich Fertigung und Oberflächendekoration eine Herausforderung dar und bilden in jedem Raum einen Blickfang.

Mit etwas Übung verfügt man bald schon über die erforderliche Technik, um kleinere Entwürfe ausführen zu können. Wir wünschen Ihnen bei der Verwirklichung der in diesem Buch vorgestellten Muster und Projekte gutes Gelingen. Ihr erfolgreiches Schaffen ist der schönste Lohn unserer Arbeit.

WERKZEUGE UND AUSRÜSTUNG

Die wenigen für Marketerie-Arbeiten erforderlichen Werkzeuge und Materialien sind bis auf eine Ausnahme durchwegs erschwinglich. Lediglich für die Presse ist eine größere Summe aufzuwenden, doch kann man sich auch seine eigene bauen. In diesem Abschnitt werden die im Handel erhältlichen Geräte, die zur Basisausrüstung des Marketeurs gehören, vorgestellt.

FÜR MARKETERIE

Schneidmatte Eine rutschfeste Schneidmatte, in die die Klinge eindringen kann, ohne stumpf zu werden, ist ideal als Unterlage für das Schneiden von Furnieren. Am besten eignet sich für Marketerie-Arbeiten das DIN-A3-Format. Im Handel erhältlich sind Matten in unterschiedlichen Größen. Für die Verarbeitung großflächiger Furniere empfiehlt es sich, zwei kleinere Unterlagen mit Klebeband aneinander zu heften, da sie zusammen flexibler zu handhaben sind als eine größere Matte.

Stahllineal Ein 305 mm langes Metall-Lineal ist für das Schneiden akkurater Linien auf Furnier unentbehrlich. Um zu verhindern, dass das Lineal verrutscht, wird ein Streifen feines Sandpapier auf die Rückseite des Lineals geklebt.

Geometrie-Set Ein Geometrie-Set, das aus einem kleinen Schulzirkel und Winkelmesser sowie einem 30°-, 45°- und 60°-Winkel besteht, ist in jedem Schreibwarengeschäft erhältlich.

Skalpelle und Klingen Abb. 1 zeigt von links nach rechts ein Skalpell mit versenkbarer Klinge, ein Schneidmesser mit Vierkant-Heft, ein Schneidmesser mit No 11-Klinge und ein Swann Morton No 3-Heft mit No 10A-Klinge.

Abzieh- oder Ölstein Ein kleiner Schleifstein zum Nachschleifen des Rückens von Skalpellklingen ist ein unentbehrliches Werkzeug.

Abb. 1: Grundausstattung für Marketerie-Arbeiten

Zirkelschneider Um einwandfreie Kreise in Furnierblätter zu schneiden, empfehle ich den robusten Zirkelschneider. Weil sich sowohl die Zirkelspitze als auch die Schneidaufsätze auf jedem Stahlrichtscheit aufsetzen lassen, kann der Schnittradius beliebig groß sein.

Stahlrichtscheit Ein 1 m langes Lineal, das zur Vorbereitung der Furnierblätter für einige der vorgestellten Projekte erforderlich ist.

90°-Winkel aus Stahl (Gehrmaß) Ein Gerät mit zwei Schenkeln, die mindestens 305 mm x 455 mm messen – je länger desto besser –, ist zum Schneiden von Furnierteilen im rechten Winkel erforderlich.

Bügeleisen Ein normales Haushaltsbügeleisen gehört zur Grundausstattung für Furnier- und Marketerie-Arbeiten.

Schneid-Streichmaß Wie ein Streichmaß zum Markieren, aber anstatt mit Anreißspitze mit einer kleinen Klinge ausgestattet, die das Furnier schneidet. Brauchbares Werkzeug, um eine Marketerie mit einem gleichmäßigen Rand einzufassen sowie für die Fertigstellung einiger Projekte (s. S. 94, Schritt 2).

WERKZEUGE UND AUSRÜSTUNG

Schwing-/Einhandschleifer Empfehlenswert ist ein Gerät mit integrierter Staubabsaugung. Viertelschleifpapierbögen sind in der Größe ideal.

FÜR PARKETTERIE

Unter Parketterie versteht man das präzise Zusammensetzen geometrischer Formen zu mosaikartigen Mustern, für das weiteres Zubehör erforderlich ist, das im folgenden Abschnitt beschrieben wird.

Miniatur-Feinsäge Die mit 0,20 mm extrem dünne Klinge dieser Miniatur-Feinsäge verfügt über 52 Zähne pro 25 mm. Sie schneidet Furnierblätter, ohne einen gezackten Rand zu hinterlassen. In Verbindung mit der Gehrungsschneidlade (s. Abb. 2) ist die Miniatur-Feinsäge ein wichtiges Werkzeug für Parketterie-Entwürfe.

Schmiege Dient der Übertragung der Winkel auf die Gehrungsschneidlade und wird gehandhabt wie das Gehrmaß, nur dass sich die Zunge auf jeden beliebigen Winkel einstellen lässt.

Feinsäge Wie die Miniatur-Feinsäge wird die Feinsäge (auch Ansatzsäge) für den ersten Schnitt auf der Gehrungsschneidlade benötigt.

Gehrungsschneidlade Wie sich auf einfache Weise eine Schneidlade im Kleinformat für den Gebrauch der Miniatur-Feinsäge herstellen lässt, ist in Abb. 3 veranschaulicht. Mit Hilfe der Gehrungsschneidlade lassen sich problemlos gleichartige Winkel schneiden. Sie benötigen: *Weichholz 75 x 25 x 225 mm mit beidseitig planer Oberfläche, 2 Hartholz-Leisten 9 x 12 x 225 mm. Die Kanten müssen einwandfrei gerade und rechtwinklig sein.*

Befestigen Sie die erste Leiste entlang einer Kante der Weichholzbasis mit PVA-Leim und fixieren Sie diese beidseitig mit je einem Stift. Bringen Sie die zweite Leiste in 50 mm Abstand zur ersten auf und verwenden Sie zwei 50 mm breite Holzklötzchen als Abstandshalter, damit die Leisten über die ganze Länge parallel sind; danach leimen und mit zwei Stiften sichern. Fertig!

Sicherheitsvorkehrungen Zum Schutz der Hand spannen Sie die Gehrungsschneidlade vor Beginn der Sägearbeiten auf einer Hobelbank ein.

Stellen Sie die Schmiege mit Hilfe eines Winkeldreiecks auf 60° ein. Überprüfen Sie die Genauigkeit noch einmal, nachdem die Schrägung eingestellt ist. Präzision ist hier von größter Bedeutung.

Abb. 2: Parketterie-Gehrungsschneidlade und Feinsäge

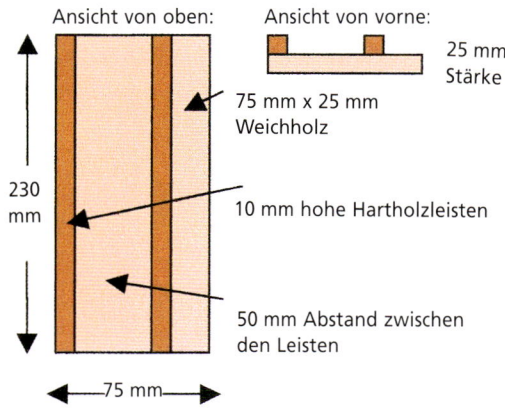

Abb. 3: Maßangaben für eine Gehrungsschneidlade

Legen Sie den Anschlagschenkel der Schmiege an die Randleiste an und sägen Sie mit einer Feinsäge oder dem Schwalbenschwanz entlang der Zunge der Schmiege durch beide Leisten und etwa 2 mm tief in die Gehrungsschneidlade ein. Der erste Schnitt sollte nicht mit der Miniatur-Feinsäge erfolgen, da ihr Blatt zu dünn ist, um einen »Führungsschlitz« zu schaffen (dient später als Absperrung), in den sich später ein Furnier einschieben lässt.

Legen Sie einen Furnierstreifen in den mit der Feinsäge erzeugten Schlitz so ein, dass er über die beiden Leisten hinausragt. Dieser Furnierstreifen bildet die Absperrung. Um den zweiten Gehrschnitt vorzunehmen, muss der Abstand zwischen dem ersten und zweiten Führungsschlitz genau festgelegt sein. Bei dem Würfelmuster (s. S. 78) hängt dieser Abstand von der Breite des Furnierstreifens ab. Legen Sie also einen der Streifen auf die Leisten an das Absperrfurnier an. Die Miniatur-Feinsäge wird nun entlang diesem Furnierstreifen angesetzt und die Schmiege auf der anderen Seite an das Sägeblatt angelegt, sodass das Sägeblatt zwischen Furnier und Schmiege eingeschlossen ist. Während das Sägeblatt vertikal ausgerichtet bleiben muss, sägen Sie durch beide Hartholzleisten bis ca. 2 mm tief in die Gehrungsschneidlade. Die Lade ist nun gerichtet für 60°-Rauten aus den bereitliegenden Furnierstreifen.

Laubsägearbeiten

Die Laubsäge samt Zubehör gehört zur Grundausstattung für die Fertigung der im Folgenden vorgestellten Projekte. Falls Sie Erfahrung mit einer elektrische Laubsäge (Elektro-Dekupiersäge) haben, ist auch sie geeignet.

Handlaubsäge Sie besteht aus einem U-förmigen Bügel, an dessen Enden das Sägeblatt mit Hilfe von Flügelschrauben eingespannt wird. Die Tiefe des Bügels, vom Sägeblatt bis zur Rundung gemessen, bestimmt über die Größe des Furniers, das gesägt werden kann.

Sägeblätter Bei den Holzlaubsägen ist die Nummer 11 das dickste Blatt und die Nummer 2/0 das

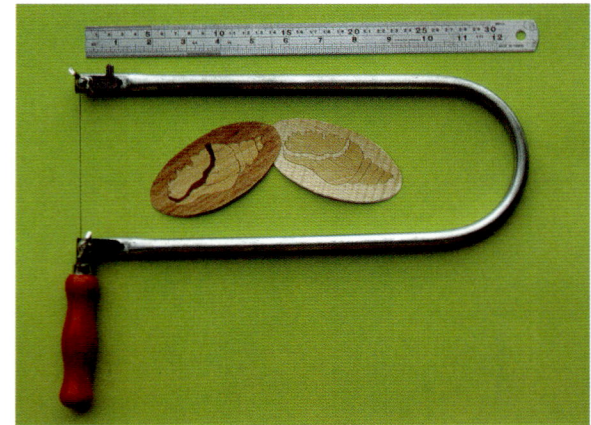

Figure 4: Handlaubsäge mit 310 mm Bügeltiefe.

feinste. Abb. 5 zeigt die Zahnteilung bzw. TPI-Einteilung (teeth per inch – Zähne pro Inch). Für Marketerie-Arbeiten sind nur feine bis mittelstarke Blätter der Stärke 2/0 bis 6/0 verwendbar. Die meisten Kursteilnehmer gehen zu den feineren Blättern über, nachdem sie einige Stunden mit den stärkeren Sägeblättern gearbeitet haben. Der Schnitt, der durch 2/0-Blätter entsteht, ist praktisch nicht erkennbar, sobald die Fugen aneinander gelegt und verleimt sind.

Sägeblatt-Typ Ebenso wichtig wie die Stärke ist der Blatt-Typ. Es gibt Laubsägeblätter für Holz und für Metall. Wir haben überraschenderweise festgestellt, dass die Zähne der zum Sägen von Holz vorgesehenen Blätter für Marketerie-Arbei-

Grösse	Dicke (mm)	Breite (mm)	Zähne/cm	TPI
2/0	0,22	0,60	13	33
0	0,22	0,60	13	33
1	0,29	0,72	11	28
2	0,29	0,72	11	28
3	0,35	0,85	9,5	24
4	0,35	0,85	9,5	24
5	0,41	0,98	8	20
6	0,41	0,98	8	20
7	0,48	1,20	6,9	18
9	0,51	1,40	5,9	15
11	0,55	1,60	5	13

Abb. 5: Laubsägeblätter-Maße

WERKZEUGE UND AUSRÜSTUNG

ten zu grob sind. Die Metall-Sägeblätter jedoch erzeugen einen feinen, glatten Schnitt und sind außerdem langlebiger als die durchschnittlichen Holz-Sägeblätter. Die von unseren Kursteilnehmern in den letzten fünf Jahren verwendeten Sägeblätter stammen aus der Schweiz und bestehen aus feuergehärtetem Stahl, der für Metallarbeiten und andere harte Materialien geeignet ist, aber eben auch für feine Furniere und Marketerie.

Bau eines Sägetischs für Laubsägearbeiten Bauen Sie sich anhand der folgenden Anleitung aus einer 12 mm starken MDF- oder Sperrholzplatte einen Sägetisch (s. Abb. 6), der auf einer Hobelbank eingespannt wird. Wenn man während des Gebrauchs von oben auf den Tisch blickt, sind seine Einschnitte nicht sichtbar, da sie von dem auszusägenden Furnier verdeckt werden. Es ist letztlich also eine Frage des Gefühls, das Sägeblatt genau innerhalb dieses Einschnitts zu führen. Die Einschnitte bestehen aus einem Loch von 25 mm Durchmesser zum Aussägen größerer Teile eines Musters und den zu beiden Seiten dieses Lochs eingesägten Schlitzen, die beim Aussägen winziger Teile verhindern, dass diese durchrutschen und zu Boden fallen. Nichts ist nämlich ärgerlicher, als wenn Kleinteile nach dem Sägen verloren gehen.

Büro-Hefter Erforderlich zum Zusammenheften der Furniere beim Erstellen eines Laubsägepakets. Ein Standard-Hefter genügt vollauf.

Papierkleber Dient zum Aufkleben der Papiermuster auf ein Furnier. Im Schreibwarenhandel erhältliche Klebestifte, die sowohl auf Holz als auch auf Papier haften, sind auch für den Aufbau eines Furnierpakets erforderlich.

Miniatur-Spiralbohrer Werkzeug, um ein stecknadelgroßes Loch in ein Furnierpaket zu stechen, durch das sich das Laubsägeblatt einführen lässt. Eine normale Nähnadel, die in einen Vierkantschaft eingespannt wird, ist ideal. Die Nadelspitze ist nach Gebrauch unbedingt mit einem Korken zu sichern.

Hammer und Schraubendreher Ein kleiner Schreinerhammer ist erforderlich zum Flachhämmern der Heftklammern, die das Furnierpaket zusammenhalten. Verwenden Sie nach dem Aussägen einen Schraubendreher, um die Heftklammern wieder zu entfernen.

MARKETERIE-SCHNEIDBRETT

Eine feste Unterlage, die für sämtliche Marketerie- und Parketterie-Arbeiten zur Grundausrüstung gehört, lässt sich ganz leicht konstruieren und dann jahrelang nutzen. Die Schneidhilfe erleichtert das Zusägen von gleichartigen Geraden in zuvor festgelegter Größe und das präzise rechtwinklige Ablängen. Für die Konstruktion ist eine 12 mm starke MDF- oder Sperrholzplatte erforderlich, die etwas größer ist als eine DIN A3-

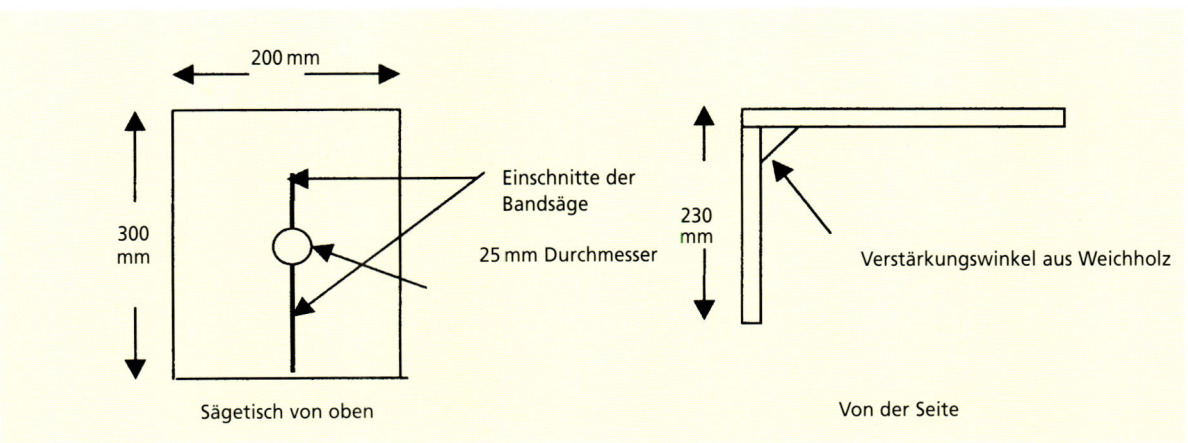

Abb. 6: Maßangaben für die Fertigung eines Sägetischs

ERSTES KAPITEL | EINFÜHRUNG IN TECHNIK UND GESTALTUNG DER MARKETERIE

Schneidmatte, sowie eine 12 mm starke und 500 mm lange Vierkantleiste aus Hartholz, die als Anschlag zum Ablängen der Furnierteile dient. Die genauen Maßangaben finden sich in Abb. 7.

Für das Anbringen des Hartholzanschlags auf der MDF-Platte ist es wichtig, dass die Anschlagkante entlang der ganzen Länge einwandfrei flach und eben ist. Um dies zu überprüfen, legen Sie ein Stahlrichtscheit an die vordere Kante der Leiste an. Falls sie auch nur leicht gewölbt sein sollte, muss sie unbedingt ganz flach an der geraden Kante ausgerichtet werden, bevor sie mit Leim und Stiften auf dem Brett fixiert wird. Fast alle Projekte dieses Buchs hängen von diesem Brett und seinem erhöhten Anschlag ab, der präzise Furnierschnitte garantiert.

SCHATTIER- ODER BRENN-ZUBEHÖR

Quarzsand Bei Furnieren lässt sich nur Quarzsand verwenden, denn andere Sandtypen würden am Holz hängen bleiben. Quarzsand besteht aus nicht haftenden scharfkantigen »Körnern«. Er ist in kleinen Mengen im Gartencenter oder Tiergeschäft erhältlich.

Pfanne Eine Pfanne für den Sand muss wärmebeständig sein und die Wärme gut übertragen. Ideal ist eine gusseiserne Bratpfanne. Ungeeignet sind Metalle wie Aluminium (es ist ein schlechter Wärmeleiter und erreicht nicht die entsprechende

Abb. 8: Schneidunterlage in Gebrauch

Arbeitstemperatur) und Zinn, das die Wärme zu rasch überträgt. Deshalb sollte man auch keine Haushaltsbackformen verwenden, sondern auf Stahl zurückgreifen.

Wärmequelle Ideal als Wärmequelle ist eine 1-kW-Elektro-Heizplatte. Sie liefert die erforderliche Wärme und hält die Temperatur konstant. Notfalls tut es auch ein Gasbrenner.

Längere Pinzette Aus Sicherheitsgründen benötigt man eine Pinzette, denn der Sand wird sehr heiß. Aus diesem Grund sollte die Pinzette immer neben der Wärmequelle bereit liegen. Wie Furniere sachgemäß gebrannt werden, ist im Abschnitt Techniken (s. S. 36 f.) ausgeführt.

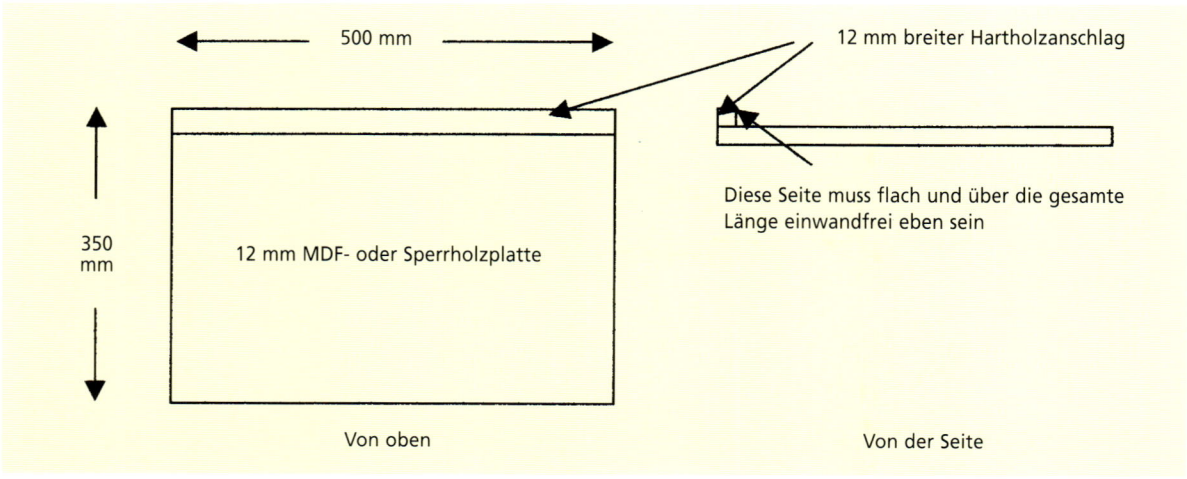

Abb. 7: Ausmaße einer Schneidunterlage

Werkzeuge und Ausrüstung

Furnierpressen

Verglichen mit den erforderlichen anderen Ausrüstungsgegenständen für Marketerie, ist eine Pressvorrichtung eine relativ teure Anschaffung. Durchgängig empfehlen wir in diesem Buch die Verwendung von PVA-Leim auf Wasserbasis, der im Verlauf des Abbindens Druck benötigt. Für den privaten handwerklichen Gebrauch und/oder kleinere Ausbildungsstätten findet sich auf Seite 167 ein Entwurfsplan für den Bau einer Presse aus Flaschenwinden.

Hydraulische Presse Eine industriell eingesetzte Vorrichtung, mit der man meist sowohl kalt als auch unter Wärmeeinwirkung pressen kann. Das Warmpressen ermöglicht eine raschere Verarbeitung und erspart somit Produktionskosten. Für Marketerie-Arbeiten empfehlen wir in der Regel jedoch Pressen ohne Wärmeeinwirkung, um ein »Aufgehen« der Fugen aufgrund des verursachten Schwunds zu verhindern. Einige empfindliche Furniere wie etwa Wurzelholz- oder Maserfurniere können eine Warmpresse erfordern; man sollte aber immer auch die Nachteile in Betracht ziehen. Hydraulische Pressen sind sehr teuer und erfordern eine entsprechend große Stellfläche.

Vakuumpresse Im Vergleich zu den übrigen Werkzeugen und Ausrüstungsgegenständen für Marketerie erscheint eine Vakuumpresse teuer.

Abb. 9: Längere Pinzette zum Herausnehmen des Furniers

Dennoch handelt es sich gegenüber den Ausgaben, die für Drechsel- und Holzschnitzarbeiten erforderlich sind, um eine relativ leicht erschwingliche Anschaffung.

Die Vakuumpresse besteht aus einer elektrischen Pumpe, die über einen Kunststoffschlauch mit einem Polyethylen-Beutel verbunden ist (s. Abb. 10). Das furnierte Objekt wird in den Beutel gepackt und das offene Ende fest verschlossen. Mit Einschalten der Pumpe wird die Luft aus dem Beutel gesaugt und somit ein Unterdruck erzeugt. Der atmosphärische Druck wirkt auf die Außenfläche des Polyethylen-Beutels und erzeugt auf das furnierte Objekt einen Druck von etwa 1000 hPa bezogen auf Meereshöhe. Dies entspricht 1 kg/cm^2, also einem weitaus größeren Druck, als Zwingen oder andere Pressverfahren, die in Werkstätten eingesetzt werden, erzeugen können. Die Zahlen für die Berechnung des Luftdrucks orientieren sich immer an der Meereshöhe, wobei der Unterschied in höheren Lagen unbedeutend ist. Die anfallenden Kosten sind nicht erwähnenswert. Die gängige Vakuumpumpe wird über einen 60-Watt-Motor betrieben, und die Presszeit beträgt für die meisten Furnierarbeiten ungefähr eine Stunde.

Außer dem Pressen flacher Flächen bis zu einer Größe von 2,4 m x 1,2 m (dem größten erhältlichen Beutel), wird die Vakuumpresse vor allem für das Pressen gebogener Flächen geschätzt. Werkstücke mit konkaven, konvexen oder beiden Krümmungsformen sind für die Presse keinerlei Problem, da sich der Beutel wie von selbst um das Objekt legt und somit auf die gesamte Oberfläche den gleichen Druck ausübt. Dies aber ist der eigentliche Vorteil beim Furnieren, denn zuvor musste immer ein entsprechender Abdruck in Form eines Klischees gefertigt werden, um gleichmäßigen Druck auf eine gewölbte Fläche auszuüben, was vielfach arbeitsaufwendiger war als das Objekt selbst. Auf Abbildung 10 sieht man das furnierte Paneel, »eingeschweißt« in den Vakuumbeutel. Die Folie umschließt das Werkstück; sie ist über den blauen Absaugschlauch mit der Vakuumpumpe verbunden. Auf diese Weise ist der erforderliche Luftkanal gewährleistet. Dieser ga-

Erstes Kapitel | Einführung in Technik und Gestaltung der Marketerie

Abb. 10: Vakuumpresse in Betrieb

rantiert, dass alle Luft aus dem Beutel extrahiert wird, um maximale Unterdruckbedingungen zu erreichen.

Presse aus Flaschenwinden Diese erschwingliche Presse eignet sich für den privaten Gebrauch oder kleinere Ausbildungsstätten. Sie besteht aus zwei Flaschenwinden und einem stabilen Holzrahmen. Verglichen mit den beiden zuvor beschriebenen Pressen ist der Kostenaufwand gering; mit Ausnahme gewölbter Oberflächen lassen sich mit dieser Konstruktion sämtliche kleinen bis mittelgroßen Werkstücke pressen. Die beiden Flaschenwinden übertragen den Druck auf die Holzzulagen, zwischen denen das Furnierbrett liegt. Sofern der Holzrahmen stabil genug ist, kann im Grunde kaum etwas schief gehen, und die Presse erfüllt über Jahre ihren Zweck.

Bevor man die Furniere einspannt, sollten sie in Verpackungsmaterial eingeschlagen werden; gut geeignet dafür sind Zeitungen. So verhindert man ein Verkleben der Bretter, falls Leim austritt, und schafft zugleich eine Art Puffer, falls es in der Dicke des Furniers doch leichte Unebenheiten geben sollte.

Die Maßangaben für die Konstruktion einer Presse aus Flaschenwinden finden sich im Anhang (s. S. 167).

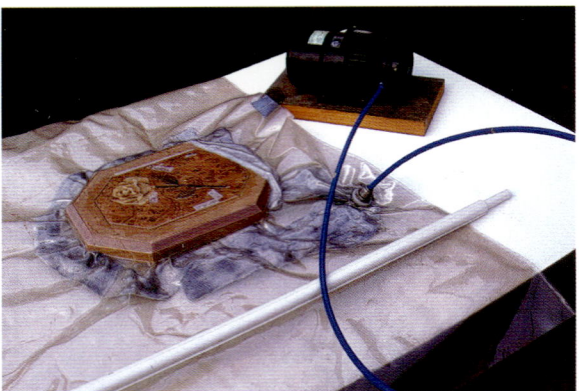

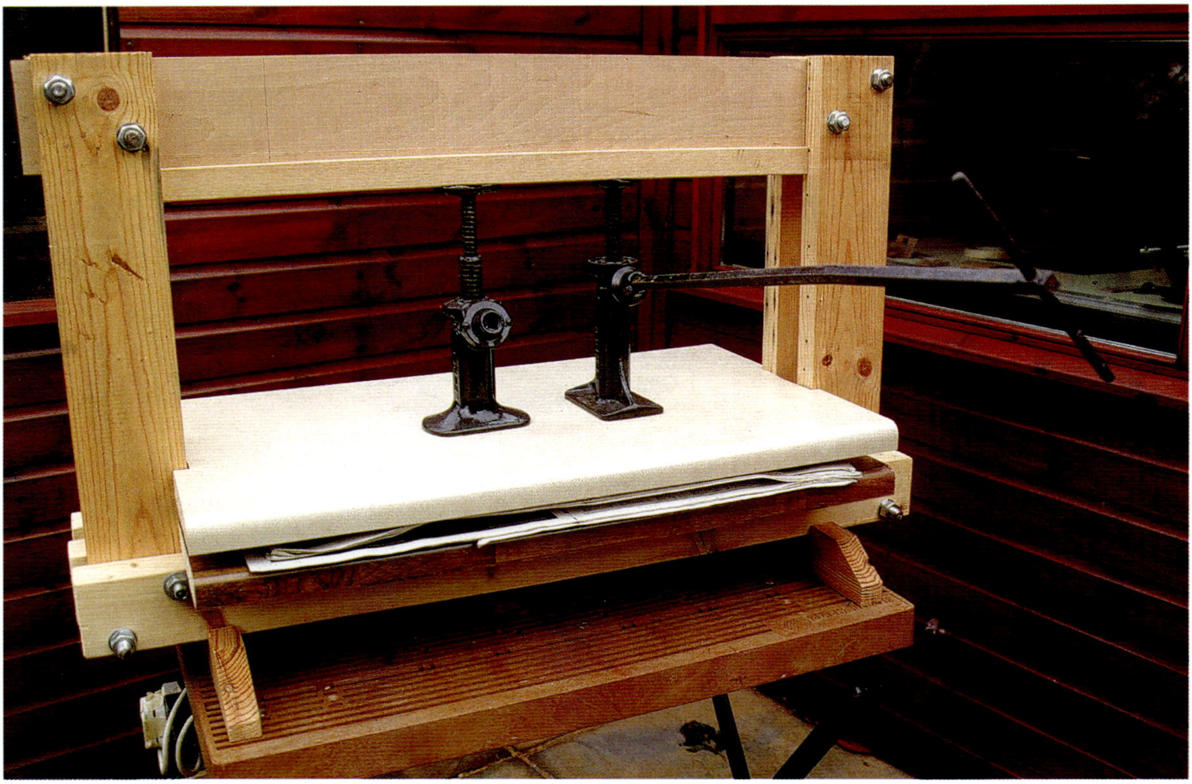

Abb. 11: Presse aus Flaschenwinden

MATERIALIEN

Für Marketerie-Arbeiten sind nur wenige Werkzeuge erforderlich und auch nur wenige Materialien, die kaum größere Kosten verursachen: Klebebänder, Klebstoffe, Schleifmittel, Polituren und Furniere.

KLEBEBÄNDER

Klebeband dient bei Furnier- und Marketerie-Arbeiten zum Zusammenhalten der Teile, bis eine dauerhafte Verbindung, etwa Leim, aufgebracht wird. Verwendet werden zwei verschiedene Arten: Klebeband, das nur kurz erforderlich ist, und länger haftendes. Man sollte genau wissen, wodurch sich die beiden unterscheiden.

Ein nur vorübergehend aufgebrachtes Klebeband hält zwei oder mehrere Furnierteile zusammen, wird generell aber vor dem Aufleimen des Arrangements auf die Trägerplatte wieder entfernt. Geeignet sind Abdeck- oder Kreppband.

Ein längerfristig aufgebrachtes Klebeband hat den gleichen Zweck, bleibt aber auch während des Pressvorgangs haften. Es gibt zwei Arten von längerfristig haftendem Band. Das so genannte Fugenpapier wurde speziell für Furnier- und Marketerie-Arbeiten entwickelt und besteht aus weißem gummiertem Papier von 12 mm oder 25 mm Breite. Das Band wird nach Befeuchten (wie Briefmarken) aufgebracht; dadurch quillt das Papier auf und haftet. Nach dem Aufbringen über zwei Furniere wird das Band trocken gerieben, wobei sich das Papier zusammenzieht und die Furniere zugleich fest zusammenschließt. Das Ablösen des Fugenpapiers erfolgt genau umgekehrt: durch Befeuchten des Bandes quillt das Papier auf, sodass es sich mit der Schmalkante eines Stahllineals einfach von den Furnieren »abschälen« lässt. Eine geeignete Alternative zu dem nicht überall erhältlichen Fugenpapier ist für den Hobby-Marketeur das braune Packband mit Gummierung auf einer Seite, das in Schreibwarengeschäften und bei der Post verkauft wird.

Das zweite längerfristig aufgebrachte Klebeband ist mit selbstklebendem Buchbinderleim beschichtet. Es wird für einige der Parketterie-Lehrgänge in diesem Buch benötigt und erleichtert den Bildaufbau. Wie beim Fugenpapier handelt es sich nur um eine leichte Gummierung. Nach dem Pressen lässt sich der Film einfach abschälen.

KLEBSTOFFE

Für Furnier- und Marketerie-Arbeiten sind lediglich zwei Arten von Leim erforderlich, nämlich PVA-Leim (Polyvinylacetat- oder Weißleim) und Harnstoffharzleim.

Man erspart sich manche Probleme, wenn man vor Beginn der Arbeit weiß, welcher Leim der Richtige ist, denn jeder verfügt über ganz spezifische Vor- und Nachteile. Wer diese kennt, weiß sich schließlich auch zu helfen, falls etwas schief geht.

PVA-Leim Dieser benutzerfreundliche, nicht tropfende Leim auf Wasserbasis wird für Marketerie-Arbeiten besonders gern verwendet, nicht nur zum Leimen ganzer Furnierbilder, sondern auch zum Verbinden der Fugen einzelner Furnierteile während des Bildaufbaus. Die Fenstermethode beispielsweise basiert allein auf PVA-Leim, mit dem die einzelnen Teile zusammengehalten werden. Der beim Auftragen zunächst weiße Leim wird beim Abtrocknen transparent, was für die Marketerie ganz wesentlich ist, da es eine Vielzahl an Leimspuren gibt, die in einem Bild oder Entwurf auftreten. Folglich wird man für den Bildaufbau den gleichen Leim verwenden wie für die Fixierung des Motivs auf der Trägerplatte, denn nur so ist gewährleistet, dass sich die Leime vertragen.

Nachteilig wirkt sich vor allem aus, dass es sich um einen Leim auf Wasserbasis handelt. Das Wasser verursacht nämlich zweierlei Probleme. Erstens sollte für das »lückenlose« Aneinanderfügen der Furniere lediglich eine winzige Spur Leim auf die Fugen aufgetragen werden. Unmittelbar nach dem Auftragen sollte dieser mit dem Finger in die Fugen gerieben werden, bis er verschwindet und abtrocknet. Sobald zu viel Leim aufgetragen wird, lässt das im Leim enthaltene Wasser die frischgefügten Fugen aufquellen und verursacht Unebenheiten.

Ein weiteres Problem tritt auf, wenn überschüssiger Leim auf die Trägerplatte oder den Untergrund durchschlägt. Ein Großteil des Wassers verflüchtigt sich im Lauf des Pressens in die Fasern des Furniers. Wenn zu viel Leim aufgetragen wird, lässt die überdurchschnittliche Wassermenge die Furniere aufquellen und erzeugt sichtbare Blasen, so genannte Kürschner. Um dies zu vermeiden, trägt man den Leim mit einer Walze, wie man sie zum Tapezieren verwendet, auf die Trägerplatte auf (s. Abb. 1) und verteilt ihn ganz gleichmäßig. Dabei ist keinerlei Druck erforderlich, denn das Gewicht der Walze genügt, um den Leim zu verstreichen. Eine dickere Schicht Leim bedeutet keineswegs auch eine effektivere Bindung; im Gegenteil. Je dünner die aufgetragene Schicht, desto stärker die Bindung, vorausgesetzt, dass wirklich die gesamte Fläche des Untergrunds mit Leim bestrichen wurde.

Allerdings darf man den PVA-Leim nie auf die fertige Fläche des Furniers oder Marketerie-Bildes auftragen, denn dann besteht die Gefahr, dass die Marketerie auseinander fällt und auf dem Werkstattboden landet. Wasser und Furniere vermischen sich nicht. Sobald also PVA-Leim auf die Trägerplatte verteilt wurde und das Furnier über der mit Leim bestrichenen Oberfläche bereit liegt, bleiben allerhöchstens zwei bis drei Minuten, um es entsprechend auszurichten, bevor es in die Presse kommt. Wie richtig vorgegangen wird, zeigt Abb. 1. Legen Sie eine Kante des Furniers an die Trägerplatte an, nachdem Sie es so zentriert haben, wie es aufgeleimt werden soll. Sobald der Leim verteilt ist, ziehen Sie das Furnier auf die mit Leim versehene Fläche und geben es anschließend sofort in die Presse.

Die erforderliche Presszeit eines mit PVA-Leim verbundenen Furniers beträgt beim Kaltpressen eine Stunde. Weitere 24 Stunden sind für das Aushärten des Leims bei Zimmertemperatur erforderlich. Diese Aushärt- oder Abbindzeit ist sehr wichtig, denn selbst wenn das Furnier nach dem Pressen »fest« erscheint, ist der Leim noch immer zu weich, um dem Druck beim Abschleifen standzuhalten. Die Abbindzeit hängt aber auch von der Belüftung ab. Es wäre falsch, das furnierte Werkstück 24 Stunden in der Presse zu lassen. Die Arbeit würde »ersticken«, was die gefürchteten Stockflecken durch Pilzbefall verursacht. Die winzigen Flecken auf den Furnieren lassen sich praktisch nicht mehr entfernen.

Selbst wenn man die oben aufgeführten Anweisungen befolgt, können andere Missgeschicke auftreten. Gelegentlich kann Furnier beim Kaltpressen Blasen bilden, insbesondere bei Maser- oder Wurzelholz. Das liegt daran, dass ihre Faser im Gegensatz zu der von anderen Furnieren, bei denen sie in Längsrichtung verläuft und die längsseits aufgelegt werden, in Querrichtung verläuft. Daher kann das im PVA-Leim enthaltene Wasser, das normalerweise von den horizontalen Fasern anderer Furniere absorbiert wird, durch tangential geschnittene Maser-Hirnholz-Furniere sehr viel leichter austreten und begünstigt somit ein Aufquellen der Fugen und die Entstehung von Blasen. Je offenporiger das Holz, desto mehr Wasser wird absorbiert.

Sollten sich Blasen bilden, lässt sich das Problem mit einem heißen Bügeleisen beheben, ins-

Abb. 1: Verstreichen von PVA-Leim auf der Trägerplatte

MATERIALIEN

Abb. 2: Bügeln eines welligen Furniers

besondere wenn PVA-Leim verwendet wurde. In dem aufgequollenen Furnier ist nämlich noch immer etwas Wasser enthalten, und das Bindemittel auf der Unterlage des Trägerbretts ist ebenfalls noch vorhanden. Durch die Wärmebehandlung verdunstet erstens die Feuchtigkeit im Furnier, sodass dieses wieder auf seine ursprüngliche Größe schrumpft, und zweitens verursacht die Wärme ein Aufweichen des Klebers, sodass sich das Furnierstück herausnehmen und neu einsetzen lässt. Nach Aufbringen eines heißen Bügeleisens (mittlere Temperatur) über fünf bis sechs Sekunden pressen Sie mit der Hand einige Sekunden lang ein kaltes Stahllineal auf die entsprechende Fläche, bis die Wärme entwichen ist. Die Behandlung mit dem heißen Bügeleisen schlägt in solchen Fällen nie fehl. Falls ein Bügeleisen verwendet wird, das normalerweise zum Bügeln von Kleidung dient, deckt man zum Schutz der Bügelfläche das Furnier mit Packpapier ab.

Harnstoffharzleim Ein thermoplastischer Klebstoff, der aus einem weißen Pulver besteht, das man mit Wasser anmischt. Der Leim wird aufgetragen wie PVA-Leim, die Aushärtezeiten sind allerdings sehr viel länger. Beim Kaltpressen dauert es vier Stunden, bis der Leim abbindet. Wir empfehlen diesen Leim für das Zusammenfügen der beiden Ränder des im fünften Kapitel vorgestellten Tabletts. Die im Vergleich zu PVA-Leim stärkere Bindung verleiht diesem Tablett größere Stabilität.

Warm- oder Glutinleim Er wird auch als Hammer-Furnier-Leim, Perlleim oder Hasenleim bezeichnet und ist in perlierter oder Graupelform im Handel erhältlich. Die Perlen müssen über Nacht in Wasser eingeweicht werden, um aufzuquellen. Dann werden sie in einen doppelwandigen Leimkocher gegeben, in dessen äußerem Behälter Wasser auf die entsprechende Arbeitstemperatur erhitzt wird. Um die richtige Konsistenz zu erhalten, wird dem aufgelösten Leim vor der Verarbeitung Wasser beigemischt. Der Leim wird mit dem Pinsel auf die Trägerplatte aufgebracht. Mit einem Furnierhammer wird das Furnier durch Aufreiben angedrückt, wobei ein heißes Bügeleisen den Leim gleichzeitig »elastisch« hält. Bei dem Werkzeug handelt es sich um einen »Schieber« aus Holz, der mit leichtem Druck über das Furnier gezogen wird und somit zweierlei bewirkt: Während sich die Verbindung des Furniers mit der Trägerplatte verfestigt, wird der überschüssige Leim gleichzeitig zu den Rändern der Platte geschoben. Glutin- oder Perlleim wird hauptsächlich für die Restaurierung antiker Möbelstücke verwendet, da er auch ursprünglich zum Einlegen der Furniere eingesetzt wurde. Wo Glutin- oder Perlleim verwendet wurde, können Instandsetzungsarbeiten nicht mit heutigen PVA-Leimen auf Wasserbasis ausgeführt werden, da die beiden Leime nicht kompatibel sind. Keines der in diesem Buch vorgestellten Marketerie-Objekte erfordert heißes Verleimen.

Abb. 3: Leimtopf, Furnierhammer und Leimperlen

Kontaktkleber Er sollte nur als Notlösung für Marketerie-Arbeiten in Betracht gezogen werden. Für diesen Kleber spricht nur, dass Hobby-Schreiner oft keinen Zugriff zu einer Presse haben. Dieser Klebstoff wurde nicht zum Verleimen von Holz, sondern für kunststoffbeschichtete Platten wie Resopal entwickelt. Beide Oberflächen müssen bestrichen werden, bevor man die Klebeschicht 20 Minuten an der Luft trocknen lässt. Danach erst fügt man die beiden Oberflächen zusammen. Aufgrund der sofortigen Haftung gibt es keine Korrekturmöglichkeit. Deshalb muss das Furnier zunächst ohne Kontakt exakt auf der Trägerplatte positioniert werden. Mit Hilfe einer Trennfolie hält man beide Schichten zunächst auseinander, bis das Furnier ausgerichtet und präzise angelegt ist. Mit einer kleinen Walze, wie man sie zum Tapezieren verwendet, wird die Luft herausgepresst, wobei man in der Mitte ansetzt, die Walze vorsichtig über das Furnier zieht und dabei langsam die Trennfolie wegzieht.

Da der Klebstoff weich bleibt und somit bei Temperaturschwankungen »arbeitet«, was Risse und Wölbungen im Bereich der Leimfugen verursacht, ist von seinem Einsatz abzuraten; er ist allenfalls für einzelne Furniere ohne Verbindungsstellen zu gebrauchen. Für Marketerie-Bilder lohnt sich jedoch die Mühe, mit einer einfachen Presse und PVA-Leim zu arbeiten.

SCHLEIFMITTEL

Bevor man Furnierarbeiten mit Schleifpapier behandelt, gilt es die Körnung des Papiers auf die Stärke des Furniers abzustimmen. Vermutlich gibt es kaum einen Marketeur, der nicht schon einmal ein Furnier durchgeschliffen hat. Man muss eben erst einmal wissen, was als Ziel angepeilt ist; dann erst wird man sich mit sachgemäßen Materialien und Werkzeugen an die Arbeit machen, und dann kann eigentlich auch nichts mehr schief gehen. Wenn Sie den im vierten Kapitel aufgeführten Anweisungen folgen, werden auch Sie erfreuliche Ergebnisse erzielen.

Papierkörnungen Man unterscheidet zwei Kategorien von Schleifmitteln. Die erste (Aluminium-

Abb. 4: Sechstel-Schleifpapierbögen und Schwingschleifer mit Absaugstutzen für den Schlauch des Staubsaugers.

oxid) dient der Behandlung von Holz vor dem Aufbringen einer Grundierung bzw. einer Politur, während der zweite Typ (Siliziumkarbid) zum Glätten der Polierschichten bzw. als Zwischenschliff und nach dem Endlackieren eingesetzt wird. Elektrokorund- oder Aluminiumoxidpapier wird zum Abtragen von Holz und zum Vorbereiten einer flachen Basis für die anschließende Politur verwendet. Das Papier ist in diversen Körnungen erhältlich. Aufschluss über die jeweilige Körnung gibt die Nummer auf der Rückseite des Papiers. 60 bezeichnet eine grobe Körnung, dann folgen 80, 120, 150, 180, 240, 320 und 400 als feinere Version.

Die zweite Kategorie, Siliziumkarbidpapier, kann sowohl nass (die Fasern richten sich auf und können dann weggeschliffen werden) als auch trocken verwendet werden. Siliziumkarbidpapier (in Abb. 4 das hellgraue Papier) ist in den Körnungen 220, 280, 320, 400 und 600 erhältlich. Eine Spezialbeschichtung verhindert beim Schleifen das lästige »Zusetzen«. Bei dem nass und trocken verwendbaren Papier (in Abb. 4 dunkelgrau) handelt es sich um die Körnungen 400, 600 sowie 1200. Hier verhindert die Zugabe von Wasser das Zusetzen.

Stahlwolle Als sehr brauchbares Schleifmittel für die Fertigstellung der Marketerie hat sich ganz feine Stahlwolle (No 0000) erwiesen – das ideale Schleifmittel, wenn Bienenwachs auf eine polierte Oberfläche aufgebracht wird.

MATERIALIEN

Abb. 5: Materialien zur Oberflächenbehandlung

POLITUREN

Schleifgrund besteht aus einem zellulosehaltigen oder auf Methylalkohol und Brennspiritus (Schellack) basierenden Porenfüller, wobei beide entweder Champagnerkreide oder Bimsmehl enthalten. Da sich Kreide oder Bimsmehl von der Politur absetzen, sobald sie länger nicht in Gebrauch ist, darf man nicht vergessen, die Mischung vor Benutzen gründlich zu schütteln und umzurühren. Auf Furniere aufgebracht, bildet der Schleifgrund eine Art Grundierung für nachfolgende Überzüge. Ein bis zwei Schichten genügen als Grundierung normalerweise, sofern danach weitere Oberflächenbeschichtungen folgen.

Falls eine Politur auf Zellulosebasis vorgesehen ist, sollte auch eine zellulosehaltige Grundierung verwendet werden. Schellack empfiehlt sich, wenn eine auf Brennspiritus basierende Politur folgt.

Schellackpolitur Sie wird nach der Behandlung des Holzes mit Schellack-Schleifgrund aufgebracht. Schellackpolitur lässt sich mit einem Fehhaarpinsel aus sibirischem Eichhörnchenhaar, besser aber mit einem Polierballen auftragen.

Polyurethanlack Die auch als DD-Lack bezeichnete Politur wird verwendet, wo eine sehr robuste oder wasserabweisende Oberfläche erforderlich ist. Polyurethanlack ist matt, seidenmatt oder glänzend erhältlich. Die seidenmatte Politur verleiht der Marketerie eine klassische Note. In der Regel werden drei Schichten aufgebracht, jede Schicht wird mit Siliziumkarbidpapier und feinster Stahlwolle abgeschliffen. Sie ist nach dem Abbinden äußerst widerstandsfähig und somit ideal für Möbel, die stark beansprucht werden. Es empfiehlt sich, den Klarlack zu verwenden, der transparent auftrocknet und eine leicht matte Oberfläche erzeugt. So erhält man jene klassische Patina, die alte Möbelstücke so reizvoll erscheinen lässt.

Wachse Hochwertiges Bienenwachs bietet Möbeln einen zusätzlichen Schutz. Die hinreichend bekannten Wasserflecken auf Möbeln entstehen an Stellen, an denen keine Wachspolitur vorhanden ist. Von dieser würde es abperlen, ohne in das Holz einzudringen. Renaissance-Wachs erzeugt einen widerstandsfähigen Überzug, ohne dass sich Fingerspuren darauf abbilden, was vor allem an Objekten, die man ständig anfasst, geschätzt wird.

FURNIERE

Neben traditionellen Furnieren wie Mahagoni, Nussbaum und Eiche sowie der Palette der Wurzel- und Maserhölzer erfreuen sich seit den letzten 15 Jahren auch Kirsche und Eibe wachsender Beliebtheit im Möbeldesign.

WELTWEITE RESSOURCENKNAPPHEIT

Aufgrund der extensiven Abholzung der Regenwälder sind die Bestände einiger exotischer Hölzer so stark zurückgegangen, dass sie vielfach gar nicht mehr zur Verfügung stehen. Strenge Importkontrollen und Exportauflagen haben die Hersteller gezwungen, sich nach alternativen Quellen und innovativen Lösungen umzusehen. Beispielsweise hat der technische Fortschritt die Produktion kommerzieller schichtverleimter »Echtholzfurnier-Imitate« ermöglicht. Diese Furniere werden heute neben ihren »natürlich gewachsenen« Äquivalenten für die industrielle Fertigung von Einbaumöbeln verwendet. Solche »Echtholzfurnier-Imitate« werden von Pappel, Abachi und Koto gewonnen. Bevorzugt werden diese Hölzer aufgrund ihrer Weichheit, der hellen, ruhigen Färbung und der großen offenen Poren, die Beizen über die gesamte Dicke des Furniers absorbieren. Die Bäume werden zunächst der Länge nach in gleichförmige rechteckige Blöcke zugerichtet, die dann zu Furnieren geschnitten werden. Farbe und Maserung eines ausgewählten Furniers von einem anderen »natürlich gewachsenen« Nutzholz werden eingescannt. Der Computer berechnet die genauen Daten für die Beize, um die Farbe des Furniers zu kopieren, und gibt auch Maserung und Struktur des eingescannten Musterbildes genau wieder. Dann wird eine dem Muster entsprechende Prägematrize vorbereitet. Jede Furnierschicht wird mit farbiger Beize getränkt. Anschließend werden die Furniere verleimt und unter hohem Druck in die Form gepresst. Um geradlinige Maserbilder zu erzeugen, werden die Blätter einzeln eingefärbter Furniere verleimt und dann zu flachen Blöcken gepresst, die dann auf die Seite gedreht und aufgeschnitten werden. Um breitere Streifen zu erzeugen, wird das Paket vor dem Aufschneiden gedreht. Um ein pyramidales Maserbild (Flader furnier) zu erhalten, wird entsprechend der Form und Konturen des Ausgangsmusters eine Prägematrize erstellt, und nachdem die aufgeschnittenen Furnierblätter ebenfalls eingefärbt, verleimt und in die Form gepresst sind, wird das gepresste Paket geglättet und zu Blättern aufgeschnitten. Auf diese Weise erreicht man, dass jedes von dem Stamm geschnittene Furnier in Farbe und Maserung identisch ist und dem typischen Erscheinungsbild der ausgewählten Art entspricht.

Ein Vorteil nachgebildeter Echtholz-Furniere ist ihre Umweltverträglichkeit. Jedes Furnierpaket ist außerdem in Farbe und Maserung genau identisch, was bei zwei verschiedenen Bäumen ein und derselben Art unmöglich wäre. Abb. 7 zeigt vier Beispiele. Die ersten drei zeigen eine Vogelaugen-Maserung, während das vierte Beispiel Palisander darstellt. Von den 70 000 Baumarten, die auf unserem Planeten wachsen, werden nur etwa

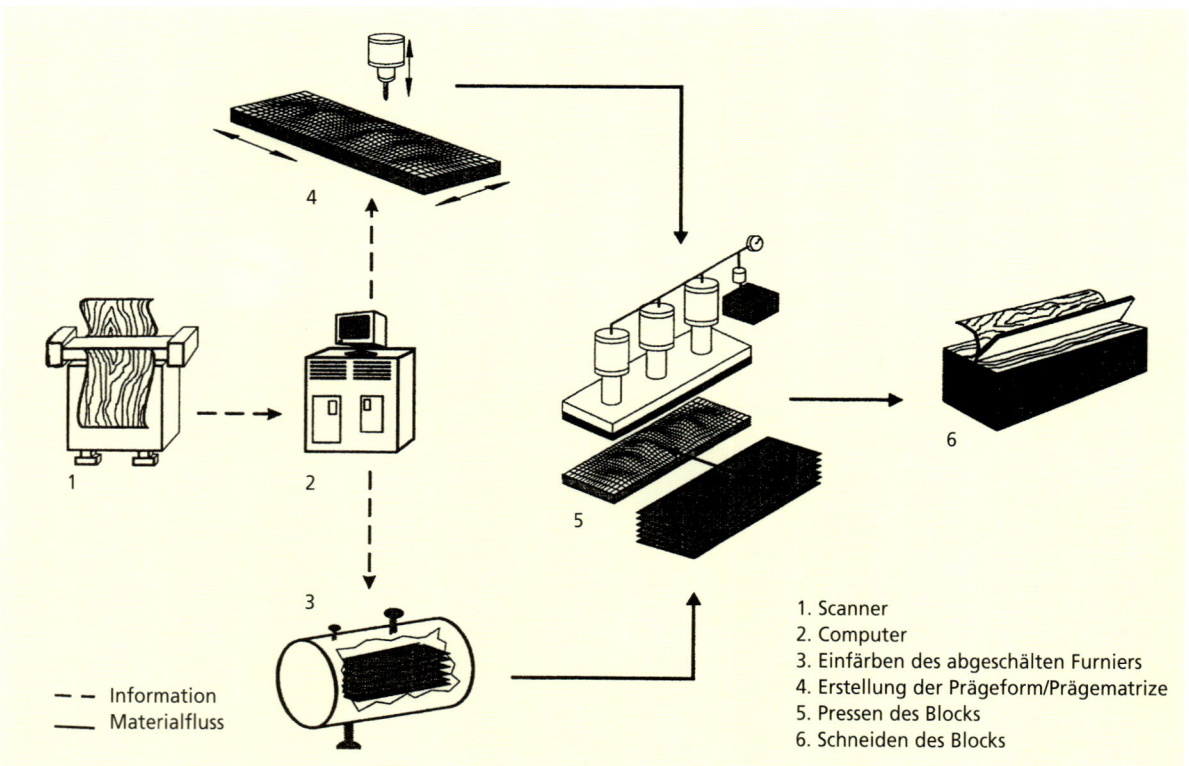

1. Scanner
2. Computer
3. Einfärben des abgeschälten Furniers
4. Erstellung der Prägeform/Prägematrize
5. Pressen des Blocks
6. Schneiden des Blocks

Abb. 6: Die einzelnen Arbeitsschritte für die Produktion von Echtholzfurnier-Nachbildungen

MATERIALIEN

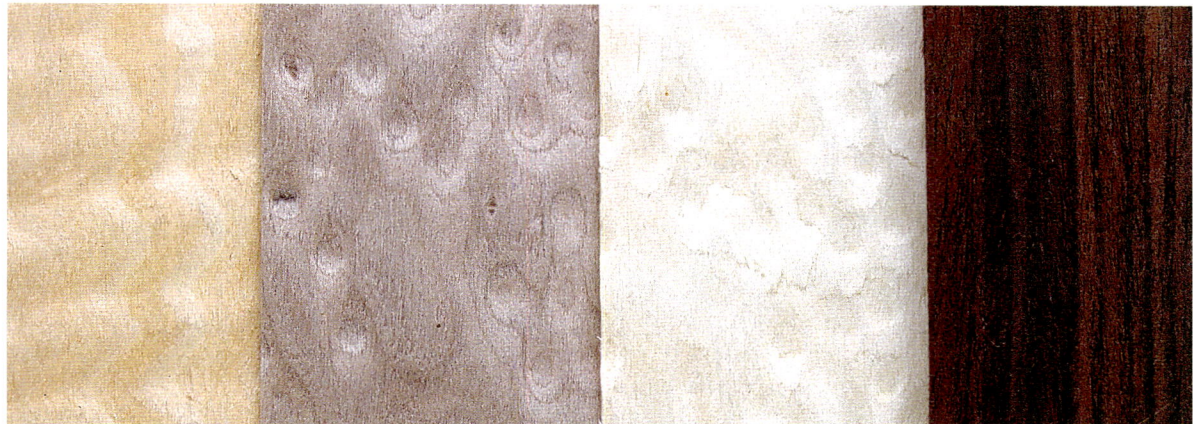

Abb. 7: Musterstreifen nachgebildeter Echtholzfurniere

350 kommerziell genutzt. Zum Glück steht für Marketerie- und Furnierarbeiten noch der Großteil der beliebtesten Hölzer zur Verfügung, und wo dies nicht der Fall ist, haben entsprechende Alternativen deren Platz eingenommen.

DIE BEKANNTESTEN HÖLZER

Eine gute Möglichkeit, die verschiedenen Arten von Furnier rasch und sicher unterscheiden zu lernen, ist ein Furnieralbum. Jede Neuentdeckung ist Anlass, sich über Namen, Ursprungsort, Charakter, Möglichkeiten der Verwendung und etwaige Eigenheiten der Art kundig zu machen. Die größten Schwierigkeiten entstehen dabei in Verbindung mit dem Populärnamen, denn für manche Arten sind gleich mehrere in Gebrauch. Ein typisches Beispiel ist die australische Seideneiche (*Cardwellia sublimis*), so benannt nach ihren silbrigen Markstrahlen, die Ähnlichkeit mit der echten Eiche (*Quercus*) hat. Wie gut, dass wenigstens die botanischen Namen für jeden Baum eindeutig sind und überall auf der Welt Gültigkeit haben. Ein weiteres Beispiel, das leicht zu Missverständnissen führt, ist Mahagoni, denn auch in diesem Fall bezieht sich der Populärname auf zwei verschiedene Bäume:

FAMILIE	GATTUNG	ART	POPULÄRNAME
Meliaceae	*Swietenia*	*macrophylla*	Mahagoni
Meliaceae	*Khaya*	*ivorensis*	Mahagoni

Während die beiden oben aufgeführten Arten von der gleichen Familie, den Meliaceae, stammen, belegt die Zellstruktur der Hölzer, dass echtes Mahagoni von der Gattung *Swietenia* abstammt und in Mittel- und Südamerika beheimatet ist. Weitere physikalische Eigenschaften wie Farbe, Dichte, Maserung, Zeichnung, manchmal auch der Geruch, sind wichtige Bestimmungsmerkmale. Zellstruktur, Farbe, Maserung und Zeichnung von *Khaya* unterscheiden sich von *Swietenia* – man weiß also, dass es sich bei dem im tropischen Afrika beheimateten *Khaya* nicht um echtes Mahagoni handelt. Dennoch laufen beide Arten weltweit unter dem Populärnamen Mahagoni. Es gibt zahllose weitere Beispiele von Hölzern, deren gebräuchliche Bezeichnung wenig oder gar keine Ähnlichkeit mit dem Ursprungsholz haben, dessen Namen sie tragen.

Abb. 8: Furnieralben in Ringbuch-Ordnern

VOM BAUM ZUM FURNIER

Ein gewachsener Baum kann eine Vielzahl unterschiedlich gezeichneter Hölzer erbringen, je nachdem, welcher Teil des Baums verwendet und auf welche Weise geschnitten bzw. »gemessert« (Messerfurniere) wird. Meist bildet der Baumstamm die Hauptquelle für Schnittholz; manchmal ist aber auch das Holz vom unteren Stammabschnitt und im Bereich der Wurzelknollen, das so genannte Maser- oder Wurzelholz, besonders begehrt. Es handelt sich um durch Parasitenbefall entstandenes Holz oder auch das durch gezielte Schnittmaßnahmen im Schösslingsstadium erzeugte Produkt. Entwickeln sich Seitenschosse, werden sie entfernt und so das Wachstum des Hauptstamms gefördert. Infolgedessen entwickelt der Baum auf Bodenhöhe einen verstärkten Austrieb. Wenn dieses Holz in Scheiben geschnitten wird, zeigt es dekorativ gewellte Wirbel und Knollen, die erkennen lassen, wo Zweige entfernt wurden oder Parasiten aktiv waren. Dieses Rohholz verfügt, anders als der Stammbereich, nicht über eine Längsmaserung, sondern besteht durchgängig aus so genannten Maserknollen. Diese Wurzelhölzer sind bei Kunsttischlern sehr beliebt. Sie bilden ein ideales Hintergrund-Furnier und unterstreichen die Schönheit von Marketerie-Arbeiten wie kein anderes Holz.

Das Schneiden von Furnieren

Heutzutage lassen sich Furniere erzeugen, die so dünn sind, dass man sie fast ausnahmslos mit einem ganz normalen Messer schneiden kann. Das war mit den früher etwa 3 mm starken Sägefurnierplatten nicht möglich. Heute indes sind Furniere erhältlich, die 0,5 bis 0,9 mm stark sind. Je nach Schnitt-Technik entstehen Furnierbilder, die in Aussehen und Struktur so unterschiedlich sind, dass man sich kaum vorstellen kann, dass sie von ein und derselben Art stammen. Eine Auswahl der verschiedenen Schnittverfahren und der sich ergebenden Musterbilder wird auf den folgenden Seiten vorgestellt.

Wirbeliges oder pyramidenartig geflammtes Maserbild

Dieses Furnier bildet sich an der Stelle des Baumstamms, an der sich zwei Äste in Y-Form gabeln. Es ist nicht leicht, dieses Furnier zu verarbeiten, vor allem nicht in großflächigen Paneelen, da es insbesondere im Bereich der Gabelung der beiden Äste zum Splittern und Verwerfen neigt und der Maserverlauf an dieser Stelle unter erhöhter Spannung steht. Gewöhnlich macht man das Furnier zunächst »weich«, indem man es befeuchtet, um es dann mehrere Tage unter Gewichten zwischen Papierlagen zu pressen, bevor es geschnitten wird. Selbst nach dem Schneiden hält man es am besten gepresst, bis es auf die Trägerplatte aufgebracht wird.

Tangentiales bzw. gefiadertes Maserbild (Fladerschnitt)

Tangential, also durch einen Längsschnitt durch die Jahresringe erzeugte Sägefurniere bieten ein sehr schön gezeichnetes Maserbild. Zunächst wird der Baumstamm der Länge nach in der Mitte durchgesägt, um eine plane Fläche zu erhalten. Dieser Halbrundstamm wird in Furnierblätter von 0,7 bis 0,9 mm Stärke geschnitten. So entsteht ein Furnier, das auf beiden Seiten Splintholz zeigt und in der Mitte des Blatts eine reizvolle pyramidale Fladerung (»Kathedrale«). Abb. 9 zeigt Furnier der amerikanischen Schwarznuss (*Juglans nigra*) mit der charakteristischen Kathedralenform in der Blattmitte.

Schälschnitt

Beim Furnierschälverfahren wird der ganze Stamm in eine Schälmaschine eingespannt. Ein Schälmesser schneidet ein »endloses Furnierband«, vergleichbar dem Abwickeln einer Papierrolle. Das auf diese Weise entstandene Schälfurnier wird anschließend je nach Bedarf in entsprechend große Paneele geschnitten. Typische Schälschnittfurniere sind der bekannte Vo-

MATERIALIEN

Abb. 9: Fladerschnitt　　*Amerikanische Schwarznuss*

Abb. 10: Schälschnitt　　*Vogelaugenahorn*

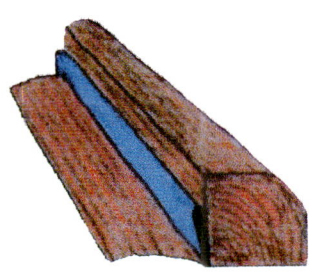

Abb. 11: Quartierschnitt　　*Zebrano*
(radial gemessert)

ERKENNUNGSMERKMALE DER VORDER- ODER DECKSEITE

Jedes Furnier hat zwei Seiten, die richtige Vorder- oder Deckseite und die »falsche« umgekehrte oder Rückseite. Es gibt zwei Möglichkeiten festzustellen, welches die Vorder- und welches die Rückseite des Furniers ist. Da die beiden entgegengesetzten Seiten über unterschiedliche Charakteristika verfügen, sollte man genau Bescheid wissen. So bestehen Parketterie-Muster etwa aus in Größe, Farbe und Erscheinungsbild gleichartigen Furnierteilchen. Sobald auch nur eines mit der »falschen« Seite und alle anderen mit der Deckseite nach oben angeordnet sind, fällt dieser Wechsel in Farbton oder Charakter sofort ins Auge und verdirbt die angestrebte Wirkung.

Charakter und Farbe verändern sich, sobald das Furnier umgedreht wird, weil die Maserung in einem anderen Winkel verläuft und das Furnier je nach Lichteinfall anders aussieht. Dies allein ist allerdings nicht das einzige Erkennungsmerkmal der Deckseite. Sie ist glatter und geschlossener und erscheint leicht gewölbt, obwohl das Furnier vollkommen flach ist. Die Rückseite dagegen ist rauer, offener und so flach, dass die Oberfläche beinahe eingedellt erscheint.

Eine andere Methode, die beiden Seiten zu unterscheiden, wird bei mittleren bis großen Blättern angewandt. Wenn man ein Furnier horizontal auf Armlänge entfernt an einem Ende festhält, hängt das Furnier deutlicher nach unten durch, wenn die Deckseite nach oben zeigt. Die Neigung ist sehr viel geringer, wenn die Rückseite nach oben zeigt. Der Grund dafür ist, dass die Rückseite (umgekehrte Maserrichtung) dem Blatt mehr Stabilität verleiht.

ZUSAMMENSETZEN DER FURNIERBLÄTTER

Die Stapelung und Aufbewahrung der Furniere erfolgt in der Reihenfolge, in der sie vom Stamm geschnitten werden. Der Grund dafür ist die sich wiederholende Maserung und Zeichnung, die jedem Furnier eigen ist. Wenn der Stamm aufgesägt wird, verschiebt sich das Muster ganz leicht, da die Furniere je nach Schnittverfahren geringfügig breiter oder schmaler werden.

gelaugenahorn (s. Abb. 10), Bubinga, Maserbirke, Abachi, Koto und Sapelli-Furnier mit Pommelé-Textur.

QUARTIERSCHNITT

Der Baumstamm wird der Länge nach in gleichgroße Viertelsegmente geschnitten. Sapelli (s. Furniermuster, S. 24) und Zebrano in Abb. 11 sind auf diese Weise entstandene Furniere.

ERSTES KAPITEL | EINFÜHRUNG IN TECHNIK UND GESTALTUNG DER MARKETERIE

FURNIERMUSTER

BERGAHORN (AUCH ENGLISCHER AHORN)
(*Acer pseudoplatanus*)

Ursprung: Zentraleuropa und Großbritannien

Bestens geeignet zum Schattieren

ZUCKERAHORN
(*Acer saccharum*)

Ursprung: Kanada, Osten der USA

Ausgezeichnet schattierbar

MAGNOLIA
(*Magnolia grandiflora*)

Ursprung: USA

Bestens geeignet zum Schattieren

BUCHSBAUM
(*Buxus sempervirens*)

Ursprung: Europa und Südamerika (Gossypiospermum praecox)

Für Bandintarsien und Adern bevorzugt

Schattierbar

SAPELLI
(*Entandrophragma cylindricum*)

Ursprung: West- und Ostafrika

Aufgrund der Streifenzeichnung für Querfurnierbänder bevorzugt.

SAPELLI-»MAHAGONI« MIT POMMELE-TEXTUR
(*Entandrophragma cylindricum*)

Ursprung: West- und Ostafrika

Schälschnittfurnier des Sapelli-Baums

MAHAGONI
(*Swietenia macrophylla*)
südamerikanisches Mahagoni

Ursprung: Honduras, Brasilien

PAPPEL
(*Populus spp.*)

Ursprung: Europa und Kanada

Zur Herstellung von Echtholzfurnier-Imitaten

Schattierbar

ABACHI
(*Triplochiton scleroxylon*)

Ursprung: Westafrika

Zur Herstellung von Echtholzfurnier-Imitaten

Schattierbar

ANINGERIA
(*Aningeria spp.*)

Ursprung: Westafrika

Bekannt als »Aningré« (Aningré ist gefärbtes Aningeria, insbesondere als Kirschbaumersatz)

Schattierbar

MATERIALIEN

WURZEL- UND MASERHÖLZER

MADRONA-MASER
(*Arbutus menziesii*)
Ursprung: Kanada und USA
Schattierbar

ZUCKERAHORN-MASER
(*Acer saccharum*)
Ursprung: Kanada, USA
Schattierbar

ESCHEN-MASER
(*Fraxinus excelsior*)
Ursprung: Europa
Schattierbar

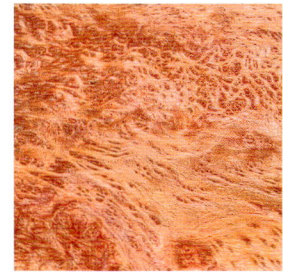

VAVONA-MASER
(*Sequoia sempervirons*)
Ursprung: Kalifornien, USA
Vom Stamm der Riesen-Sequoia

MYRTEN-MASER
(*Umbellularia californica*)
Ursprung: USA

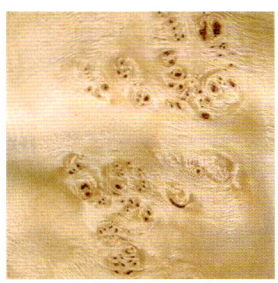

PAPPEL-MASER
(*Populus spp.*)
Ursprung: Europa und USA
Schattierbar

Es ist ganz wichtig, dass die Furniere so gebündelt bleiben, wie sie ursprünglich geschnitten wurden, um die entsprechenden Blätter zum Furnieren zusammenhängender größerer Flächen zu gewinnen. Ein gestürztes Furnierbild entsteht, wenn zwei identische Blätter wie eine Buchseite aufgeklappt werden: da das eine Furnier auf die Rückseite gedreht wird, entsteht ein Spiegelbild des ersten, nicht gestürzten Blatts. Das rückseitige Furnier zeigt ein ganz neues Erscheinungsbild, was zum einen an der Maserung liegt, die in einem anderen Winkel verläuft, und zum anderen an der Lichtbrechung. Jahrzehntelang haben die Kunstschreiner dieses Phänomen höchst wirkungsvoll ausgeschöpft, indem sie gestürzte und ungestürzte Furniere etwa an den gegenüberliegenden Türfüllungen von Schränken einsetzten, um einen zusätzlichen Blickfang zu erzeugen. Für eine Kreuzfuge sind vier identische Furnierblätter erforderlich, von denen zwei gestürzt und die beiden anderen mit der Deckseite nach oben gelegt werden. Die italienischen Marketeure haben eine Vorliebe für diese so genannten Kreuzfugenfurniere, die sie aus vier entsprechenden Wurzelholzblättern, kombiniert mit vier Blättern eines ruhigen, hellen Furniers (wie Bergahorn) zusammenstellen. Ein Viertel des Marketerie-Bilds wird auf die Oberseite des Pakets geklebt und das Motiv mit der Laubsäge ausgesägt. Nach dem Aneinanderfügen der Laubsägeteile werden die vier Blätter wie ein Buch geöffnet, sodass sie eine identische Entsprechung des Hintergrundfurniers sowie des gesamten Marketerie-Entwurfs bilden.

TECHNIKEN

DER GEBRAUCH DES MESSERS

Von allen in der Marketerie angewandten Techniken ist der Gebrauch des Messers die wichtigste. Deshalb sollte man sich sowohl theoretisch damit befassen als auch durch Schneidübungen praktische Erfahrung sammeln. Nur so gelingt es, die Furniere so zu schneiden, dass sich die einzelnen Formen scheinbar lückenlos aneinander fügen und einwandfreie Fugen ergeben.

DIE ABGESCHRÄGTE SCHNEIDE

Marketerie-Messer haben eine beidseitig abgeschrägte Schneide. Wenn diese in das Furnier gedrückt wird, hinterlässt die Abschrägung einen V-förmigen Schlitz, der, wie in Abb. 1 dargestellt, auf der Schnitt- oder Vorderseite breiter ist als auf der Rückseite. Es gibt Marketeure, die den Entwurf umdrehen und von der Rückseite des Furniers aus schneiden. Sobald die aneinander gelegten Furniereinheiten dann umgedreht werden, ist der Entwurf auf der richtigen Seite und die durch das Messer entstandene Lücke ganz schmal. Dieser Ansatz kann Probleme bereiten, wenn das Arrangement auf eine Trägerplatte aufgebracht und die Furniere geschliffen werden. Beim Schleifen der Rückseite wird das Furnier nämlich genau an der Stelle abgetragen, wo der Messerschnitt am schmalsten ist, und somit der Bereich freigelegt, wo er zunehmend breiter wird. Umgekehrt verhält es sich, wenn von der Schnittseite aus geschliffen wird: dann schleift man in Richtung der zunehmend schmaleren Schnittstelle und verbessert somit das endgültige Bild. Wir arbeiten also generell von der Vorderseite aus.

DIE FENSTERMETHODE

Bei der Fenstermethode schneidet man eine Form aus dem als „Fenster" bezeichneten Furnier aus und füllt die entstehende Fensteröffnung mit einem anderen Furnier, dem Einsatzfurnier. Abb. 2a veranschaulicht die durch die Schrägung der Schneide verursachten V-förmigen Seiten des Fensters und die entsprechenden, aber umgekehrt V-förmigen Seiten des Einsatzteils. Die Zeichnung verdeutlich, dass dieses am besten von der Rückseite des Fensters her eingesetzt wird. Abb. 2b zeigt den entstandenen Schlitz auf der Vorderseite, der nach dem Schleifen der Furniere noch kleiner wird.

SCHNITT-TECHNIKEN

Man unterscheidet fünf Schnitt-Techniken: den mit kräftigem Druck nach unten erzeugten geraden Schnitt, den mit einer leichten Schwenkbewegung ausgeführten Schnitt, den Kerb- oder Anreißschnitt, bei dem das Blatt lediglich eingeritzt bzw. angerissen wird, den in mehreren abgesetzten Schritten (vor- und rückwärts) erfolgenden Schnitt und den Einstichsschnitt. Wer weiß, welcher Schnitt wo angebracht ist, braucht sich um

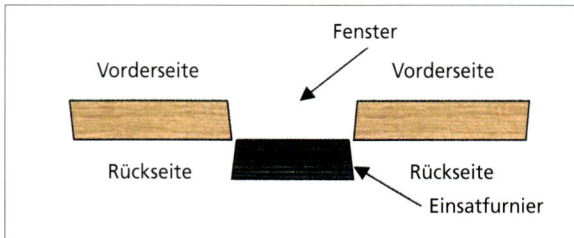

Abb. 2a: Furnierteile immer von der Rückseite aus einsetzen

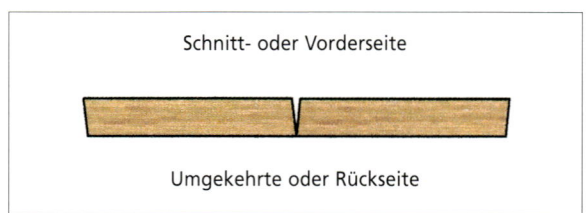

Abb. 1: Schnitt mit einer beidseitig abgeschrägten Schneide

Abb. 2b: Entstehende Lücke auf der Vorderseite

TECHNIKEN

schöne Fugen keine Gedanken zu machen – deshalb sollte man diesen Abschnitt gründlich lesen und größtmögliche Sicherheit im Umgang mit dem Messer, dessen Schneide und den einzelnen Schnitt-Techniken erwerben.

AUSWÄHLEN DER SCHNEIDE

Es gibt unzählige Messertypen, sodass die Wahl vor allem eine Frage der persönlichen Vorliebe ist. Wählen Sie das Messer, das Ihnen am besten in der Hand liegt. Für Marketeriebilder hilfreich ist ein Messer mit einer breiten, kurzen Klinge sowie eines mit einer langen, schlanken Klinge. Achten Sie unbedingt darauf, dass die Spitze der Schneide scharf bleibt. Um eine neue Spitze zu erzeugen, bewegt man den Rücken der Klinge lediglich einige Male auf einem Abzieh- oder Ölstein hin- und her.

Jede der fünf Schnitt-Techniken wird in den folgenden zwei Übungen – der Fenstertechnik und dem Schneiden eines Kreises – dargestellt, die beide darauf abzielen, die Schwierigkeiten, die bei Marketerie- und Parketterie-Arbeiten auftreten, zu simulieren. Sie benötigen folgende Werkzeuge und Materialien:

Skalpell oder Schneidmesser
Abdeckband (und Fugenpapier)
Stahllineal, Zirkel und Bleistift
2 unterschiedliche Furnierblätter, ca. 150 x 150 mm
PVA-Leim
Abziehstein (Ölstein)
Rutschfeste Schneidmatte

Gerade Linien werden am besten mit Hilfe eines Stahllineals geschnitten. Das Messer wird mit durchgehender Bewegung über die Länge des Furniers gezogen. Mit der anderen Hand drücken Sie das Lineal fest an. Der erste Schnitt ist stets nur mit leichtem Druck auszuführen. So wird das Furnier zunächst lediglich angerissen. Die zweiten und dritten Schnitte können mit stärkerem Druck erfolgen, denn der erste Schnitt bildet eine Art Führung, die das Messer in der Spur hält.

Nun können Sie sich an eine Figur mit geraden Kanten wagen, um ein Fenster zu erzeugen, in das sich ein weiteres Furnier einsetzen lässt. Zeichnen Sie auf ein Stück Furnier ein Dreieck mit etwa 50 mm Seitenlänge (s. folgende Seite).

Abb. 3: Zum Schärfen der Spitze einer Skalpell-Klinge wird der Rücken über einen Abziehstein gezogen.

Erstes Kapitel | Einführung in Technik und Gestaltung der Marketerie

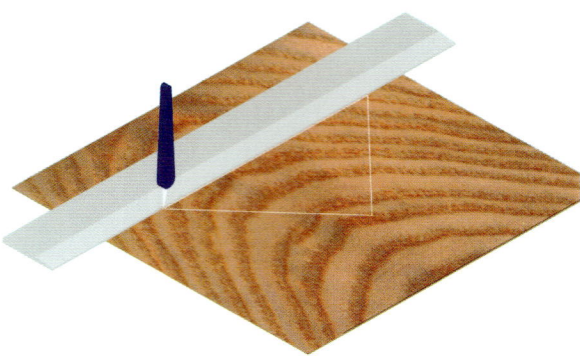

1 Legen Sie das Lineal entlang der vorgesehenen Schnittlinie an. Stechen Sie am Ende der Linie, die Ihnen am nächsten ist, senkrecht ein, um einen winzigen Einschnitt (*Stab Cut*) zu erzeugen. Dieser dient als Endpunkt und verhindert, dass das Messer darüber hinausfährt.

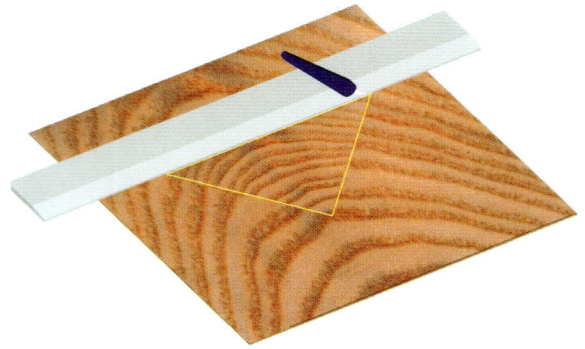

2 Halten Sie die Schneide des Skalpells so schräg, dass sie in einem Winkel von etwa 2° zur vertikalen Seitenfläche des Lineals und zugleich 45° zur horizontal verlaufenden Schnittlinie ausgerichtet ist. Setzen Sie das Skalpell an dem am weitesten von Ihnen entfernten Punkt an und fahren Sie mit der Schneide mit leichter, langsamer Auf- und Abbewegung zu sich hin, bis die Schneide in den Einstichsschnitt einsinkt und so den Endpunkt markiert. Auf diese Weise erhalten Sie eine so genannte Anrisslinie.

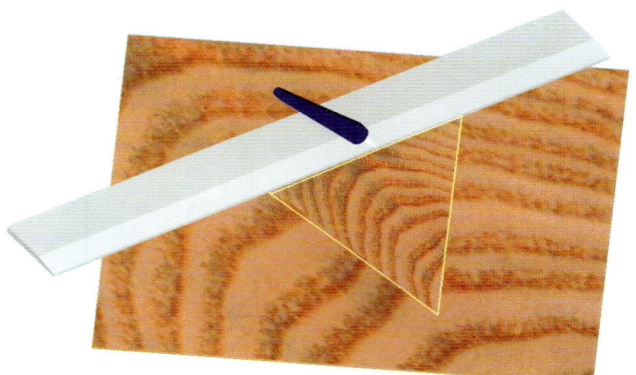

3 Setzen Sie das Messer erneut am Ausgangspunkt an und arbeiten Sie dieses Mal mit größerem Druck. Die Anrisslinie hält die Schneide nun in der Spur. Wiederholen Sie diesen Arbeitsschritt, und lassen Sie die Hand so lange auf dem Lineal liegen, bis das Furnier durchgeschnitten ist.

4 Drehen Sie das Furnier, um die zweite Seite des Dreiecks zu schneiden. Halten sie die Hände dabei immer in der gleichen Stellung. Schneiden Sie auch die zweite und dritte Seite wie oben beschrieben.

TECHNIKEN

Einstichsschnitt

5 Sie haben nun ein »Fenster« ausgeschnitten. Der nächste Schritt sieht vor, das Fenster mit einem passgenauen anderen Furnier zu füllen. Willkommen bei der »Fenstertechnik«!

Im Fall von offenporigen, brüchigen oder leicht splitternden Furnieren hat es sich bewährt, das Einsatzfurnier auf der Vorderseite mit Streifen aus Fugenpapier zu schützen. So ist auch die angerissene Kontur deutlich erkennbar. Das Fugenpapier kann haften bleiben, bis das gesamte Arrangement auf die Trägerplatte gepresst ist.

6 Legen Sie ein anderes Furnier hinter das Fenster und fixieren Sie es mit zwei Streifen Abdeckband. Reißen Sie die Einlage entlang der drei Seiten an. An der Seite, die Ihnen am nächsten ist, setzen Sie die Klinge mit etwa 2° Schrägung zur vertikalen Seitenfläche des oberen Furniers an. Führen Sie das Messer etwa 10 mm von sich weg und ziehen Sie es dann entlang dem Furnier zu sich hin, um eine leichte Anrisslinie im unteren Furnier zu erzeugen. Das Furnier muss lediglich angeritzt, nicht durchgeschnitten werden. Führen Sie das Messer nun erneut 10 mm weiter und ziehen Sie es wieder zurück, bis es auf die bereits vorhandene Anrisslinie trifft. Wenn Sie an den Eckpunkten des Dreiecks angekommen sind, markieren Sie diese mit einem winzigen Einstichsschnitt.

7 Lösen Sie die Einlage aus dem Fenster und legen Sie sie auf die Schneidmatte. Beginnen Sie an der unteren linken Ecke mit »schrittweisen« Schnitten entlang der Anrisslinie (zur Veranschaulichung rot eingezeichnet) zu schneiden, indem Sie das Messer senkrecht zur Oberfläche halten. Führen Sie das Messer 10 mm von der Ecke aus vorwärts und ziehen Sie es rückwärts wieder zu sich hin, immer an der angerissenen Linie entlang. Nun führen Sie das Messer weitere 10 mm von sich weg und schneiden wieder zu sich hin bis zum Endpunkt. Fahren Sie auf diese Weise fort und drehen Sie das Furnier, bis alle drei Seiten geschnitten sind und das Einsatzteil herausfällt. Nach Bedarf können Sie das Stahllineal verwenden.

8 Setzen Sie das entsprechende Furnierteil von der Rückseite aus in das Fenster ein und geben Sie einige Tropfen PVA-Leim auf die Fugen. Reiben Sie den Leim ein, bis er trocken ist.

Erstes Kapitel | Einführung in Technik und Gestaltung der Marketerie

Kreise

Beim Schneiden und Einsetzen eines akkuraten Kreises lernt man, das Messer ganz kontrolliert zu führen. Ziel dieser Übung ist, den Kreis so exakt auszuschneiden, wie er mit dem Zirkel gezeichnet wurde.

Arbeiten mit der Laubsäge

Ein großer Vorteil der Laubsäge ist, dass sich mit ihr jedes Furnier mühelos schneiden lässt. So können tropische Hartholzfurniere bestens zur Geltung gebracht werden. Um kompliziertere Formen aus Palisander, Satinholz oder anderen exotischen Hölzern zu schneiden, greift man kaum zum Messer, sondern zur Laubsäge.

Doppelschnitt-Verfahren

Man versteht darunter ein mit Furnierstiften oder Heftklammern zusammengehaltenes Paket von Furnieren, von denen das oberste Blatt mit einem Laubsäge-Entwurf beklebt ist. Seine Konturen geben vor, wie man mit der Laubsäge »fahren« muss, um die Teile auszusägen. Wenn alle Formen ausgesägt sind, wird das Paket durch Herausnehmen der Furnierstifte oder Heftklammern aufgelöst. Nun lassen sich zwei kontrastierende Entwürfe aufbauen.

Die Laubsäge-Projekte in diesem Buch sind so genannte Positiv-Negativ-Entwürfe: Das ausgesägte Bild erscheint in zwei Kontrastvarianten, einer dunklen Farbe (positiv) etwa und einer hellen (negativ). Für das Furnierpaket eines solchen Entwurfs benötigt man vier Furniere. Ein Furnier ist für den Entwurf vorgesehen, ein weiteres für den Hintergrund. Um dieses so genannte Doppelblatt zu schützen, wird als Zulage ein drittes Furnier darüber und ein viertes darunter gelegt. Es handelt sich um Abfallstücke oder Ausschussfurniere, da beim Einführen und Herausnehmen des Sägeblatts kleine Fransen und Risse in der unteren Zulage entstehen und die obere Zulage über dem Doppelblatt (Sandwich) die aufgeklebte Zeichnung enthält. Unser Doppelblatt besteht aus einem schwarzen und einem weißen Furnier

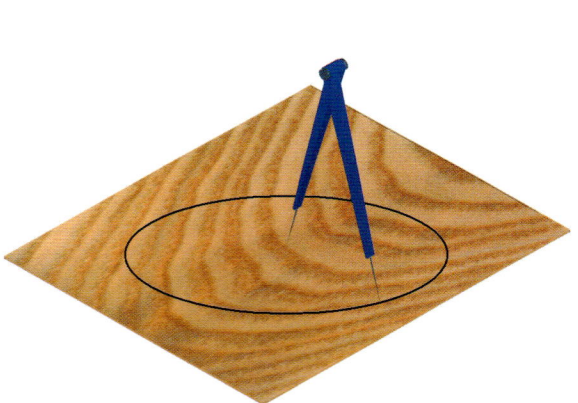

1 Zeichnen Sie mit Hilfe eines Zirkels einen Kreis mit 50 mm Radius auf das Furnier.

2 Gehen Sie mit kurzen abgesetzten Schnitten vor, indem Sie das Messer jedes Mal 10 mm vor und zurück führen, und drehen Sie das Furnier jedes Mal so, dass Sie auf sich zu schneiden. Halten Sie sich exakt an die Linie und weichen Sie weder nach rechts noch nach links ab. Schneiden Sie beim ersten Durchgang entlang der Kreislinie nur mit leichtem Druck und verstärken Sie diesen beim zweiten und dritten Durchgang. Drehen Sie das Werkstück beim Schneiden und wiederholen Sie diesen Schritt, bis das Fenster von selbst herausfällt.

TECHNIKEN

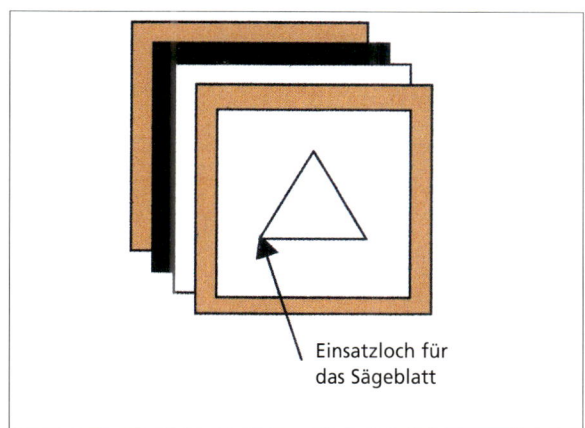

Abb. 4a: Aufbau eines Laubsäge-„Pakets"

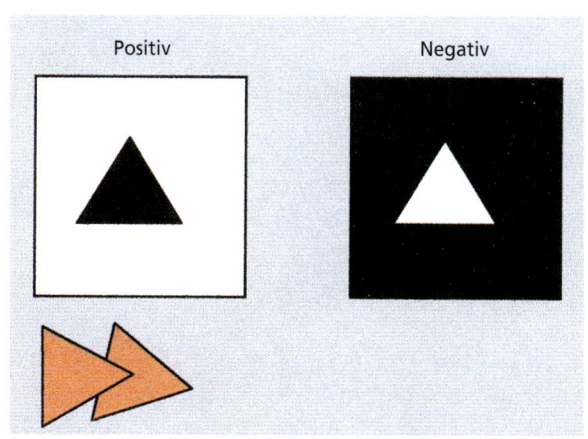

Abb. 4b: Zusammensetzen der ausgesägten Entwurfsteile

(s. Abb. 4a). Legen Sie das Doppelblatt zwischen zwei rote Zulagen. Kleben Sie den Papierentwurf in Form eines Dreiecks auf die obere Zulage, bevor Sie das gesamte Furnierpaket zusammenheften (nicht abgebildet). Dann wird an geeigneter Stelle des Entwurfs ein stecknadelgroßes Einsatzloch gebohrt und das Laubsägeblatt von der Rückseite des Pakets eingeführt. Nun kann der Entwurf ausgesägt werden. Durch Lösen der Heftklammern fällt das Paket auseinander. Abb. 4b veranschaulicht die vier Dreiecke – die beiden roten Zulagen können nun weggeworfen werden. Das schwarze Dreieck passt in das weiße Furnier, während sich das weiße in das schwarze Furnier

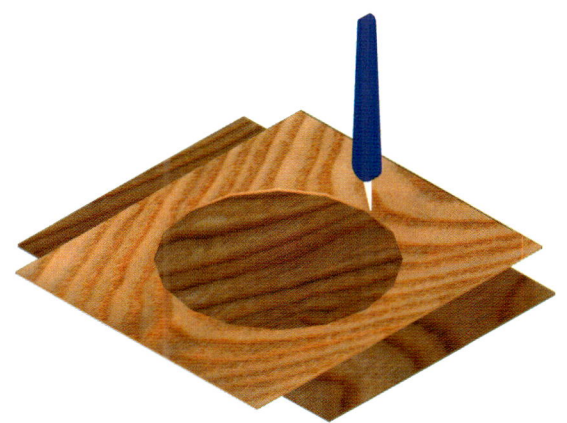

3 Fixieren Sie ein Furnier mit Abdeckband hinter dem Fenster. Reißen Sie das Einsatzfurnier an, wie auf S. 29, Abb. 6 beschrieben. Legen Sie das Einsatzfurnier auf die Schneidmatte (nicht abgebildet). Halten Sie das Messer nun genau senkrecht zur Oberfläche. Schneiden Sie mit kurzen abgesetzten Schnitten durch die Anrisslinie. Diese sollten nicht mehr als 10 mm lang sein, denn nur mit kurzen Schnitten gelingt es, die Spur zu halten. Fahren Sie fort, indem Sie das Messer wie oben beschrieben vorwärts bewegen und rückwärts entlang der angerissenen Linie zu sich hin führen, bis sich der »Einsatz« herauslöst.

4 Drehen Sie das Fensterfurnier um und legen Sie den Einsatz von der Rückseite her in die Öffnung. Bringen Sie einen kleinen Tropfen PVA-Leim entlang der Fuge auf und reiben Sie ihn ein, bis die Spur verschwindet und trocken ist. Drehen Sie das Ganze um und betrachten Sie Ihr Werk. Wenn irgendwo Lücken sind, was bei Anfängern beinahe normal ist, beginnen Sie von vorn, bis Sie die Technik beherrschen. Übung macht den Meister.

Erstes Kapitel | Einführung in Technik und Gestaltung der Marketerie

einsetzen lässt – deshalb also zwei so genannte Positiv-Negativ-Entwürfe. Je nach Bedarf wird man beide oder nur eines verwenden. Die Möbeltischler des 17. Jahrhunderts wussten die Vorzüge des Positiv-Negativ-Potentials meisterhaft auszuschöpfen. Dekorative Laubsäge-Einlagen finden sich vielfach an zweitürigen Schränken, wobei das Positiv-Ornament etwa auf der einen Türfüllung und das entsprechende Negativ-Ornament auf der anderen erscheint.

Vorbereiten des Furnierpakets

Hier soll nun erklärt werden, wie ein Furnierpaket für eines der im zweiten Kapitel ausführlich beschriebenen Projekte erstellt wird: die Patera. Wenn Sie den Anweisungen folgen, wird Ihnen das Aussägen einer Patera keine Schwierigkeiten bereiten.

Wählen Sie die beiden Furniere für das Doppelblatt aus. Abb. 5 zeigt Magnolie (zweites Blatt von links) und Bergahorn (drittes von links). Denken Sie beim Zusammenstellen des Furnierpakets daran, grundsätzlich zwei Furniere mit Kontrastwirkung auszusuchen, da sonst das Muster auf dem Untergrund nicht richtig zur Geltung kommt. Kleben Sie das bereit liegende Patera-Motiv auf das Paket. Schneiden Sie die »Doppelfurnierblätter« rundum etwa 2,5 cm größer als erforderlich. Vergewissern Sie sich, dass das längste Maß nicht die Länge des Laubsäge-Bügels übersteigt.

Umkleben Sie die Oberseite der Doppelfurnierblätter mit etwa 50 mm breitem braunem Pa-

Abb. 6: Kleben und Heften des »Pakets«

ketklebeband. Da Sie stellenweise durch ganz enggemasertes Holz sägen, muss mit Bruchstellen gerechnet werden, wenn das Furnier nicht durch Klebeband verstärkt wird. Die Zulagefurniere müssen nicht abgeklebt werden.

Legen Sie die vier Furniere zu einem Paket aufeinander. Meist werden die beiden Doppelfurnierblätter so gelegt, dass die Maserung in eine Richtung verläuft. Besteht das Motiv aus einem Rechteck oder, wie hier, aus einer Ellipse, verläuft die Maserung meist entlang der Längsseite. Für ein vertikales Motiv wird man die Maserrichtung folglich nach der Vertikalen ausrichten. Die Doppelfurnierblätter sollten mit der abgeklebten Seite nach oben schauen und sowohl oben als auch unten durch zwei Ausschussfurniere verstärkt werden. Tackern Sie in jede Ecke eine Heftklammer und hämmern Sie sie an der Unterseite des Pakets flach. Nun lässt sich das Paket problemlos auf den Sägetisch auflegen. Zentrieren Sie den Papierentwurf über der oberen Zulage und kleben Sie ihn mit einem Klebestift auf. Falls es sich um ein Kreismotiv oder eine Ellipse handelt, sollten noch mehr Heftklammern in den Randbereich getackert werden (s. Abb. 6). Sie können auch Heftklammern in das »Entwurfsfeld« einbringen, allerdings nur an Stellen, an denen das auffallend gezeichnete Hintergrundfurnier den Platz ausfüllt. Auf keinen Fall darf man Heftklammern in das weiße Furnier, das den Entwurf zeigt, einbringen, denn die Löcher bilden sich in der fertigen Arbeit ab.

Abb. 5: Materialien für ein Patera-»Paket«

TECHNIKEN

EINSATZLÖCHER STECHEN

Als erstes gilt es zu entscheiden, wo mit dem Laubsägen begonnen wird und wie die Schnittfolge aussehen soll, die auf den Entwurf abgestimmt sein muss. Man sollte immer mit den Inselelementen beginnen, den kleinen Teilen innerhalb der Begrenzung eines größeren Teils. Das Inselteil der abgebildeten Patera ist das Oval in der Mitte des Entwurfs. Es sollte als erstes ausgeschnitten werden, denn es bietet Zugang zu den zwölf Blütenblättern, die das Oval umgeben. Um das Einsatzloch zu stechen, benutzt man am besten einen Miniatur-Spiralbohrer (Abb. 7). Stechen Sie entlang der Linie des inneren Ovals ein Loch ein. Führen Sie das Metallsägeblatt (für Lernzwecke kann ein dickeres Sägeblatt verwendet werden) von der Rückseite des Pakets aus ein. Abb. 7 zeigt eine elektrische Feinschnittsäge, aber eine Handlaubsäge auf einem selbst gebauten Sägetisch erfüllt den gleichen Zweck.

DAS EINSETZEN DES SÄGEBLATTS IN EINE HANDLAUBSÄGE

Am einfachsten lässt sich ein Sägeblatt im Sitzen einsetzen. Das Blatt wird zuerst in die Klemme am Bügelende eingefügt, wobei die Sägezähne des Blatts zum Griff zeigen. Führen Sie etwa 12 mm des Blatts in die Klemme ein und beachten Sie, dass das Blatt zur gegenüberliegenden Klemme zeigt, anstatt nach oben oder unten (einer der Hauptgründe für das Brechen beim Einsetzen). Ziehen Sie die Flügelschraube von Hand so fest wie möglich an. Führen Sie das Sägeblatt von der Rückseite des Pakets aus durch das Einsatzloch. Halten Sie das nicht eingespannte Ende des Sägeblatts mit einer Hand straff, während Sie das Furnierpaket entlang dem Sägeblatt nach unten in Richtung Körper schieben, bis es an das Griffende des Bügels stößt. Zwischen den Oberschenkeln abgestützt und mit dem Griff der Säge gegen Bauch bzw. Brust gedrückt, halten Sie das freie

Abb. 7: Laubsägen mit der elektrischen Feinschnittsäge. Man beachte den in einem Korken gesicherten Miniatur-Spiralbohrer.

Erstes Kapitel | Einführung in Technik und Gestaltung der Marketerie

Ende des Blatts zwischen Zeigefinger und Daumen und umfassen mit den drei anderen Fingern derselben Hand den Bügel der Säge. Drücken Sie die Säge zum Körper hin und setzen Sie das Blatt 12 mm tief in die Klemme am anderen Ende ein. Halten Sie die Spannung, während Sie mit der anderen Hand die Flügelschraube anziehen.

Zum Schluss stützen Sie das Furnierpaket mit einer Hand ab, während Sie die Säge mit der anderen in den Ausschnitt auf dem Sägetisch einführen. Vom Einsatzloch aus können Sie nun mit dem Sägen beginnen.

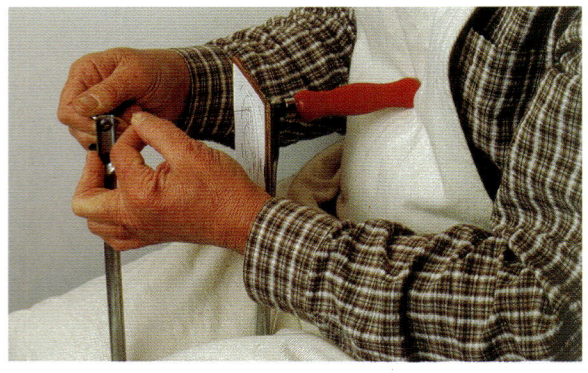

Abb. 8: Einsetzen eines Sägeblatts in Sitzstellung

DIE HANDHABUNG DER LAUBSÄGE

Für das Sägen mit der Laubsäge gibt es eine goldene Regel: Halten Sie die Säge genau senkrecht zum Furnierpaket. Sobald Sie die Säge auch nur leicht anwinkeln, entsteht ein schräger Schnitt, sodass die Fugen Lücken aufweisen oder die Einlage sich schlimmstenfalls gar nicht einpassen lässt. Abb. 10 zeigt Schnitte durch ein Paket aus vier Furnieren. Mit einem Schnitt im 90°-Winkel passt jedes Furnier in jedes beliebige der drei anderen Furniere des Pakets. Abgeschrägte Schnitte erzeugen jedoch zu lockere oder übermäßig stramm sitzende Fugen. Eine Lücke entsteht selbst bei im 90°-Winkel erzeugten Schnitten, was an der Dicke des Sägeblatts liegt. Durch Verwendung des richtigen Sägeblatt-Typs in der entsprechenden Größe kann man Abhilfe schaffen. Ein sehr feines Metallsägeblatt erzeugt eine Lücke zwischen den eingefügten Furnieren, die, mit PVA-Leim gefüllt, vollkommen unsichtbar ist.

Abb. 9: Laubsägen von Hand auf einem selbst gefertigten Sägetisch

TECHNIKEN

SÄGETIPPS

Senkrecht sägen Um die Laubsäge genau senkrecht zu halten, empfiehlt es sich, den Ellbogen seitlich an den Körper anzulegen. Dadurch wird der Oberarm stabilisiert.

Scharfe Biegungen Wenn Sie beim Laubsägen an eine scharfe Biegung oder Kehre des Entwurfs kommen, ziehen Sie die Säge leicht zurück, sodass der Rücken des Sägeblatts am Furnierpaket reibt. Sägen Sie weiter, während Sie das Paket drehen. Sobald die Biegung ausgesägt ist, arbeiten Sie »auf Zug« genau entlang der Linie weiter. Beim Sägen mit der elektrischen Laubsäge wird der Sägevorgang unterbrochen und das Werkstück zum Rücken des Blatts gedreht.

Abweichungen von der Linie Falls Sie von der Linie abkommen, sollten Sie nicht aufhören und abrupt die Richtung ändern, sondern in einem unauffälligen Bogen zur Schnittlinie zurückkehren.

Aussägen extrem kleiner Teile Sehr kleine Teile, die durch das Loch des Sägetischs fallen würden, sägen Sie über dem Bandsäge-Einschnitt im Tisch aus. So können Sie die winzigen Teile auffangen. Beim Sägen mit der elektrischen Säge verwendet man ein spezielles Einlagepassstück, das ein winziges Loch für das Einsetzen des Sägeblatts freigibt; es ist nicht so groß, dass ausgesägte Teile hindurch fallen.

Akzent-Linien (Gravuren) Die der künstlerischen Ausgestaltung dienenden Akzent-Linien sollten grundsätzlich eingeschnitten werden, bevor man das Furnierpaket auseinander nimmt. Wollen Sie etwa ein Blütenblatt plastischer erscheinen lassen, stellen Sie die Aderung mittels »Blindschnitt« oder Akzent-Linien her. Diese Linien gehen vom Mittelpunkt eines Blütenblatts aus, wobei man kurz vor den äußeren Rändern anhält, das Blatt um 180° dreht und die Laubsäge entlang dieser Ader erneut zurückführt. Danach lässt sich das Blütenblatt dem Entwurf entsprechend aussägen. Nachdem die Einzelteile des Bilds zusammengesetzt sind, wird noch vor dem Aufleimen auf eine Trägerplatte dunkleres Porenfüllmaterial in die Einschnitte gedrückt, um das Blütenblatt künstlerisch zu gestalten. Auf die Vorderseite der Blütenblätter geklebtes Fugenpapier verhindert, dass das Bild durch den Porenfüller an der Auflage kleben bleibt. Abb. 11 zeigt die Akzent-Linien. Um sicherzugehen, dass die Akzent-Linien auch sichtbar sind, wurde ein dickeres Sägeblatt als für das Ausschneiden des Patera-Motivs verwendet.

SCHATTIEREN (BRENNEN)

Das Schattieren oder Brennen dürfte zu den ältesten, zugleich aber auch wichtigsten Techniken der Marketerie-Bildgestaltung gehören. Es ist eine Kunst, denn durch Ansengen der Furniere in heißem Sand kann der Marketeur wie der Maler mit seinem Pinsel dreidimensionale Effekte erzielen. Die englischen Kunsttischler des 18.

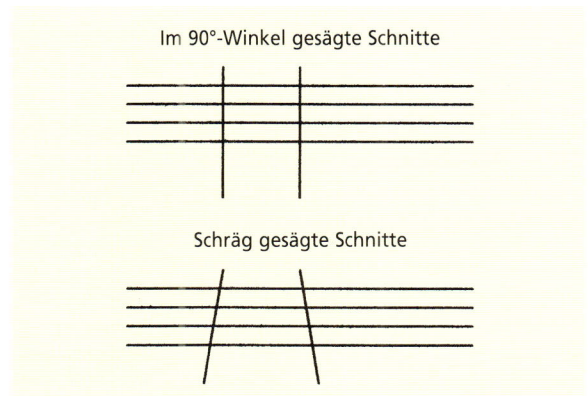

Abb. 10: Senkrechtes Sägen garantiert passgenaue Fugen

Abb. 11: Dunkle Akzent-Linien auf jedem Blütenblatt

Jahrhunderts verliehen ihren zahlreichen Motiven überall plastische Wirkung. Einige dieser Motive werden in diesem Buch vorgestellt, daher sollte man die Technik beherrschen.

DIE TECHNIK

Entscheidend für die künstlerische Wirkung eines Marketerie-Bilds ist nicht zuletzt der entsprechende Grad des Schattierens. Schattiert man das Furnier zu wenig, dann kann es passieren, dass die Schattierung beim Schleifen entfernt und keinerlei Effekt erzielt wird. Schattiert man das Furnier aber zu stark, dann wirkt es versengt und unansehnlich. Ideal ist eine Schattierung, die den Brennvorgang nur ganz dezent erkennen lässt, dennoch aber in Form einer dreidimensionalen Wirkung zutage tritt. Daher gilt es ganz subtil vorzugehen und so gleichmäßig wie nur möglich zu arbeiten, was Sie anhand der folgenden Tipps erlernen können.

Schneiden Sie zehn Furnierstreifen (100 x 25 mm) aus Bergahorn oder Englischem Ahorn mit in Längsrichtung verlaufender Maserung. Verteilen Sie Quarzsand in einer Schicht von etwa 25 mm Stärke auf dem Boden einer Pfanne und erhitzen Sie ihn. Es dauert in der Regel ungefähr 20 Minuten, bis der Sand in einer gusseisernen Pfanne über einer 1-kW-Heizplatte die erforderliche Temperatur erreicht.

SICHERHEITSMASSNAHMEN

Um Furniere zu schattieren, muss der Sand sehr heiß sein – daher gilt es, jede Berührung mit ihm zu vermeiden! Stattdessen sollte immer eine längere Pinzette bereitliegen, um das Furnier zu retten. Vergewissern Sie sich auch, dass Heizplatte und Sand nicht mit anderen brennbaren Materialien in Berührung kommen, und denken Sie daran, die Heizquelle nach dem Schattieren auszuschalten.

ERMITTELN DER TEMPERATUR

Halten Sie einen Streifen Furnier in den Sand, ohne diesen mit den Fingern zu berühren. Das Furnier sollte etwa zu drei Vierteln in die Tiefe des Sands eintauchen, ohne den Boden der Pfanne zu berühren. Nach etwa sechs Sekunden (zählen Sie mit) können Sie das Furnier wieder herausnehmen. Falls keinerlei Schattierung sichtbar sein sollte, hat der Sand nicht die erforderliche Temperatur und muss weiter erhitzt werden. Falls das Furnier aber kohlschwarz oder dunkelbraun erscheint, haben Sie es entweder zu lang im Sand gelassen oder aber der Sand war bereits zu heiß. In diesem Fall sollten Sie ein zweites Furnier in den Sand eintauchen und dieses bereits nach vier Sekunden herausnehmen. Es sollte nun in etwa die gewünschte Schattierung zeigen, also mittelbraun sein. Üben Sie mit den übrigen acht Streifen weiter und achten Sie darauf, dass die Furnierstreifen gleichmäßig gebrannt werden. Üben Sie, bis Sie die Technik beherrschen.

DAS SCHATTIEREN VON FÄCHERN

Für das Schattieren von Marketerie-Fächern häuft man mit einem Furnierrest den Sand über drei Vierteln des Pfannenbodens zu einem Berg auf und flacht ihn dann plateauförmig ab. Ein Viertel des Pfannenbodens sollte ganz frei bleiben.

Nun steckt man einen der Furnierstreifen mit der Längskante in das Sandplateau, sodass etwa ein Drittel des Furniers heraussteht, und lässt ihn etwa vier Sekunden im Sand. Das Resultat sollte so aussehen wie in Abb. 14 gezeigt: eine mittelbraune, gleichmäßige, einseitige Längsschattierung, bei der das letzte Drittel unschattiert bleibt. Der unschattierte Bereich bildet im Zentrum des Fächers eine helle Partie. Erkennen Sie selbst,

Abb. 12: Schattierzubehör

Abb. 13: Bilden Sie ein erhöhtes abgeflachtes Plateau.

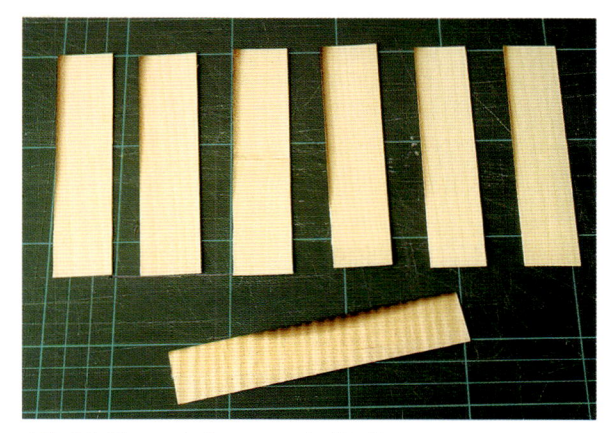

Abb. 14: Ein zu stark angesengter Streifen.

welcher Streifen zu stark angesengt ist! Die einzelne weiße Rose und das Muschelmotiv im zweiten Kapitel erfordern diese Schattier-Technik ebenso wie die Blüten des Wandschirms im fünften Kapitel, doch einige Marketeure verwenden auch unterschiedlich getönte Hölzer, um eine vergleichbare Wirkung zu erzielen. Es ist immer eine Frage des persönlichen Geschmacks und Stilempfindens, wie ein schattierter Bereich dargestellt wird.

Ahorn, gebeizt

Silber-grau gebeizter Ahorn ist ein Holz, das mit mineralischen Substanzen behandelt wurde. Diese Substanzen leiten einen chemischen Prozess ein, der die natürliche Färbung des Holzes in einen Silber- oder Grauton umwandelt, ein Effekt, der erstmals in der Möbelkunst des 17. und 18. Jahrhunderts auftaucht. Erzielt wurde er, indem ein bis zwei Jahre vor dem Fällen des Baums im Umkreis der Wurzeln Eisensulfat eingelassen wurde, was dem Holz eine silberne Tönung verleiht. Wir werden im Lauf dieses Kapitels noch auf andere Hölzer eingehen, die infolge spezieller Behandlungsweisen eine Farbveränderung erfahren. Derart gebeizter Ahorn steht geradezu exemplarisch für menschliches Eingreifen in Prozesse, die in der Natur sehr viel langsamer vor sich gehen. Unter der Voraussetzung, dass man dem Holz Zeit lässt, verändern bestimmte Bäume ihre Farbe, sobald die Wurzeln bestimmten mineralischen Elementen ausgesetzt sind: Spuren von Eisenverbindungen im Boden können eine schwarze oder blaue mineralische Färbung des Holzes bewirken. Die rosa Blüten von Hortensien verwandeln sich in blaue, wenn die Pflanzenwurzeln im Jahr zuvor mit einer Lösung aus Eisensulfat behandelt wurden.

Gleichermaßen verhält es sich mit einigen Furnieren, die, in eine derartige Lösung eingetaucht, ihre Farbe verändern. Während ein Baum aber für ein ähnliches Resultat eine gesamte Wachstumsperiode benötigt, lassen sich durch Eintauchen des Furniers in eine Lösung Veränderungen bereits innerhalb einer Stunde oder gar noch rascher erzielen. Die Tönung von Bergahorn beschränkt sich auf Silbernuancen, andere Furniere indes zeigen eine ganze Palette von Hell- bis Dunkelgrautönen, manchmal bis zu Schwarz. Platane, Bergahorn und Vogelaugenahorn sowie Ahorn, Esche und Buche eignen sich für solche Tönungsverfahren und ergeben ebenfalls sehr schöne Furniere.

Weitere Furniere, die sich erfolgreich behandeln lassen, sind Eibe, Birke, Pappel, Rosskastanie und Espe, um nur eine kleine Auswahl zu nennen. Solche künstlich gebeizten Furniere werden für die Verzierung von Tischplatten, Kommoden und Schränken verwendet. Silber- oder Grautöne bilden einen interessanten Kontrast zu naturbelassenem Holz. In bildlichen Darstellungen schaffen diese Hölzer, die für Meere, Seen, Bäche und Ähnliches eingesetzt werden, realistische Wassereffekte, eignen sich aber auch für Landschaftsimpressionen und bauliche Strukturen.

Da sich das in Furnieren enthaltene natürliche Tannin (Gerbsäure) mit Eisensulfaten mischt, erfolgt eine chemische Reaktion durch Oxidation, die für die Silber-, Grau- oder Schwarztönung sorgt. Eisensulfat kauft man am besten im Gartencenter.

Das Wasser, in dem das Präparat aufgelöst wird, sollte frei von Fremdstoffen sein, die die erforderliche chemische Reaktion der Farbveränderung verhindern könnten. Falls Ihr Leitungswasser Fluoride, Kalziumverbindungen oder Spuren von Ammoniak enthält, sollten Sie destilliertes Wasser oder Regenwasser verwenden. Setzen Sie das »Bad«, in das die Furniere getaucht werden, nicht in einem metallhaltigen Gefäß an. Ideal ist eine flache Kunststoffschale, wie sie im Fotolabor verwendet wird (s. Abb. 15).

Als Furnier mit Silbertönung wird im Handel vor allem Bergahorn angeboten. Das heißt aber keineswegs, dass Sie nicht selbst experimentieren sollten, vielleicht sogar mit anderen Hölzern, was nicht nur preisgünstiger, sondern auch spannender ist und Freude macht.

Verteilen Sie etwa zwei Teelöffel (20 g) Eisensulfat in 850 ml Wasser. Rühren Sie um, damit sich die Kristalle auflösen und tauchen Sie dann das ganze Furnier ein. Die Farbveränderung erfolgt meist innerhalb einer Stunde. Ganz selten muss man die Furniere länger im Bad belassen, um ein Ergebnis zu erzielen. Allerdings reagieren nicht alle Furniere. Manchmal fehlt dem Holz das für die chemische Reaktion erforderliche Tannin. Falls Sie mit einem Furnier, mit dem Sie noch keine Erfahrung haben, experimentieren, sollten Sie sich vergewissern, ob der chemische Prozess das Furnier als Ganzes durchgefärbt hat. Die aus Australien stammende Seideneiche beispielsweise erweckt zunächst den Anschein einer gelungenen chemischen Veränderung, beim Schleifen aber stellt sich heraus, dass die Farbveränderung lediglich an der Oberfläche erfolgte. Aber lassen Sie sich nicht täuschen! Wenn Sie sich nicht sicher sind, ob die Behandlung effektiv war, beschleifen Sie einen kleinen Bereich, bevor Sie das Furnier einsetzen. Für kommerziell produziertes grau durchgefärbtes Ahornfurnier werden ganze

Abb. 15: Als »Bad« eignet sich eine Kunststoffschale, wie sie im Fotolabor verwendet wird.

Ahornblätter hochkant in einen großen Kübel voll Lösung gestellt und locker zusammengerollt, um die Wirkung der Chemikalien über die gesamte Fläche zu gewährleisten.

Ein Kollege, dem während der Arbeit versehentlich ein paar Spritzer der Lösung auf ein unbehandeltes Furnier fielen, sah am Tag danach auf seinem ansonsten unbehandelten Muster einen grauen Fleck. Er ergriff die Gelegenheit, integrierte das Zufallsprodukt in sein Marketerie-Bild und erzielte damit genau den gewünschten Effekt. Probieren geht über Studieren.

BLAUE UND ROTE FARBTÖNE
Ich bin meinen italienischen Marketeriefreunden zu großem Dank verpflichtet, denn von ihnen bekam ich Furniermuster, die mir auf den ersten Blick gefärbt schienen. Aufgrund von Verständigungsschwierigkeiten konnte ich mir zunächst aber gar nicht vorstellen, wie es zu der unterschiedlichen Färbung der beiden Hölzer (s. Abb. 16) gekommen war. Was ich allerdings sofort sah, war, dass es sich bei beiden um Buche (*Fagus sylvatica*) oder, wie die Italiener sagen, »faggio« handeln musste. Außerdem gab es aufgrund ihres Erscheinungsbilds keinen Zweifel, dass die Muster nicht gefärbt oder nach dem Fällen behandelt worden waren. Um auf einen chemischen Eingriff von außen zu schließen, wirkte der Farbwechsel wiederum zu unregelmäßig und ausgesprochen natürlich.

Das von David Hawkins verfasste Buch *The Techniques of Wood Surface Decoration* liefert die Erklärung des Phänomens: »Französische Kunsttischler vermögen Holz in jeder erdenklichen Farbe zu erzeugen, indem sie mit gefärbten Flüssigkeiten arbeiten, die von den Wurzeln des Baums ein Jahr vor dem Fällen absorbiert werden. Eine Eisensulfatlösung, absorbiert im Bereich einer Wurzel, und Blutlaugensalz, im Bereich einer anderen Wurzel von ein und demselben Baum aufgenommen, ergeben eine dauerhafte Blaufärbung.«

Das andere »farbige« Buchenholz-Beispiel zeigt grüne, gelbe und orangerote bis rotviolette Streifen. Wir vermuten, dass diese Färbung durch die Absorption von rotem Oxid im Bereich der einen Wurzel und Kupfersulfat im Bereich der anderen zustande gekommen sein könnte, aber womöglich findet sich unter unseren Lesern auch ein Experte, der es besser weiß. Diese natürlichen Pigmente und Mineralien werden in den Nährstoffkreislauf des Baums aufgenommen und sorgen über die Jahresringe für die farbliche Veränderung des Kernholzes.

Es wäre jedoch abwegig zu denken, man müsste nun auf der Stelle mit Töpfen voller Pigmente und natürlicher mineralischer Extrakte in den Garten stürmen und die Lösung im Wurzelbereich seiner Lieblingsobstbäume verteilen. Dennoch gibt es keinen Zweifel daran, dass Furniere wie die in Abb. 16 gezeigten Muster aus Buche unter Marketeuren und Kunsttischlern heiß begehrt wären. Umso verwunderlicher erscheint es, dass sich nicht mehr Furnierhersteller derartige Verfahrensweisen zunutze machen, um gezielt Effekte wie diese zu erzeugen.

Bearbeitung mit der Feder

Diese Technik dient der abschließenden Verschönerung des Marketerie-Bilds. Sie erfolgt nach dem Zusammenfügen und Aufbringen des Musters auf die Trägerplatte und findet sich erstmals an englischen Möbeln des ausgehenden 18. Jahrhunderts. Doch diese Dekorationsweise ist bereits von chinesischen Artefakten bekannt, wo sie in Form exakt ausgemalter Szenerien zum Einsatz gebracht wurde. Die Verbindung von Marketerie und Federzeichnung hat einen ganz eigenen Charme. Kein Wunder also, dass es Mode wurde, kleine persönliche Dinge wie Schatullen und Stehpulte zunächst mit Marketerie zu schmücken und diese nach Aufbringen der Grundierung durch Federzeichnungen zu ergänzen.

Florale Motive, Portraits, Kostüme und Tierdarstellungen profitieren von dieser zusätzlichen Dekoration. Mit einer feinen Feder und Tusche werden die Feinheiten des Bilds in dünnen Konturen auf die Holzoberfläche aufgebracht. Das Resultat ist vergleichbar mit dem Effekt des Brennens, nur dass sich durch Bearbeitung mit der Feder sowohl Details als auch Schattierungen wiedergeben lassen. Was die beiden Techniken zusätzlich unterscheidet, ist die Reihenfolge: Während die Bearbeitung mit der Feder nach dem Zusammenfügen und Aufleimen der Marketerie auf die Basis vorgenommen wird, erfolgt das Brennen oder Schattieren vor oder im Laufe des Zusammenfügens.

Die Bearbeitung mit der Feder war eine Folgetechnik der weit größere Geschicklichkeit erfordernden Kunst des Gravierens, bei der mit einem V-förmigen Stichel oder Bildhauer-Geißfuß eine Kerbe im Holz ausgestemmt und mit farbigem Holzkitt oder Farbe gefüllt wurde. Obwohl die Bearbeitung mit der Feder in der Ausführung wesentlich einfacher ist als das Gravieren, ist Genauigkeit gefragt, denn die nicht lösliche Tusche gewährt dem Künstler keine zweite Chance. Am besten wählt man für das Motiv oder Bild ein helles Furnier, auf dem die Federstriche gut zur Gel-

Abb. 16: Gefärbte Buche

Erstes Kapitel | Einführung in Technik und Gestaltung der Marketerie

tung kommen. Um der Kontrastwirkung willen wird als Hintergrund meist ein sehr dunkles oder schwarzes Furnier gewählt. So wurde für Möbel des 18. und 19. Jahrhunderts immer wieder ebonisiertes Birnenholz verwendet. Im Museo Bottega im italienischen Sorrento finden sich charakteristische Zeugnisse dieser Kunstfertigkeit.

Englische Kunsttischler des ausgehenden 18. Jahrhunderts wandten die Technik ebenfalls an. Die von Chippendale entworfenen Pfeilertische zeigen feinstens ausgeschmückte Fächerdekore im Zentrum der halbrunden Tischplatte. Puristen vertreten heute vielfach die Meinung, dass durch die zusätzliche Bearbeitung mit der Feder von der eigentlichen Kunstfertigkeit der Marketerie abgelenkt wird. Wo Hobbykünstler am Werk sind, werden feine Linien, Punkte für Augen und andere winzige Details durch geschicktes Einsetzen von Holzteilchen erzeugt. Diese Technik soll im Folgenden beleuchtet werden.

Ob man sich nun für oder gegen den Einsatz der Feder ausspricht, Tatsache ist, dass die Italiener sie auch heute noch zur Dekoration von Tischen, Tabletts und Musikboxen einsetzen, die für den Export in alle Welt produziert werden.

Strukturlinien

Diese feinen Linien sind auf Marketerie-Bildern, die für sich stehen, eher gefragt als in Verbindung mit Möbeln. Angebracht erscheinen sie etwa zur Darstellung der Takelage von Schiffen, Schnurrbarthaaren von Tieren und Haarsträhnen. Sie werden im Verlauf der Arbeit eingebracht. Beispiele für Strukturlinien finden sich auf dem Wandschirm, der in der Bildgalerie des sechsten Kapitels vorgestellt wird. Die Fühler der Schmetterlinge wurden vor dem Verleimen und Aufbringen der Marketerie in Form feinster Streifen aus schwarzem Bergahorn eingefügt.

Vor einigen Jahren habe ich die Wirkung dieser Technik an einem Bild unserer Hündin Kelly erprobt. Als Cairn-Terrier zeigt sie das für ihre Rasse typisch struppige Rauhaar (s. Abb. 17), das ich in seiner reizvoll wirbelartigen Wuchsstruktur einzu-

1 Legen Sie ein Stahllineal an die Kante eines kurzen Furniers aus schwarz gefärbtem Bergahorn an, und vergewissern Sie sich, dass es genau parallel zur Richtung der Holzfaser verläuft. Schieben Sie es so dicht an die Kante, dass lediglich 1 mm Holz unter dem Lineal hervorschaut. Schneiden Sie den 1 mm breiten Streifen ab, indem Sie das Skalpell senkrecht halten. Ohne das Lineal zu bewegen, setzen Sie das Skalpell, wie oben dargestellt, um 5° abgewinkelt an das Furnier an. Schneiden Sie einen Span ab, der so dünn ist, dass er sich rollt.

2 Schneiden Sie einen ganz feinen Schlitz in ein Hintergrund-Furnier. Schneiden Sie dann auf einer Seite des Schlitzes einen so dünnen Rand ab, dass Späne unter 0,25 mm Breite entstehen. Man beginnt an einem Ende des offenen Schlitzes, hält den bereits geschnittenen schwarzen Span in der Hand und fügt ihn mit Hilfe des Skalpellrückens ein. Sobald er richtig platziert ist, sichert man dieses Ende mit einem Tropfen PVA-Leim.

TECHNIKEN

Abb. 17: Verwendung feinster Linien in Marketerie-Bildern

3 Der Span lässt sich nun vorsichtig in den ausgeschnittenen Schlitz einlegen, wobei seine gerollte Form das Einfügen erleichtert. Nutzen Sie den Rücken des Skalpells, um den Span in die richtige Position zu drücken. Am Ende des Schlitzes wird der überstehende Span abgeschnitten. Reiben Sie PVA-Leim in die gefüllte Linie. Wenn Sie das Furnier umdrehen, müssten Sie den Span auf der Rückseite sehen. So können Sie sich vergewissern, dass er den gesamten Spalt ausfüllt.

fangen versuchte. Ich hätte natürlich ein ganzes Furnierblatt mit kräftiger Zeichnung verwenden können, aber es ging mir vielmehr darum, Erfahrung mit der Wirkung von Strukturlinien zu sammeln. So nahm ich für Ohren, Nase, Augen und Mund zwar ganze Furniere. Für das Fellhaar indes schnitt ich buchstäblich Hunderte feiner Linien aus einer Reihe verschiedenfarbiger Furniere. In jeweils einem Arbeitsgang schnitt ich kleine Bereiche aus dem blau gefärbten Vogelaugenahorn des Hintergrundfurniers aus, und nachdem ich PVA-Leim in das Fenster getropft hatte – gesichert durch Abdeckband, um ein Weggleiten zu verhindern – zog ich büschelweise feine Linien über den Leim. Nachdem beidseitig Papier und Holzzulagen aufgebracht waren und das Ganze gepresst war, gab ich noch mehr Leim hinzu, bis das Fenster den Hintergrund vollkommen ausfüllte. Indem ich auf diese Weise die Arbeit fortsetzte, konnte ich das Fellhaar aufbauen und gezielt wählen, wo eine bestimmte Farbe auftreten sollte. Abschließend beschliff ich die feinen Linien, bis sie mit dem Hintergrund plan waren und freute mich über das Ergebnis. Was ich damit ausdrücken möchte, ist, dass man sich nicht scheuen darf zu experimentieren. Nur so konnten sich im Bereich der dekorativen Holzbearbeitung im Lauf der letzten 400 Jahre unzählige neue Techniken entwickeln. Manche, wie das Schattieren (Brennen) und Bearbeiten mit der Feder haben überlebt, während andere, wie etwa das Gravieren, aus dem Repertoire der Marketerie-Techniken verschwunden sind. Orientiert an der Vergangenheit, bleibt es den nachfolgenden Generationen überlassen, die Welt ornamentaler Holzgestaltung mit individueller Kreativität und neuen Ideen zu beleben.

Wenn Sie sich nun dem zweiten Kapitel zuwenden, die Muster betrachten und die Projekte nachzubauen versuchen, die englische Kunsttischler des 18. Jahrhunderts in klassizistischer Manier schufen, dann werden Sie rasch erkennen, dass diese in der Tat Spuren hinterlassen haben – Fußstapfen, in die Schreiner aus aller Welt seit nunmehr 250 Jahren treten.

ZWEITES KAPITEL
LEHRGÄNGE

HISTORISCHER HINTERGRUND

Die für das 18. Jahrhundert typischen Marketerie-Entwürfe oder so genannten »Inlay-Motive« entstammen einem Muster-Repertoire, das zuvor schon in Form von Stuckdekor an Decken und Karniesen in Erscheinung getreten war. Der schottische Architekt und Designer Robert Adam (1728–1792) verdankt seinen Ruhm nicht zuletzt der zündenden Idee, diese Fächer, Muschelornamente und Paterae auch als Dekor für die Türen im Inneren herrschaftlicher Häuser einzusetzen – eine Mode, die in ganz England begeistert aufgegriffen wurde. Einer der wichtigsten Vertreter war Thomas Chippendale (1718–1779), der gemeinsam mit Robert Adam das Harewood House in der Grafschaft Yorkshire gestaltete.

Die einzigartige Verbindung von Stuckdekor und Möblierung führte zu jenem eigenständigen Stil, den wir heute als Klassizismus bezeichnen. Die gelungene Übereinstimmung von Architektur und Inneneinrichtung äußerte sich in den für diese Epoche charakteristischen Eck-, Oval- oder Halbrund-Fächern, Muscheln, Urnen, Festons und Girlanden, Geißblatt-Ornamenten (Anthemion) und anderen floralen Motiven (Paterae), die an Chippendale-Möbeln gleichermaßen bewundert werden wie in Adams imposanten Deckenornamenten und Karniesen. Auch 250 Jahre später hat dieser Stil, der sich rasch verbreitete, nichts von seiner Beliebtheit eingebüßt.

Die Wirkung der meisten Inlay-Arbeiten hängt ganz entscheidend von der Brenn- oder Schattiertechnik ab, bei der Furniere in heißem Quarzsand angesengt werden, um ein dreidimensionales Bild zu erzielen (auf Einzelheiten wird im Abschnitt Brennen des ersten Kapitels eingegangen). Diese Farbabstufung und das Zusammenfügen bestimmter Fächermotive anhand von Schablonen bieten sich geradezu an, um in Form eines Lehrgangs in zwei grundlegende kunsthandwerkliche Techniken einzuführen.

Die Formen von Marketerie-Fächern haben unverkennbar Ähnlichkeit mit dem dekorativen Pfeifenwerk von Orgeln. So erhebt sich auch über der majestätisch aufragenden Orgelfront der Victoria Hall ein riesiger runder Fächer, der 40 Flöten umfasst und einen Durchmesser von mindestens 6 m aufweist. Möglicherweise wollte der Architekt Cuthbert Brodrick im 19. Jahrhundert auf die zwischen Adams Fächern und dem Dekor von Orgeln bestehende Affinität anspielen, die ihm damals ebenso ins Auge gefallen sein muss wie mir heute. Bekannt sind auch Projekte, an denen Adam mit dem renommierten Schweizer Orgelbauer Johann Snetzler zusammenarbeitete. Ob es diese Verbindung war, die Adam beflügelte, seine Liebe zur Musik in Form handwerklicher Kunstfertigkeit auszudrücken?

Vor dem Hintergrund dieser Assoziationen wollen wir uns dem ersten Lehrgang zuwenden und hoffen, dass Ihnen die Fertigung dieser zeitlosen Dekorationsmotive ebensoviel Freude bereitet wie unseren Kursteilnehmern.

Abb. 1: Diana-und-Minerva-Kommode in Harewood House

FÄCHER ANLEGEN MIT HILFE VON SCHABLONEN

Schablonen bestehen zunächst aus Papiermustern, die auf eine Holzunterlage übertragen werden. Bewährt haben sich dafür mitteldichte Faser- oder MDF-Platten. Wenn eine Schablone erst einmal erstellt ist, wird sie in der Werkstatt aufbewahrt und nach Bedarf immer wieder verwendet. So hat man die Gewissheit, dass künftige Konstruktionen in Größe und Form identisch mit früheren Werkstücken sind.

Marketerie-Fächer finden sich überall in Europa auf Möbeln und Einrichtungsgegenständen, ob an Tischbeinen, auf Tischplatten, im Bereich des Rückens von Armlehnstühlen, auf Deckplatten von Truhen und Vitrinen, den Türen und Schubladen von Kommoden, auf Tabletts, Schmuckschatullen, Ofenschirmen oder Spiegelrahmen. Keinem anderen Marketerie-Motiv begegnet man so häufig wie dem Fächer. Die Palette reicht von Eckfächern bis zu ovalen, runden, halbrunden und rautenförmigen Varianten, in Größe und Form jeweils abgestimmt auf das Objekt. Ähnliches gilt für die Anzahl der Flöten, aus denen sich Fächer zusammensetzen. Während die aus vier Flöten bestehenden Eckfächer vielfach Kommodentüren und Schubladenfronten zieren, präsentieren sich Fächerovale aus 28 Flöten eindrucksvoll auf Kabinettschränken und im Mittelfeld von Tabletts.

Im Zentrum der ersten beiden Lehrgänge steht die Fertigung von drei Fächertypen. Eingehend behandelt werden der konvexe und der konkave Fächer sowie im Anschluss daran ein aus 28 Flöten bestehendes Fächeroval. Sobald man mit der Konstruktionstechnik dieser Fächer vertraut ist, lassen sich nach dem gleichen Prinzip auch andere Versionen gestalten.

Jeder der Papierentwürfe findet sich als Vorlage im Anhang und kann je nach Verwendungszweck vergrößert oder verkleinert werden.

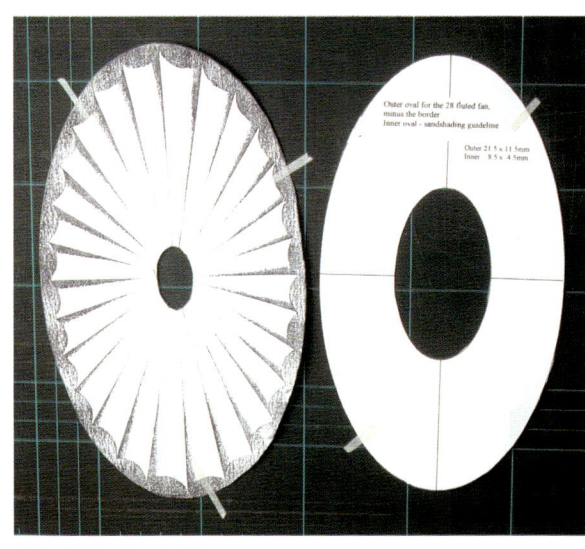

Abb. 2: Papierschablonen

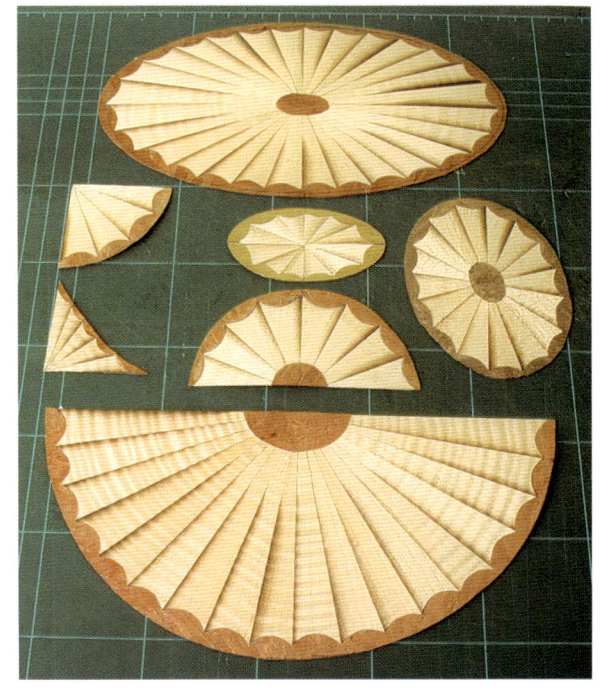

Abb. 3: Fächermuster

Lehrgang Nr. 1: Konvexer Eckfächer

Erforderliche Werkzeuge

Skalpell

Stahllineal

Zirkel

Winkelmesser

Bleistift

Quarzsand, elektrische Heizplatte, Pfanne

Schneidbrett

Schneidmatte

Erforderliche Materialien

6 mm starke MDF-Platte, 150 x 150 mm

Bergahorn- oder Ahornfurnier, 130 x 130 mm

Redwood-/Rotholzfurnier oder Maserfurnier, 100 x 100 mm

Fugenpapier

Abdeckband

1 Zeichnen Sie mit Hilfe eines Stahllineals zwei Geraden jeweils linealbreit parallel zur linken und unteren Seite der MDF-Platte. Spannen Sie einen Bleistift in den Zirkel und stellen Sie den Radius auf 50 mm ein.

2 Schlagen Sie nun zwei Kreisbögen um den Schnittpunkt der beiden Linien, den einen mit 50 mm Radius und einen kleineren mit 15 mm. Ziehen Sie den größeren Bogen bis zum Rand der Platte aus.

FÄCHER ANLEGEN MIT HILFE VON SCHABLONEN

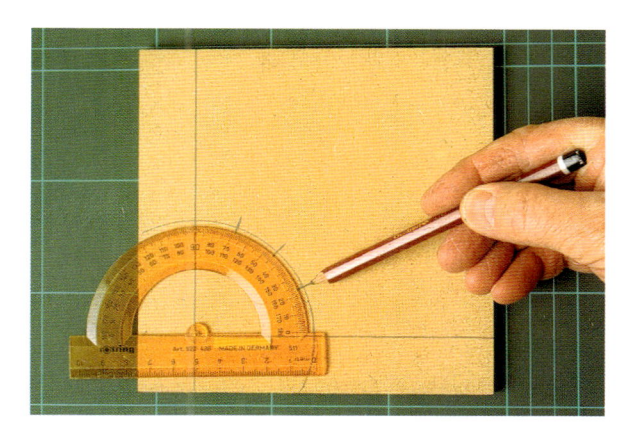

3 Legen Sie den Winkelmesser so an, dass die 0°- und die 90°-Schenkel auf den beiden Randlinien zur Deckung kommen. Bringen Sie drei Markierungen ein, eine bei 45° und zwei weitere jeweils beidseitig der Mitte, das heißt bei 22,5° und bei 67,5°. Es ist manchmal natürlich schwierig, auf ein halbes Grad genau zu zeichnen, aber versuchen Sie es trotzdem so genau wie möglich.

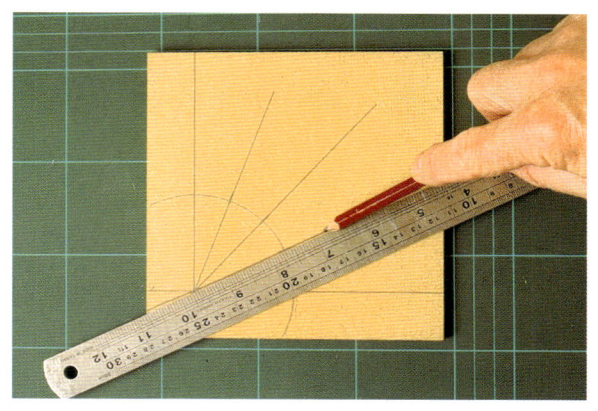

4 Verbinden Sie die Markierungspunkte mit Hilfe des Stahllineals mit dem Schnittpunkt der beiden Geraden. Ziehen Sie die Linien zu den äußeren Rändern der Platte hin aus. Damit ist die Schablone erstellt. Nun können Sie die Furniere vorbereiten.

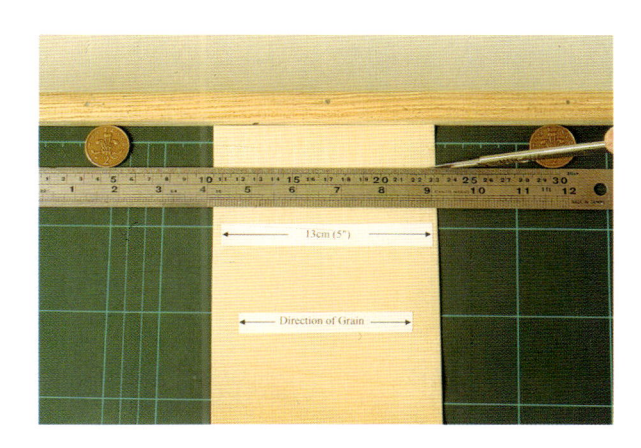

5 Schneiden Sie vier jeweils 130 mm lange und 25 mm breite Streifen aus Bergahorn- oder Ahornfurnier zu und beachten Sie, dass die Maserung jedes Streifens in Längsrichtung verläuft. Verwenden Sie Ihr Marketerie-Schneidbrett und zwei Münzen mit einem Durchmesser von 25 mm (entspricht etwa einer 2-Euro-Münze) als Abstandshalter.

6 Erhitzen Sie den Quarzsand in einer Pfanne und häufen Sie ihn in Form eines flachen Plateaus auf, wie im Abschnitt über das Brennen im ersten Kapitel (s. S. 37) ausführlich beschrieben. Schattieren Sie die Streifen.

7 Legen Sie den ersten Furnierstreifen wie dargestellt auf. Achten Sie darauf, dass der schattierte Bereich des Furniers zwischen den beiden Bögen liegt. Der Bereich unterhalb des kleinen Bogens (rot dargestellt) sollte unschattiert sein – ein Aspekt, der für das endgültige Erscheinungsbild wichtig ist. Fixieren Sie dieses Furnier mit Abdeckband. Legen Sie Ihr Stahllineal über die erste Flötenlinie und schneiden Sie durch das Furnier. Die erste Flöte ist somit fertig.

Zweites Kapitel | Lehrgänge

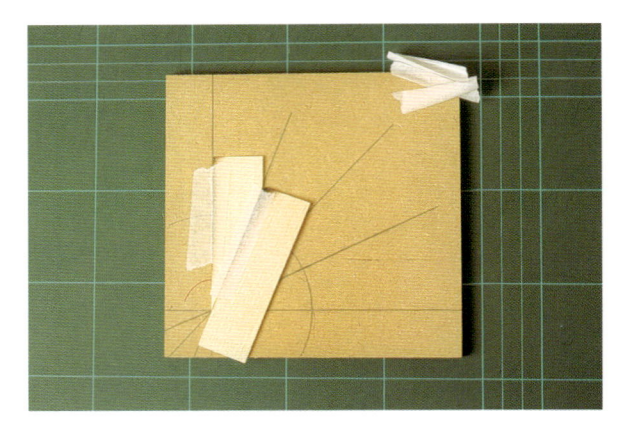

8 Legen Sie den zweiten Streifen mit der schattierten Seite Kante an Kante an den ersten Streifen an. Beachten Sie auch hier, dass der schattierte Bereich mit dem kleinen Bogen enden sollte. Dieses Mal sichern Sie die beiden Streifen mit Fugenpapier. Befeuchten Sie das Band wie eine Briefmarke (es muss richtig nass sein). Bringen Sie es auf die Fuge auf und reiben Sie es trocken. Während des Trocknens zieht sich das Band zusammen und festigt die Fuge. Vergewissern Sie sich, dass es den Bereich über dem großen Bogen abdeckt. Fugenpapier kann problemlos überlappend aufgebracht werden.

9 Nach dem Anpassen und Schneiden der vier Flöten sichern Sie das Arrangement mit einigen Streifen Abdeckband auf der MDF-Platte.
Schlagen Sie, wie oben gezeigt, mit dem Zirkel einen zweiten Bogen mit einem Radius von 50 mm.

10 Verwenden Sie für die Bogenkante (»Muschelrand«) am Ende jeder Flöte eine 2-Euro-Münze als Schablone. Schieben Sie die Münze so weit in die Flöte, bis sie an die beiden jeweiligen Seiten (Schenkel) und den mit dem Zirkel gezeichneten Bogen stößt. Fahren Sie die segmentartige Rundung der Münze mit dem Bleistift nach. Wiederholen Sie diesen Schritt für sämtliche vier Flöten.

11 Mit dem Skalpell schneiden Sie nun entlang jeder Bogenlinie. Achten Sie darauf, dass der Bereich der Schnittstellen mit Fugenpapier abgedeckt ist, denn die spröden Enden jeder Flöte brechen leicht, wenn sie nicht abgeklebt sind. Schneiden Sie nacheinander die Bögen aus. Reißen Sie die Linie zunächst leicht an, bevor Sie noch einmal mit größerem Druck über dieselben Schnittlinien fahren und schließlich ganz durchschneiden. Um das Freihandschneiden zu erlernen, orientieren sich Anfänger am besten an den praktischen Übungen im ersten Kapitel (s. S. 26).

FÄCHER ANLEGEN MIT HILFE VON SCHABLONEN

12 Nehmen Sie ein etwa 80 x 50 mm großes Stück des dekorativen Randfurniers zur Hand (Maserfurniere sind ideal). Schieben Sie das Furnierstück mit dem Maserverlauf in Längsrichtung unter die vier Flöten (bei Maserfurnier spielt die Richtung der Maserung bekanntlich keine Rolle, da es aus Maserknollen besteht) und sichern Sie es mit Abdeckband auf der MDF-Platte. Stellen Sie den Zirkel auf einen Radius von 55 mm ein (um 5 mm größer also als beim ersten Bogen) und schlagen Sie einen Bogen um das Randfurnier.

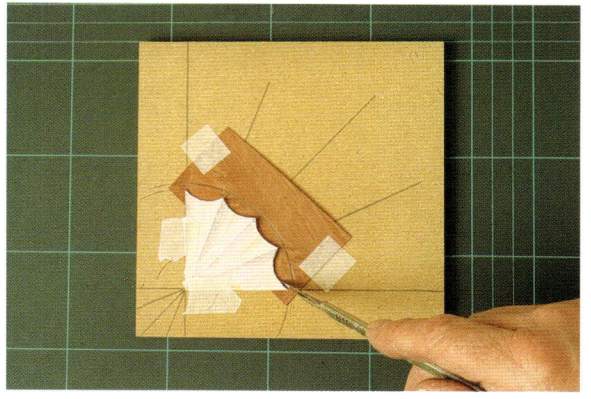

13 Wo die vier Bögen auf das Randfurnier stoßen, reißen Sie mit dem Skalpell eine Linie an. Halten Sie das Skalpell um etwa 2° bezüglich der Senkrechten geneigt (auf keinen Fall mehr), und reißen Sie die Linie durch das Randfurnier an. Beginnen Sie bei der Ihnen am nächsten liegenden Flöte und gehen Sie mit dem Anreißen Schritt für Schritt vor. Markieren Sie die Spitzen der Flöten jeweils mit einem Einstichsschnitt. Reißen Sie alle vier Bogenkanten an und entfernen Sie das Randfurnier.

14 Halten Sie das Skalpell senkrecht zum Furnier und schneiden Sie entlang der angerissenen Linie, bis sich das überschüssige Furnier wegnehmen lässt. Schneiden Sie entlang dem Bogen durch die Bleistiftlinie. Legen Sie den geschnittenen Rand an die vier Bogenelemente an und achten Sie auf eine möglichst lückenlose Fuge. Sichern Sie die beiden Teile mit Fugenpapier. Zum Schluss schneiden Sie die überstehenden Teile auf jeder Seite des Randfurniers ab. Der Eckfächer ist somit fertig.

Drehen Sie den Fächer um und bewundern Sie Ihr Werk.
Denken Sie daran, dass Sie das Fugenpapier erst ablösen dürfen, wenn der Fächer auf das vorgesehene Trägerholz aufgeleimt ist.
Fugenpapier lässt sich durch Befeuchten ganz einfach ablösen, denn die Feuchtigkeit führt zum Aufquellen des Papiers, sodass man es mit einem Stahllineal problemlos vom Furnier abschälen kann.

Zweites Kapitel | Lehrgänge

Lehrgang Nr. 2: Konkaver Eckfächer mit fünf Flöten

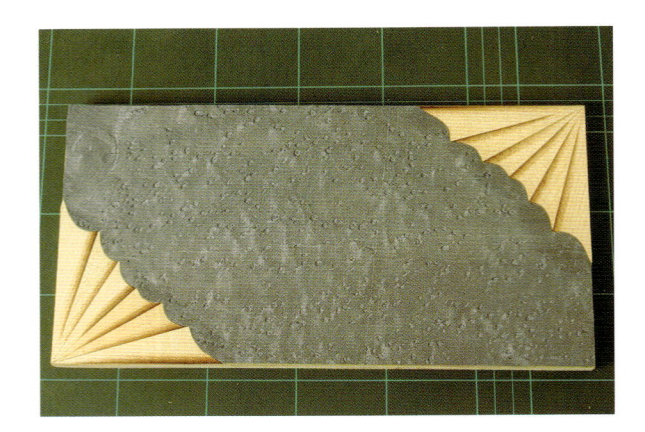

Die oben dargestellten Fächer bestehen aus sechs Flöten; sie wurden ohne Einfassung auf den Untergrund aufgebracht. In diesem Lehrgang wird gezeigt, wie ein konkaver Fächer mit fünf Flöten erstellt wird. Nach der gleichen Anweisung lässt sich aber auch ein Fächer mit sechs Flöten schaffen.

Erforderliche Werkzeuge

Skalpell
Stahllineal
Bleistift
Eine 2-Euro- bzw. 2-Euro-Cent-Münze (oder andere Münzen mit 25 mm bzw. 18 mm Durchmesser)
Quarzsand, elektrische Heizplatte und Pfanne
Schneidbrett
Schneidmatte

Erforderliche Materialien

6 mm starke MDF-Platte, 150 x 150 mm
Bergahorn- oder Ahornfurnier, 130 x 130 mm
Redwood- oder Maserfurnier (z. B. Sapelli-»Mahagoni«), 100 x 100 mm
Fugenpapier
Abdeckband
Abziehstein zum Nachschleifen der Spitze von Skalpellschneiden

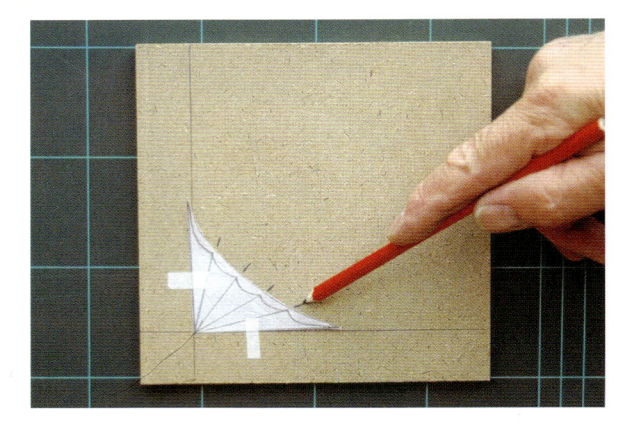

1 Kopieren Sie die im Anhang vorgegebene Schablone und schneiden Sie das Papiermuster mit einem Skalpell sorgfältig aus. Zeichnen Sie auf einer quadratischen MDF-Platte mit 155 mm Seitenlänge entlang zwei angrenzenden Seiten die beiden Bezugslinien ein, jeweils linealbreit vom äußeren Rand entfernt. Kleben Sie das Papiermuster wie oben abgebildet auf und markieren Sie die vier Schenkel der Flöten. Fahren Sie die Rundung des Fächers mit dem Bleistift nach, indem Sie das Papiermuster als Schablone nutzen. Bewahren Sie das Papiermuster zur späteren Verwendung auf.

FÄCHER ANLEGEN MIT HILFE VON SCHABLONEN

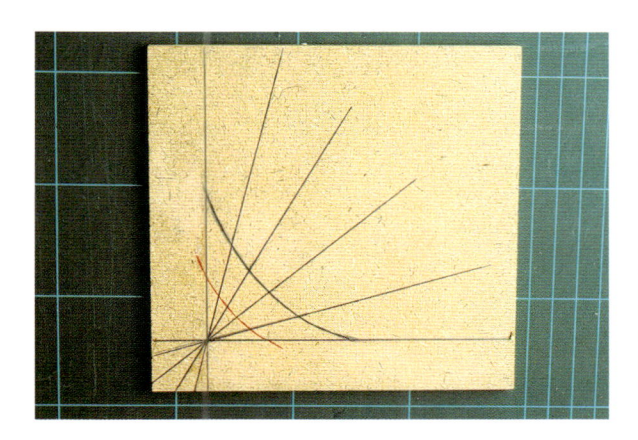

2 Legen Sie das Lineal an die Markierungen der vier Flöten und den Ursprung an und verlängern Sie die Linien wie abgebildet. Zeichnen Sie einen kleineren Bogen, der 25 mm jenseits der Linien endet, die den 90°-Winkel markieren. Um der Anschaulichkeit willen ist der Bogen rot eingezeichnet. Nun kann mit den Fächern begonnen werden.

3 Schneiden Sie fünf Streifen aus Bergahorn-Furnier aus und schattieren Sie diese entsprechend den Arbeitsschritten 5 und 6 des vorangegangenen Lehrgangs (s. S. 45: Konvexer Eckfächer). Kleben Sie die erste Flöte mit Abdeckband auf die linke Seite der Schablone. Legen Sie ein Stahllineal an die erste Schnittlinie an und schneiden Sie mit einem Skalpell durch das Furnier. Passen Sie die zweite Flöte an die erste an, und vergewissern Sie sich, dass der schattierte Bereich nur bis zum inneren Bogen (rote Kontur) reicht. Sichern Sie die beiden Furniere mit Fugenpapier.

4 Vollenden Sie sämtliche fünf Flöten. Legen Sie die Papierschablone erneut über die Flöten und fahren Sie mit dem Bleistift der Rundung der Schablone nach, indem Sie den Rand des Papiers als »Anschlag« nutzen. Bringen Sie etwa 3 mm innerhalb der Enden der Papierschablone zwei Markierungen auf (in Form roter Pfeile dargestellt). Entfernen Sie die Schablone.

5 Zeichnen Sie mit Hilfe einer Münze von 25 mm oder 18 mm Durchmesser im Bereich jeder Flöte die Bogenkante (Muschelkante) ein.

Zweites Kapitel | Lehrgänge

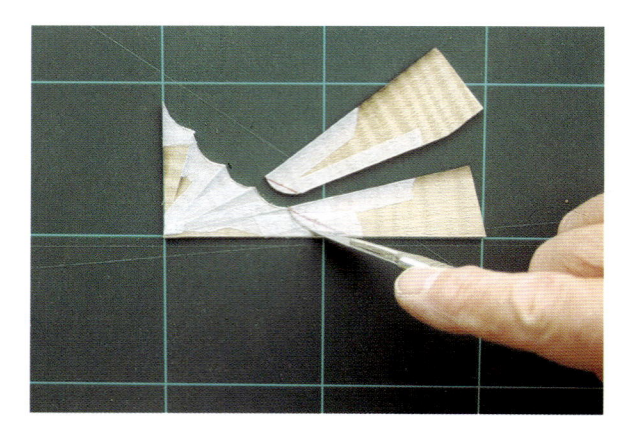

6 Legen Sie den Fächer auf Ihre Schneidmatte und schneiden Sie mit dem Skalpell entlang der Bögen. Vergewissern Sie sich, dass die Schnittfläche mit Fugenpapier abgedeckt ist, denn die winzigen Spitzen brechen leicht, wenn sie nicht geschützt sind.

7 Legen Sie die Papierschablone über das Redwoodfurnier (Maserfurnier ist am schönsten), und fahren Sie mit einem Bleistift den Bogen nach.

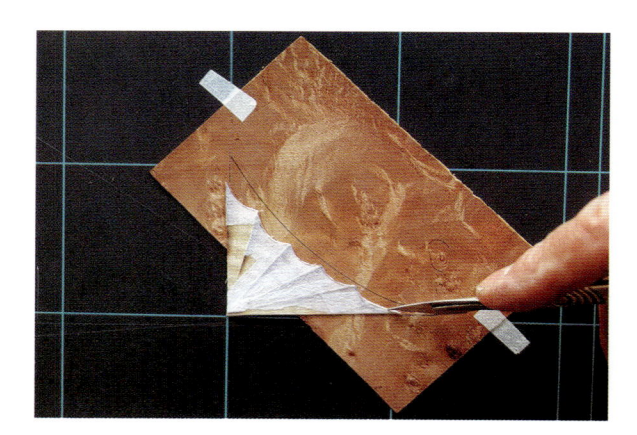

8 Legen Sie den Fächer an den Bogen an und zentrieren Sie ihn so, dass über den Enden des Fächers ein gleichmäßiger Rand stehen bleibt. Sichern Sie beide Teile und ritzen Sie entlang der Flöten mit einem Skalpell das Furnier an. Entfernen Sie den Fächer und schneiden Sie durch die angerissene Linie und durch den mit Bleistift markierten Bogen.

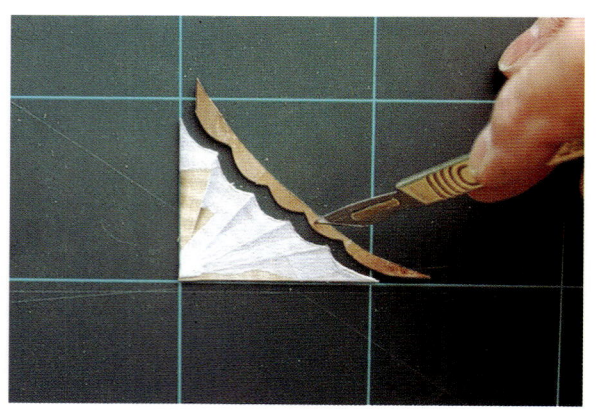

9 Verbinden Sie den Rand mit dem Fächer, und sichern Sie die beiden Teile mit Fugenpapier. Damit ist die Fächerkombination fertig.

Lehrgang Nr. 3: Ovaler Fächer mit 28 Flöten

Erforderliche Werkzeuge

Skalpell

Stahllineal

Bleistift

Zwei 2-Euro- oder andere Münzen mit 25 mm Durchmesser

Quarzsand, elektrische Heizplatte und Pfanne

Längere Pinzette

Schneidbrett

Schneidmatte

1 Schneiden Sie eine MDF- oder Sperrholzplatte von etwa 250 mm Länge und 150 mm Breite zu. Zeichnen Sie, wie abgebildet, x- und y-Koordinaten in die Mitte des Bretts.

Machen Sie zwei Fotokopien der Schablone (S. 162). Schneiden Sie aus der einen Kopie das größte und kleinste Oval aus. Aus der anderen schneiden Sie das zweitgrößte und zweitkleinste Oval aus. Anhand der Papier-Originale gefertigte Hartfaser- oder Sperrholzschablonen können manchmal eine Hilfe sein.

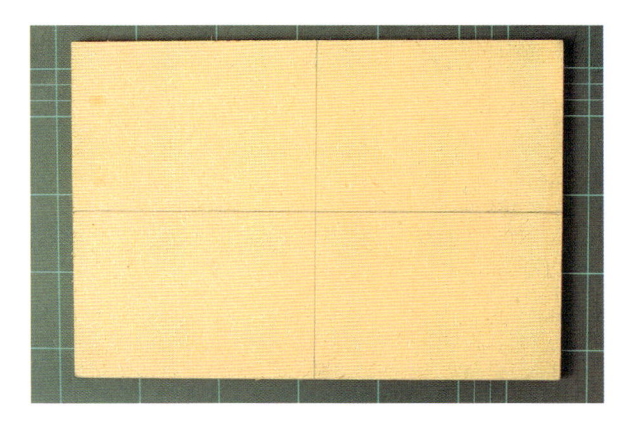

Erforderliche Materialien

6 mm starke MDF-Platte, 250 x 150 mm groß

Fugenpapier

Abdeckband

Redwoodfurnier, 250 x 150 mm groß (längsseitige Maserung)

Bergahorn- oder Ahornfurnier, 700 x 130 mm groß, mit Maserverlauf entlang der Schmalseite

Zweites Kapitel | Lehrgänge

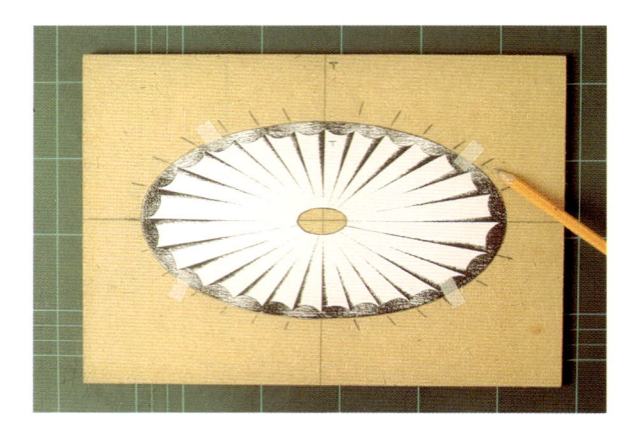

2 Richten Sie die große Papierschablone passgenau auf das x-y-Koordinatensystem aus, und sichern Sie diese mit 4 kurzen Streifen Abdeckband. Fahren Sie mit dem Bleistift um das innere und äußere Oval, um beide Formen auf die MDF-Platte zu übertragen. Kennzeichnen Sie das obere Ende der Schablone und der MDF-Platte mit dem Buchstaben »o«. Verlängern Sie die Schenkel der 28 Flöten, indem Sie sie mit dem Bleistift wie abgebildet markieren.

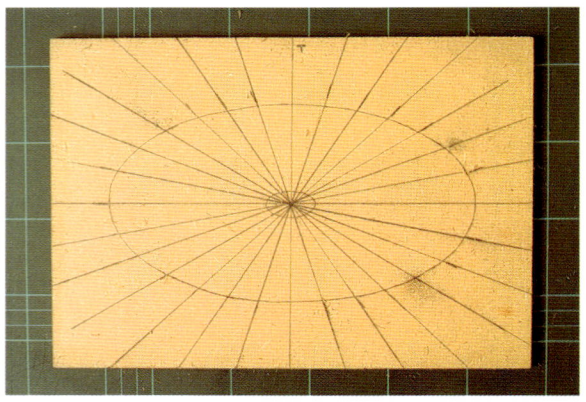

3 Legen Sie das Stahllineal jeweils am Ursprung der Koordinaten an und verbinden Sie die gegenüberliegenden Markierungen zu Diagonalen. Verlängern Sie die Geraden um etwa 5 cm über die Schablone hinausgehend. Fahren Sie auf diese Weise fort, bis jede der 28 Flöten nachgezeichnet ist. Bewahren Sie die Papierschablone auf.

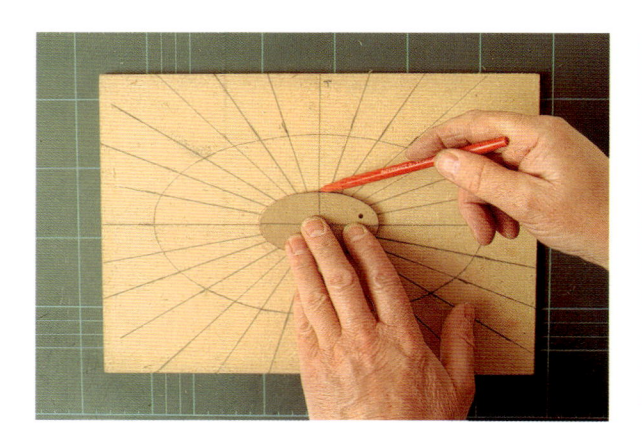

4 Richten Sie die kleinste Schablone ebenfalls passgenau auf das x-y-Koordinatensystem aus und ziehen Sie eine Bleistiftlinie um das innere Oval (wir verwendeten hier eine Holzschablone). Dieses Oval dient später beim Auflegen der schattierten Furnierstreifen als Orientierungshilfe. Entfernen Sie die Schablone.

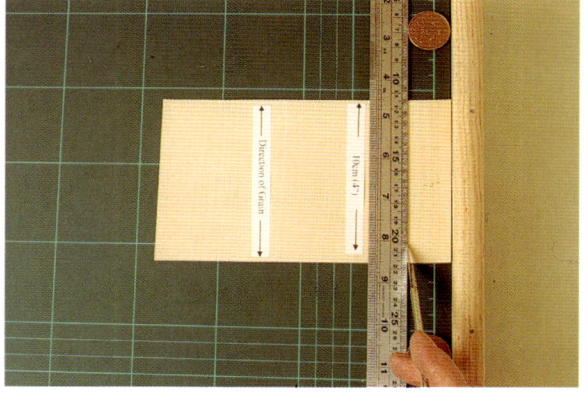

5 Bereiten Sie Bergahorn- oder Ahornfurnier vor, aus dem sich vierzehn Streifen von 130 mm Länge und vierzehn von 100 mm Länge schneiden lassen. Verwenden Sie zwei 2-Euro-Münzen als Abstandshalter und scheiden Sie die Streifen wie abgebildet aus. Schneiden Sie ein paar Ersatzstreifen, falls einige nicht exakt schattiert sein sollten. Markieren Sie den Maserverlauf durch Pfeile.

FÄCHER ANLEGEN MIT HILFE VON SCHABLONEN

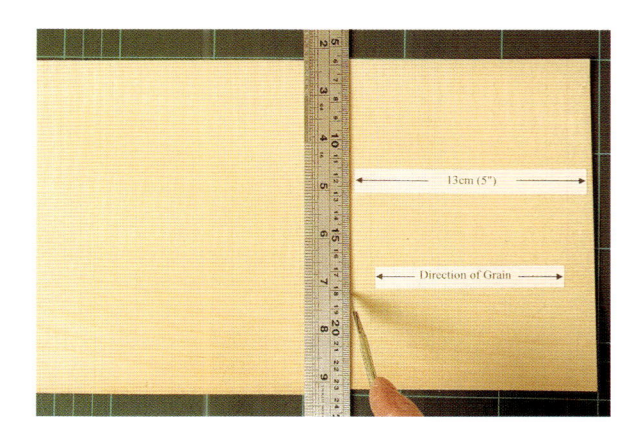

6 Die 130 mm langen Furnierstreifen sind für die Flöten an den beiden Enden des Ovals vorgesehen, die 100 mm langen Streifen für die Flöten entlang der beiden Mittelbereiche. Brennen Sie jeden der Furnierstreifen jeweils entlang einer Seite. Folgen Sie den Anweisungen im Abschnitt Schattieren (Brennen) des ersten Kapitels (S. 37). Achten Sie darauf, dass die Schattierung der Streifen gleichmäßig verläuft und ein Drittel der Länge, wie im ersten Kapitel beschrieben, unschattiert bleibt.

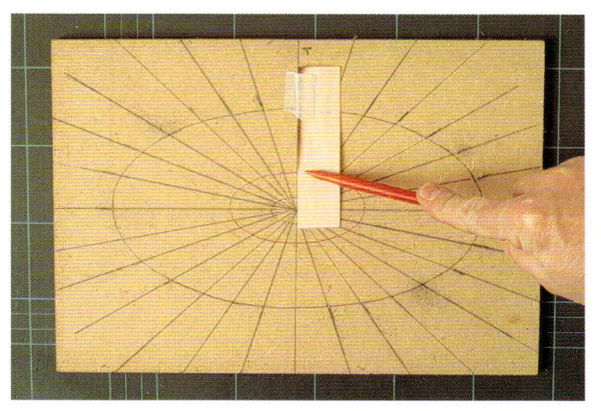

7 Legen Sie den ersten Furnierstreifen mit der schattierten Seite randbündig an die Linie für die oberste Flöte an (12-Uhr-Position). Vergewissern Sie sich, dass sich der schattierte Bereich des Furniers zwischen dem äußeren und mittleren Oval befindet. Die rot eingezeichnete ovale Kontur dient der Orientierung. Der Bereich unterhalb des roten Ovals darf keine Schattierung zeigen. Achten Sie darauf, dass das Furnier einen Teil des mittleren Ovals abdeckt.

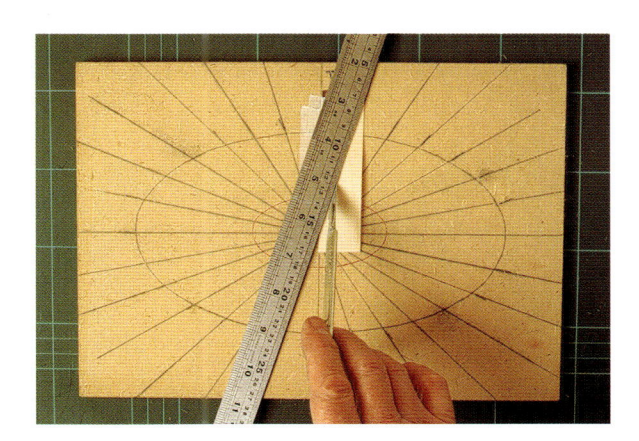

8 Fixieren Sie (nur) diesen ersten Streifen mit Abdeckband auf der MDF-Platte. Legen Sie ein Lineal in 13-Uhr-Position (Linkshänder in 11-Uhr-Position) über diese ersten Koordinaten. Mit einer leichten, schwenkenden Schnittbewegung entlang dem Lineal reißen Sie einen ersten Schnitt mit dem Skalpell an und schneiden dann mit jeweils stärkerem Druck weiter, bis sich das überschüssige Furnier entfernen lässt. Damit ist die erste der 28 Flöten integriert.

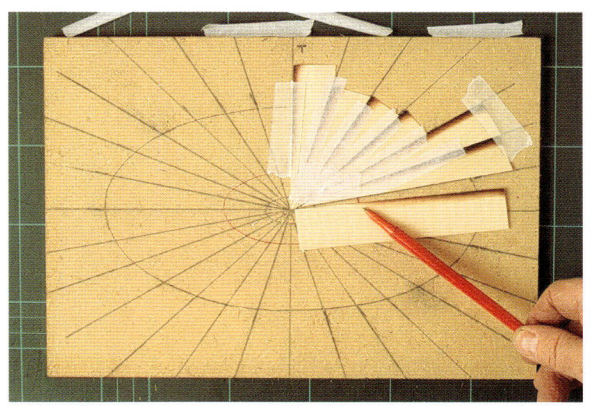

9 Legen Sie jeden Streifen Kante an Kante an den vorhergehenden an, und arbeiten Sie sich im Uhrzeigersinn um den Entwurf (Linkshänder gehen im Gegenuhrzeigersinn vor). Prüfen Sie jeden Streifen auf die folgenden drei Aspekte:
1. Der Streifen muss das äußere Oval überlappen.
2. Die Schattierung muss am mittleren (roten) Oval enden.
3. Der Streifen muss einen Teil des mittleren Ovals überlappen.

Das Fugenpapier bleibt haften, bis der Fächer auf die vorgesehene Basis aufgeleimt ist (s. S. 47).

Zweites Kapitel | Lehrgänge

Nach Aufbringen des ersten Streifens werden alle übrigen Streifen mit Fugenpapier zusammengehalten. Feuchten Sie das Fugenpapier wie eine Briefmarke an (es muss richtig nass sein) und kleben Sie es über die Fuge der beiden Furniere. Reiben Sie es mit den Fingern, bis es trocken ist. Während es trocknet, zieht sich das Band zusammen, sodass sich die betreffende Fuge verfestigt. Vergewissern Sie sich, dass das Band den Bereich um die äußere Rundung bedeckt. Bei Bedarf können Sie es überstehen lassen.

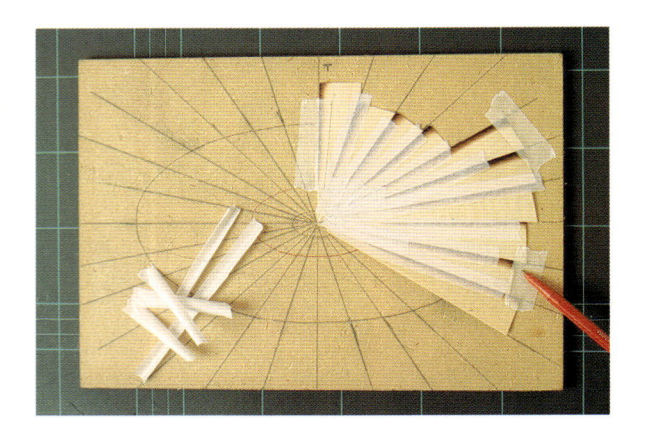

10 Während das Muster auf der Schablone »wächst«, bringen Sie nach jeweils fünf bis sechs Streifen ein Stück Abdeckband auf die äußeren Ränder des Furniers auf. Auf diese Weise lässt sich ein Verschieben des Arrangements verhindern.

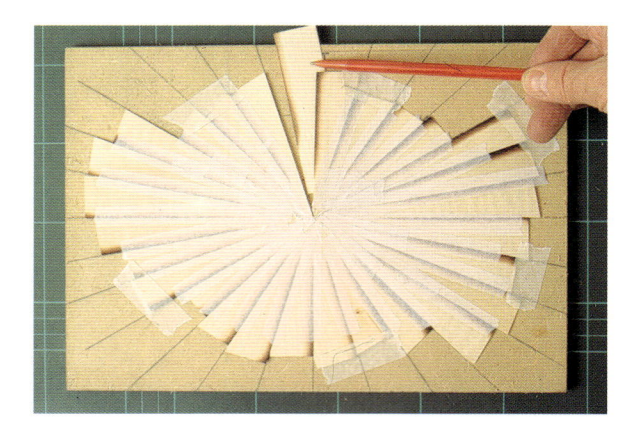

11 Bevor Sie die letzte der 28 Flöten einfügen, gilt es das Abdeckband von der ersten Flöte zu entfernen. Schieben Sie den letzten Streifen unter den Rand der ersten und legen Sie ihn bis zum Rand der 27. Flöte an. Überprüfen Sie den schattierten Bereich, und beachten Sie, dass der Streifen bis in das zentrale Oval reichen muss. Fixieren Sie den Streifen mit Fugenpapier an der 27. Flöte.

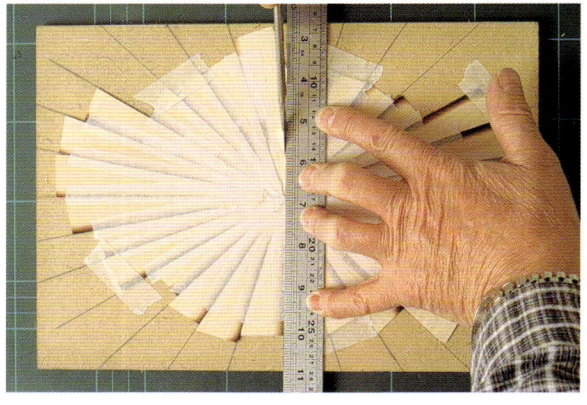

12 Legen Sie das Stahllineal über den ersten Streifen, indem Sie es an der schattierten Kante ausrichten. Schneiden Sie mit einem Skalpell durch die 28. Flöte und vergewissern Sie sich, dass der Schnitt bis zum Papierentwurf durchdringt und somit das gesamte überschüssige Furnier abschneidet.

FÄCHER ANLEGEN MIT HILFE VON SCHABLONEN

13 Drehen Sie die ersten zwei bis drei Flöten um und entfernen Sie das überschüssige Furnier von der 28. Flöte. Sichern Sie die letzte und erste Flöte mit Fugenpapier. Abschließend beschriften Sie das Band der 28. Flöte mit dem Buchstaben »o«, damit Sie wissen, wo der oberste Punkt des Arrangements ist.

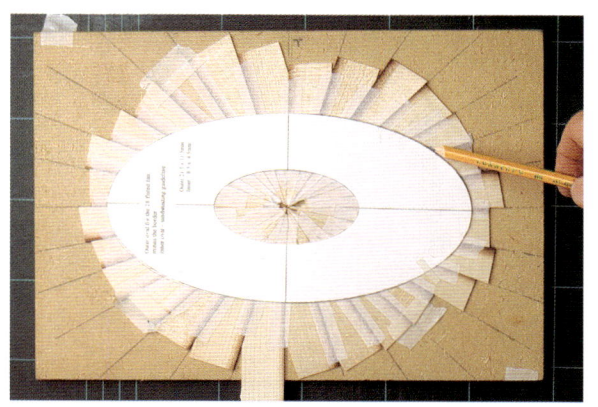

14 Legen Sie die zweitgrößte Papierschablone auf, indem Sie diese sorgfältig auf das Koordinatensystem über den Flöten ausrichten. Fixieren Sie die Schablone mit Fugenpapier; ziehen Sie dann mit dem Bleistift die Kontur des äußeren Ovals nach. Die Papierschablone dient dabei als »Anschlag«. Entfernen Sie die Papierschablone.

15 Legen Sie eine 2-Euro-Münze oder eine entsprechende andere Münze mit 25 mm Durchmesser so an, dass diese die Schnittpunkte zwischen den beiden Fugen und dem Oval berührt. Fahren Sie mit dem Bleistift um den Rand der Münze, bis jede Flöte mit einer Bogenkante abschließt. Vergewissern Sie sich, dass überall Fugenpapier vorhanden ist, wo die Bögen (Muschelränder) nun eingezeichnet werden. Wenn alle 28 Bogenkanten eingezeichnet sind, entfernen Sie den Fächer von der MDF-Platte.

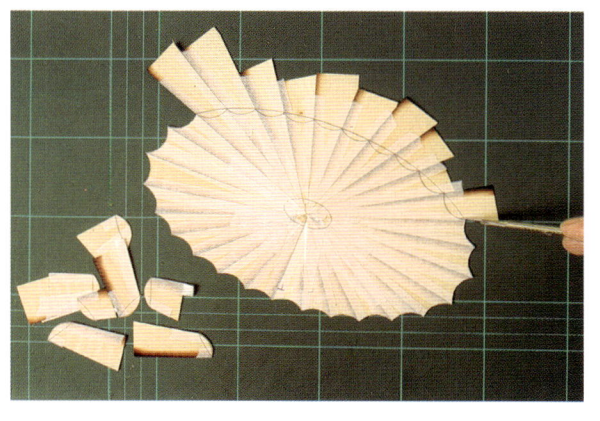

16 Legen sie das Motiv auf die Schneidmatte. Nehmen Sie ein Skalpell zur Hand, und beginnen Sie an der Ihnen am nächsten liegenden Bogenkante mit einem vertikalen Einstichsschnitt am Ausgangspunkt eines muschelförmigen Bogenelements. Fahren Sie mit dem Messer etwa 6 mm vor und schneiden Sie durch Bleistiftkontur und Furnier, indem Sie das Messer in Richtung des ersten Einstichs ziehen. Fahren Sie auf diese Weise fort, bis Sie das Ende des Bogens erreichen. Drehen Sie das Fächer-Arrangement, um die Wirkung zu begutachten. Auch die Rückseite des Fächers vermittelt einen Eindruck von der Vorderseite nach dem Entfernen der Fugenpapierstreifen.

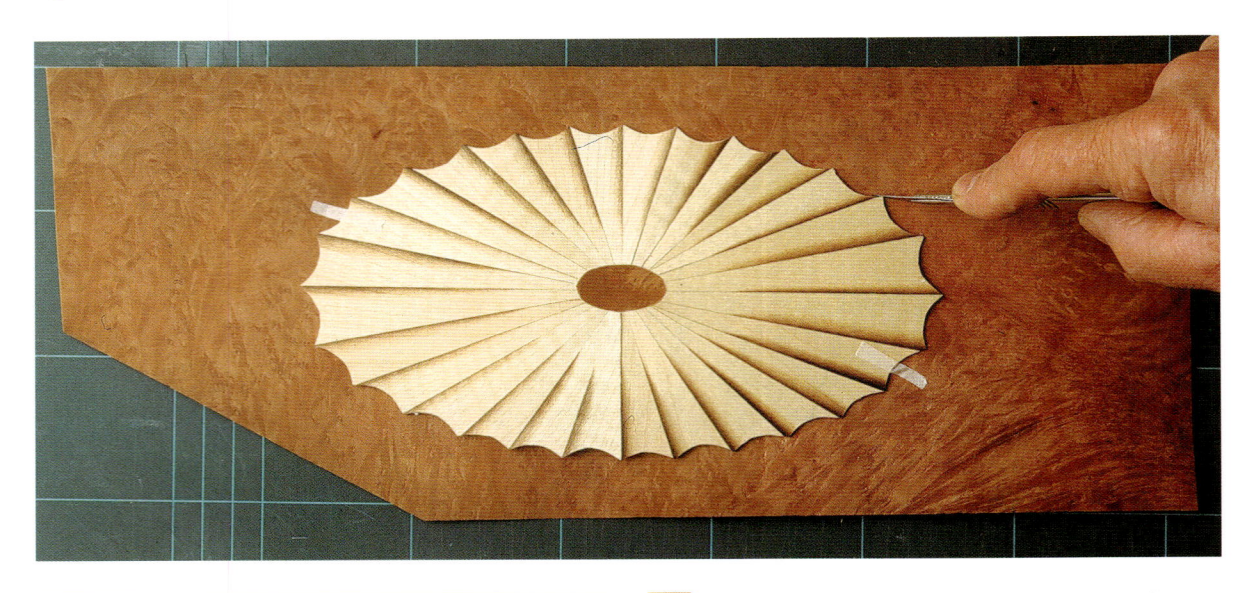

Inzwischen dürfte klar sein, warum es so wichtig ist, die Schnittstellen der Bögen mit Fugenpapier abzudecken. Ohne Band würden die beiden Spitzen des Bogens aufgrund der engen Maser des Holzes nämlich brechen.

17 Schneiden Sie sämtliche Bogenkanten. Für die Umrandung benötigen Sie die größte Papierschablone und ein Blatt dekoratives Furnier von etwa 250 mm x 150 mm Größe. Wurzel- oder Maserfurnier eignet sich hervorragend als Umrandungen von Fächern. Fixieren Sie den Fächer mit Klebestreifen auf dem Furnier und reißen Sie die Konturen im Umkreis der 28 Fächer an. Nehmen Sie den Fächer ab und schneiden Sie entlang der Anrisslinien. Entfernen Sie das Fenster und setzen Sie den Fächer ein.

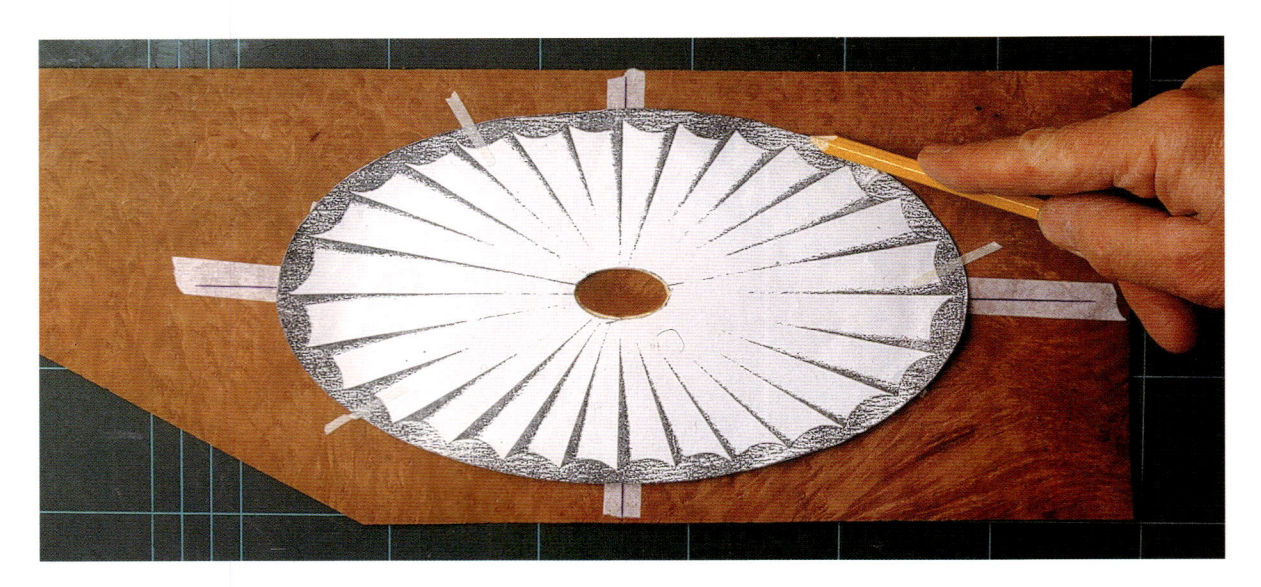

18 Bringen Sie im Bereich des Koordinatensystems Fugenpapier auf und legen Sie die größte Schablone passgerecht darüber. Ziehen Sie mit dem Bleistift die äußere Kontur nach, um das Oval zu umreißen. Schneiden Sie entlang der Bleistiftkontur.
Zum Schluss drehen Sie den Fächer um und begutachten Ihr Werk. Vergewissern Sie sich, dass die Schattierung gleichmäßig aufgebracht, das Zentrum frei von Schattierungen und die Umrandung überall gleichmäßig breit ist.
Das Band sollte haften bleiben, bis der Fächer aufgeleimt und in das vorgesehene Möbelstück integriert ist. Sobald der Leim durchgehärtet ist, befeuchten Sie das Band und schaben es mit dem Ende des Stahllineals ab.

DIE FENSTERMETHODE

Die Fenstertechnik eröffnet dem Marketeur optimale künstlerische Gestaltungsmöglichkeiten. Die vor etwa 50 Jahren eingeführte Methode genießt unter Hobby-Marketeuren breite Akzeptanz. Ob für Bilder oder zur Dekoration kleinerer Gebrauchsgegenstände – die Fenstermethode gilt allgemein als bewährte Technik!

In ihrer einfachsten Ausführung besteht die Fenstertechnik aus einem als Fenster bezeichneten Furnierausschnitt, in den ein zweites Furnier der gleichen Form eingesetzt wird. Bei der Wahl dieses Einsatzstückes sollten Sie ganz besonders auf die Wirkung der Maserung, Zeichnung, Struktur und Farbe des Furniers achten und es so positionieren, dass Sie die bestmögliche künstlerische Wiedergabe des vorgesehenen Bilds erzielen.

Die Fenstertechnik eröffnete den Marketeuren den Weg zu einer erstaunlich realistischen Bildpräsentation. Mit dem Einsetzen eines Furniers in ein Fenster bietet sich ein ganzes Spektrum an Möglichkeiten, von der Darstellung des Himmels, eines entfernten Bergs oder der Mauer eines Gebäudes etwa bis zum dünnsten Span, der das Schnurrhaar einer Katze oder die Pupille eines Auges darstellt. Darstellungen von Vögeln, Schmetterlingen und Tigern wirken, als ob diese unmittelbar aus dem Holz, aus dem sie geschaffen wurden, springen wollten.

Seit Jahrhunderten werden florale Motive zur Verzierung von Möbeln mit der Laubsäge ausgesägt. Obwohl diese als Werkzeug nach wie vor unentbehrlich ist, kann die Laubsäge, wo realistische Darstellungen gefragt sind, nicht mit der Fenstermethode konkurrieren.

Die folgenden Lehrgänge befassen sich mit zwei floralen Entwürfen. Der erste Lehrgang gilt der Windrose, einem Standardmotiv der Möbeldekoration, das in der Ausführung schnurgerade Schnittlinien erfordert. Dieses reizvolle Projekt bietet Anfängern die Möglichkeit, mit Vollendung des Motivs eine dreidimensionale Wirkung zu erzielen. Seien Sie experimentierfreudig und lassen Sie sich beim Variieren des Motivs zu neuen Ideen anregen.

Der zweite Lehrgang erfordert individuelles Gestaltungsvermögen. Die einzelne Rose mit ihren Blättern, Stielen und Dornen ist als Dekor wie geschaffen für den Deckel einer Schmuckschatulle, ein Projekt, das im fünften Kapitel vorgestellt wird. Kein anderes Motiv wirkt auf einer Schatulle romantischer als eine einzelne Rose.

Die Windrose dürfte das älteste Entwurfsmuster dieses Buchs sein. Es geht auf das 16. Jahrhundert zurück, als die ersten Windrosen aus vier Zeigern bestanden, um Norden, Süden, Osten und Westen auszuweisen, dann allmählich aus sechs, acht und bald schon aus zwölf Spitzen zur Darstellung der 5-Minuten-Intervalle eines Zifferblatts. Standard wurde schließlich die Rose mit sechzehn Strahlen, die an den Strahlenkranz der aufgehenden Sonne erinnert und gleichermaßen gut als Mitteldekor eines Beistelltischs, eines Tabletts oder des Deckels eines Kästchens zur Geltung kommt. Aus zwei kontrastierenden Furnieren zusammengefügt, entfalten die Strahlen der Windrose eine dreidimensionale Wirkung.

Abb. 1: Windrose

ZWEITES KAPITEL | LEHRGÄNGE

LEHRGANG NR. 4: WINDROSE

ERFORDERLICHE WERKZEUGE
Skalpell
Stahllineal
Entwurfsschema
Schneidmatte und Schneidbrett
Zwei 2-Euro-Cent-Münzen (Münzen mit 18 mm Durchmesser)
Zirkel und Winkelmesser (nur erforderlich, falls die Größe vom vorgegebenen Schema abweicht)

ERFORDERLICHE MATERIALIEN
Wie hier: schwarz gefärbtes Ahornfurnier und Ahorn gebeizt in Silbergrau (rote und weiße Furniere wären ebenfalls möglich) in 300 mm Länge
Kontrastierendes Hintergrundfurnier (hier: Eschenmaser)
Fugenpapier
Abdeckband
Papierkleber

Eine vollständige Schemazeichnung findet sich im Anhang (s. S. 163). Falls Sie die vorgegebenen Maße modifizieren möchten, brauchen Sie nur jeweils den Radius der vier Kreise zu verändern; die Proportionen bleiben erhalten. Um den Entwurf abzuzeichnen, benötigen Sie Zirkel und Winkelmesser. Für die Konstruktion richten Sie sich nach folgenden Schritt-für-Schritt-Anweisungen. Der erste Schritt gilt der Vorbereitung der beiden Furniere, die die Strahlen der Windrose darstellen.

DIE FENSTERMETHODE

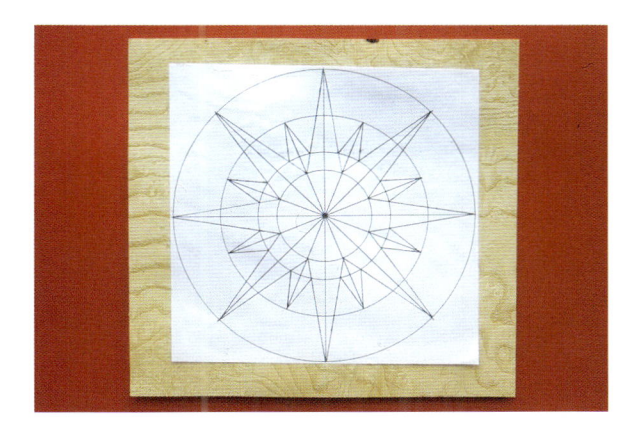

1 Kopieren Sie das im Anhang vorgegebene Entwurfsschema. Schneiden Sie das Papiermuster aus, wobei Sie vom äußeren Kreis ausgehend 12 mm zugeben. Kleben Sie die Papierschablone mit Papierkleber auf das ausgewählte Hintergrundfurnier und streichen sie es durch Andrücken mit der Hand flach.

2 Mit Hilfe der Schneidmatte und zwei geeigneten Abstandhaltern wie 2-Euro- oder 2-Euro-Cent-Münzen schneiden Sie sechs Furnierstreifen von etwa 300 mm Länge zu. Schneiden Sie drei der Streifen aus schwarz gefärbtem Bergahorn und die anderen drei aus silbergrauem Ahorn bzw. aus den Furnieren Ihrer Wahl. Jeder Streifen muss etwa 6 mm breiter sein als die halbe Maximalbreite eines großen Windrosenstrahls. Die Maserrichtung sollte in Längsrichtung der Streifen verlaufen.

3 Legen Sie einen silbergrauen Streifen der Länge nach an einen schwarzen Streifen und achten Sie auf eine lückenlos schließende Fuge. Sichern Sie diese Fuge mit Fugenpapier, indem Sie zunächst kurze Streifen quer zu den Furnieren und dann einen langen Streifen in Längsrichtung zwischen den beiden Enden aufbringen. Lassen Sie die Klebestreifen leicht überstehen und verfahren Sie genau so mit den anderen Streifen.

4 Nun sind wir so weit, dass der erste der acht großen Windrosenstrahlen (rot eingezeichnet) ausgeschnitten werden kann. Legen Sie ein Stahllineal an eine der vier Seiten eines großen Windrosenstrahls an. Bringen Sie an dem Ihnen am nächsten liegenden Punkt einen kleinen Einstichschnitt ein. Legen Sie die Klinge oben am Lineal an, und ziehen Sie das Messer entlang dem Furnier gegen sich, bis es auf die Einstichmarkierung trifft. Womöglich müssen Sie noch einige Male nachschneiden, bis Papier und Furnier ganz durchgetrennt sind. Drehen Sie das Werkstück und schneiden Sie in gleicher Weise auch durch die anderen drei Seiten des Windrosenstrahls. Versuchen Sie, die Strahlen so scharf wie möglich herauszuarbeiten.

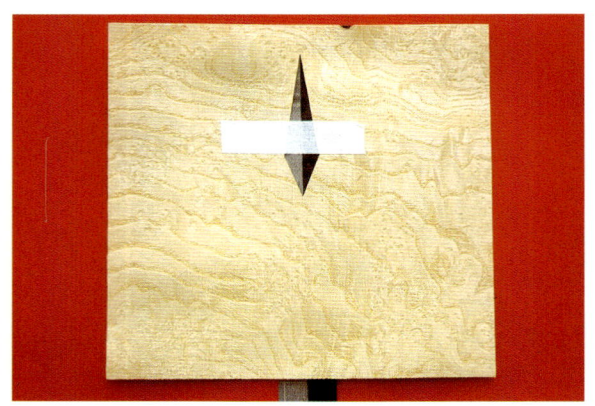

5 Drehen Sie das Arrangement auf die Rückseite. Legen Sie einen der Doppelstreifen so hinter das Fenster, dass die mit Fugenpapier fixierte Seite von Ihnen »wegschaut«. Richten Sie den Streifen so aus, dass die Fugenlinie genau durch die obere und untere Spitze des Fensters geht. Kleben Sie den eingesetzten Streifen mit Abdeckband auf dem Basisfurnier fest. Hier bewährt sich die Vorbereitung der Doppelstreifen, denn aneinander gefügt lassen sie sich wesentlich leichter auf die Windrosenstrahlen ausrichten.

6 Ritzen Sie mit dem Skalpell die Fuge an, an der das eingesetzte Furnier auf das Basisfurnier trifft. Legen Sie den Streifen auf Ihre Schneidmatte und schneiden Sie, der erzeugten Anrisslinie folgend, den Windrosenstrahl aus. Fügen Sie ihn von hinten in das Fenster ein und bringen Sie im Fugenbereich etwas PVA-Leim auf. Reiben Sie den Leim in die Fuge, bis sie trocken ist.

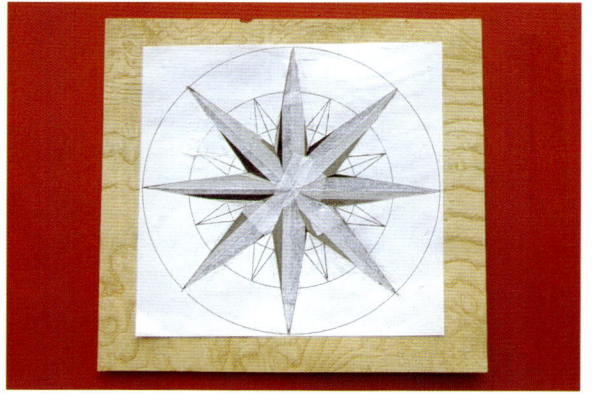

7 Fahren Sie auf diese Weise fort, bis sämtliche großen Strahlen ausgeschnitten sind. Vergewissern Sie sich, dass Schwarz/Silbergrau/Schwarz alternierend aufeinander folgen. Die Vorderseite des Arrangements sollte aussehen wie auf dem Bild dargestellt.

DIE FENSTERMETHODE

8 Schneiden Sie sämtliche acht kleinen Windrosenstrahlen aus, indem Sie der Zeichnung auf der Vorderseite folgen. Drehen Sie das Ganze nach der Fertigstellung um; es sollte wie abgebildet aussehen (der rote Hintergrund dient lediglich der Hervorhebung des Bildes; Sie sollten auf einer Schneidmatte arbeiten).

9 Setzen Sie jeden der acht Strahlen nacheinander ein, und vergewissern Sie sich, dass der Dunkel-Hell-Kontrast rundum eingehalten wird.

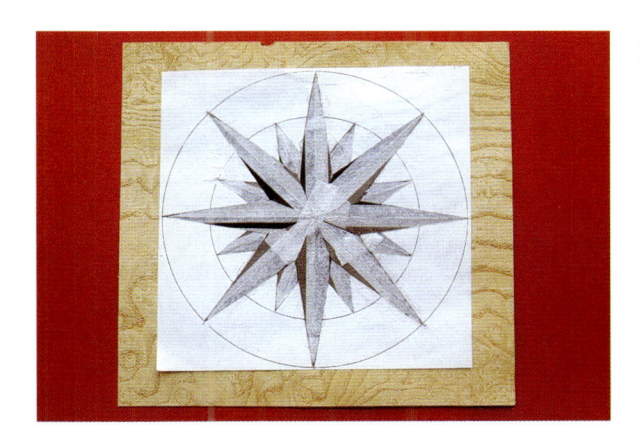

10 Auf der Vorderseite sollte über den Furnieren noch immer das Abdeckband und der Papierentwurf haften. Belassen Sie beides dort, bis die Doppelstreifen auf das vorgesehene Objekt aufgeleimt und gepresst sind. Um die Papiere zu entfernen, werden sie angefeuchtet. Nach dem Aufquellen schaben Sie sie mit dem Ende eines Stahllineals oder einem speziellen Schaber ab.

11 Hier wurde das ausgeschnittene Motiv direkt in ein Hintergrundfurnier eingelassen. Als zusätzlicher Arbeitsschritt kämen hier die acht abgeschrägten Eckseiten hinzu, die die Spitzen der großen Windrosenstrahlen in Form von 1,5 mm breiten Adern umgeben (s. den Abschnitt *Adern und Bänder* im dritten Kapitel).

Lehrgang Nr. 5: Eine einzelne Rose

Erforderliche Werkzeuge

Skalpell, Bleistift

Quarzsand, elektrische Heizplatte und Pfanne

Schemazeichnung, s. S. 161

Erforderliche Materialien

Pappelfurnier, 150 x 150 mm

Bergahornfurnier, 100 x 100 mm

Ostindisches Palisanderfurnier oder ein anderes dunkelbraunes Furnier, 100 x 100 mm

Sapelli-»Mahagoni«- oder Kevesingafurnier, 100 x 100 mm

Zulage (beliebiges Abfallfurnier), 150 x 150 mm

Kohlepapier

Abdeckband

PVA-Leim

Die oben angegebene Furnierauswahl eignet sich für eine weiße Rose; wer eine andere Farbzusammenstellung wünscht, könnte für die Rose folgende Hölzer verwenden: Eschenmaser (eierschalenfarben), Madrona-Maser (rosa), Birne (rosaviolett), Kirsche (blassrosa), Abachi (cremeweiß), Peroba Rosa (rosenrot).

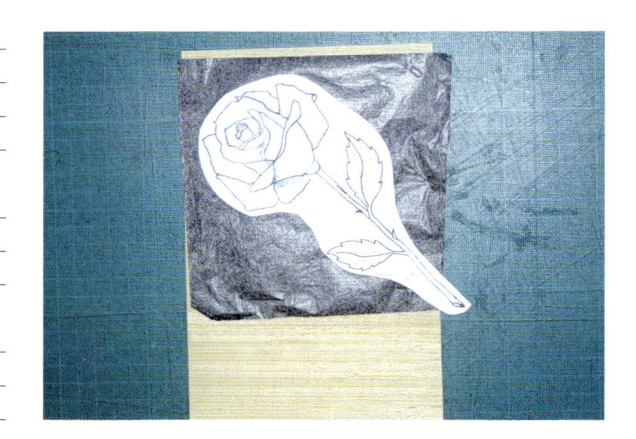

1 Legen Sie die Schemazeichnung über einen Furnierrest und kleben Sie sie an der oberen Kante fest. Schieben Sie das Kohlepapier so unter die Zeichnung, dass die beschichtete Seite auf dem Furnierrest liegt. Umfahren Sie mit einem Bleistift oder einem Kugelschreiber ohne Tinte sorgfältig die Konturen, um die Zeichnung auf das Reststück zu übertragen. Es hat sich bewährt, zunächst nicht mit dem eigentlichen Furnier zu arbeiten, aus dem die Rose schließlich ausgeschnitten wird, denn auf diese Weise hat man die Möglichkeit auszuprobieren, wie das florale Motiv am besten zur Geltung kommt.

Die Fenstermethode

2 Für die Gestaltung der weißen Rose werden zwei Furniere benötigt: Pappel (links) und Bergahorn. Am besten schattiert man die vier Ränder des Pappelfurniers, bevor man mit der Rose beginnt. Dann kann man sich nämlich aussuchen, welcher Teil des Furniers für die einzelnen Blütenblätter in Frage kommt. Das Bergahornfurnier ist für die oberen Ränder der Blütenblätter vorgesehen, die sich nach »außen« rollen. Es wird nicht schattiert.

3 Beginnen Sie am unteren Teil der Zeichnung mit dem Aufbau und arbeiten Sie sich allmählich nach oben; Sie verhindern auf diese Weise, dass Kohlepapierspuren an Ihre Hände kommen. Erzeugen Sie zunächst eine Anrisslinie, wie in den Schneidübungen im ersten Kapitel beschrieben (s. S. 30).

4 Beginnen Sie mit einem der äußeren Bereiche und schneiden Sie ein Blütenblatt aus. Legen Sie das Pappelfurnier hinter das Fenster und drehen Sie es, bis ein kleiner Teil der Schattierung an der Basis des Blütenblatts zum Vorschein kommt. Diese dunklere Basis verleiht dem Blatt räumliche Tiefe, die das Bild plastisch hervortreten lässt. Die Blütenblätter links und rechts vom untersten Blütenblatt werden eingeschnitten, bevor der gerollte Rand des unteren Blütenblatts eingeschnitten wird. Deshalb müssen Sie die Schemazeichnung noch ein zweites Mal nachfahren und mit Hilfe des Kohlepapiers den nach »außen« gerollten Rand gesondert übertragen.

5 Die inneren Blütenblätter werden am besten durch heller gefärbte Ränder wiedergegeben; hier kommt also das Bergahornfurnier zum Einsatz. Schneiden Sie zuerst den unteren Teil des Blütenblatts und beachten Sie dabei, dass ein kleiner schattierter Bereich die Tiefenwirkung gewährleistet. Als nächstes schneiden Sie den nach außen gerollten oberen Teil des Blütenblatts und schieben das Bergahornfurnier hinter das Fenster. Drehen Sie es, bis die Maserung parallel zur Breite des Blütenblatts verläuft. Schneiden Sie es aus und setzen Sie es wie gewohnt ein.

Zweites Kapitel | Lehrgänge

6 Setzen Sie den aus Bergahornfurnier gestalteten gerollten Rand ein und leimen Sie ihn mit PVA-Leim fest. Die Rose nimmt bereits Gestalt an. Beachten Sie, dass, anders als in den vorangegangenen Lehrgängen, hier kein Fugenpapier zum Zusammenhalten der Teile erforderlich ist. Ein winziger Tropfen PVA-Leim, der in die Fugen gerieben wird, genügt, und die Rose ist über den gesamten Arbeitsprozess hin sichtbar. So lässt sich die künstlerische Wirkung im Verlauf der Arbeit immer wieder überprüfen.

7 Wenn Sie sich nun dem Zentrum der Blüte nähern, sollten Sie ein paar dunklere Bereiche einarbeiten, um Tiefe zu erzeugen. Zugleich werden die gerollten Randbereiche zur Mitte hin schmaler. Voraussetzung für die erfolgreiche Gestaltung einer realistisch wirkenden Rose ist, dass Sie entsprechend der Schemazeichnung vorgehen und die schattierten Bereiche wie dargestellt positionieren.

8 Dieses Teil umgibt die Mitte der Rose; es erfordert eine Schattierung im inneren Bereich der Rundung. Beachten Sie, dass das zum Einsetzen vorbereitete Teil (rechts vom Arrangement) in diesem Stadium noch nicht gebrannt ist. Schritt 9 erklärt, wie die Schattierung auf der Innenseite dieses eigenartig geschnittenen Teils erfolgt.

9 Legen Sie das Ende eines alten Teelöffels zwischen die Backen eines Schraubstocks und drücken Sie die Löffelspitze so zusammen, dass sie eine Art Schnabel bildet. Auf diese Weise erhalten Sie ein sehr brauchbares Werkzeug, um den heißen Sand genau da aufzubringen, wo er erforderlich ist. Halten Sie das Einsatzstück mit der Pinzette und schütten Sie den Sand auf den vorgesehenen Bereich des Furniers. Dieser wird nach kurzer Zeit schattiert. Wie abgebildet, bleibt der äußere Bereich unschattiert.

DIE FENSTERMETHODE

10 Die fertige Rose kann nun von der Zulage (Abfallfurnier) abgenommen werden und den Deckel einer Schmuckschatulle zieren. Auf diese Weise lässt sich die Rose wirkungsvoll auf das ausgewählte Hintergrundfurnier aufbringen.

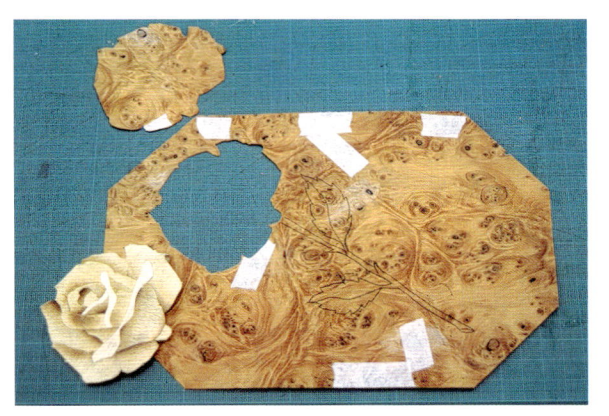

11 Fixieren Sie die Rose mit Streifen aus Abdeckband, während Sie die Umrisse in das Furnier einschneiden. Nutzen Sie die Rose dabei als Schablone und reißen Sie die Konturen entlang der Blütenblätter an. Folgen Sie dieser Anrisslinie und schneiden Sie das Hintergrundfurnier auf Ihrer Schneidmatte aus, um das Fenster für die Rose zu erzeugen. Setzen Sie die Rose von der Rückseite aus ein. Fixieren Sie sie mit einigen Tropfen PVA-Leim.

12 Schneiden Sie den Stiel der Rose mit den beiden Dornen aus. Wählen Sie ein dunkelbraunes Furnier wie Ostindisches Palisanderholz, das sich vom Hintergrund abhebt. Schneiden Sie es, wie gewohnt, in das Fenster ein. Heften Sie einige Streifen Fugenpapier über das Palisanderfurnier, damit es beim Schneiden nicht bricht.

13 Arbeiten Sie die Blätter, indem Sie nacheinander jeweils ein halbes Blatt schneiden. Im vorliegenden Beispiel wurde grünes Maserfurnier der Zypresse verwendet. Als Alternative eignet sich grünes Magnolien- oder ein rotes Furnier. Meist sind die Blätter, die der Blüte am nächsten stehen, rötlich. Achten Sie einmal darauf!

Die weiße Rose dient als Dekoration auf der im fünften Kapitel behandelten Schmuckschatulle.

ZWEITES KAPITEL | LEHRGÄNGE

DIE LAUBSÄGETECHNIK

Der Laubsägeschnitt ist die älteste Methode, Furniere zu schneiden, die auch heute noch praktiziert wird. Sie geht auf die erste Hälfte des 16. Jahrhunderts zurück, als Furniere von etwa 2 mm Stärke vom Stamm gesägt wurden. Tatsächlich werden einige Tropenhölzer noch immer als so genannte Sägefurniere geschnitten, auch wenn die meisten als so genannte Messerfurniere mit Furniermessermaschinen gewonnen werden. In die unterschiedlichsten dekorativen Formen gesägt werden die Furnierblätter heute mit der Laubsäge, bei der das vertikal arbeitende Sägeblatt den Schnitt ausführt. Auf einem ganz anderen Prinzip basierte die gegen Ende des 18. Jahrhunderts erfundene Furniersägebank. Auf diesem so genannten Bock wurden die Furniere durch ein horizontal zum Werkstück geführtes Sägeblatt geschnitten, was zu einer Zeit, als es noch kein elektrisches Licht gab und sich so feine Schneidarbeiten, wie hier abgebildet, überhaupt nur bei Tageslicht ausführen ließen, durchaus von Vorteil war. Dieser Sägebock bestand aus einer Bank, auf die der Handwerker wie auf einen Esel (in England explizit als »donkey« bezeichnet) aufstieg und somit, über Bodenhöhe hinausgehoben, direkt unter dem Fenster arbeiten konnte. Trotz schwieriger Arbeitsbedingungen schufen die Tischler zwischen dem 16. und 18. Jahrhundert Objekte von bemerkenswert hoher Qualität. Erfreulich ist aber auch, dass in Europa und Nordamerika nach wie vor Laubsäge-Marketerien geschaffen werden. Handlaubsägen und elektrische Sägen, feinste Sägeblätter und hauchdünne Furniere bilden die Basis, auf der sich kleinere Werkstätten gegen die Konkurrenz industrieller Fertigungsbetriebe behaupten.

Die folgenden Lehrgänge befassen sich eingehend mit der Drei-Phasen-Technik, einem Verfahren, das sich in der Praxis, trotz der Einführung moderner Werkzeuge und Arbeitsmittel, kaum anders gestaltet als in den Anfängen der Marketerie. An dieser Praxis wird zweifellos auch so lange festgehalten, wie Möbel mit dekorativen Oberflächen in aller Welt begehrt sind. Diese Technik bietet sich an für zwei Entwürfe aus dem 18. Jahrhundert, die Muschel und ein Patera-Motiv, die wie geschaffen sind als Einführung. Für die Wahl dieser Objekte sprach, dass die dafür erforderlichen Techniken auch von Anfängern zu bewältigen sind, dass die einzelnen Arbeitsschritte eine Grundvoraussetzung für die Instandsetzung zweier beliebter Dekorationsmotive bilden und dass beide Objekte die Brenn-Methode zu einer künstlerisch realistischen Darstellung einschließen.

Abb.1: Laubsägearbeit von Alan Rollinson, Kursteilnehmer am Marketerie-Lehrgang im York College.

Lehrgang Nr. 6: Muschel

Die Muschel ist ein ideales Motiv, um erste Erfahrungen mit der Laubsäge zu sammeln. Zum einen ist sie relativ klein und kompakt, zum anderen findet man sie auf unzähligen antiken Möbeln. Ob Sie sich beruflich mit dem Restaurieren alter Möbel befassen oder es erlernen wollen – früher oder später werden Sie dieses Motiv instandsetzen oder auch neu einfügen müssen Abb. 2 zeigt einige Muschelentwürfe, denen man immer wieder begegnet. Es gibt selbstverständlich noch andere – suchen Sie in Katalogen und Dekorationshandbüchern die Muschel Ihrer Wahl.

Die gehörnte Muschel wurde gegen Ende des 18. Jahrhunderts auf Gegenständen wie Uhren, Tabletts, Nähkästen und Briefschatullen eingeführt. Aufgrund der vielen Varianten stehen Restauratoren immer wieder vor der Frage, welche Art von Muschel in das beschädigte Original gehört, insbesondere, wenn ganze Teile fehlen. Wo diese verloren gegangen sind, gibt manchmal die Leimspur Aufschluss über das Original. Oft lässt sich anhand der noch vorhandenen Teile auch das entsprechende Gegenstück einsetzen. In solchen Fällen sollte vor dem Ausbessern eine Zeichnung angefertigt werden, indem ein Pauspapier über die Einlage gelegt und die Konturen entlang dem Abdruck der Klebespuren (falls sichtbar) und dem Rand des Furniers sorgfältig abgenommen werden. Dazu legt man die Bleistiftspitze seitlich an den Rand des Furniers an und erzeugt eine akkurate Schraffur (die scharfe dunkle Graphitlinie zeigt den Rand des Furniers). Wo nach dem Original oder anderen Bildquellen ein entsprechendes Gegenstück gefertigt werden kann, benötigt man lediglich eine Schemazeichnung, um die neue Muschel für das bereits vorhandene Fenster auszusägen.

Der folgende Lehrgang erklärt, wie so eine Muschel anhand der im Anhang enthaltenen Schemazeichnung gefertigt wird. Machen Sie eine Fotokopie der Zeichnung und schneiden Sie sie in Rechteckform entsprechend der Größe der Furniere aus, die das Furnierpaket bilden.

Aufbau des Furnierpakets

Im ersten Kapitel wurde bereits erklärt, wie sich ein »Paket« aufbauen und mit Hilfe einer Laubsäge aussägen lässt. Sie sollten sich diese Anweisungen noch einmal genau anschauen (s. S. 30 ff.).

Abb. 2: Verschiedene Muschelentwürfe

Zweites Kapitel | Lehrgänge

Erforderliche Werkzeuge

Handlaubsäge (oder maschinelle Laubsäge)
Laubsägetisch (s. Bauanweisung im zweiten Kapitel)
Skalpell
Büro-Hefter
Schreinerhammer
Kleiner Schraubendreher
Quarzsand, Elektroheizplatte und Pfanne
Miniatur-Spiralbohrer

Erforderliche Materialien

Bergahorn-, Buchsbaum- und Pappelfurniere
Zwei Zulagefurniere (Abfallstücke)
Fugenpapier (oder 50 mm breites Packband)
Papierkleber
Papierentwurf (Schemazeichnung)

Beachten Sie, dass die Angaben zu Materialien, Furnierpaket und Vorgehensweise auch für das Patera-Motiv (s. S. 70) gelten.

1 Schneiden Sie das Bergahorn-, Buchsbaum- und Pappelfurnier sowie zwei Zulagefurniere (Abfallstücke) um beidseitig 25 mm größer als für den eingelegten Bereich erforderlich. Die Maserung der vier Furniere sollte entlang der längeren Seite des ovalen Einlageteils verlaufen. Kleben Sie Packband oder Fugenpapier über die jeweilige Vorderseite des Bergahorn-, Buchsbaum- und Pappelfurniers.

2 Legen Sie das Pappel-, Buchsbaum- und Bergahornfurnier zwischen die beiden Zulagen und vergewissern Sie sich, dass die mit Klebeband versehenen Seiten zu Ihnen weisen. Heften Sie sie an jeder Ecke mit Heftklammern zusammen. Die Heftklammern sollten das gesamte Paket durchdringen. Kleben Sie die Schemazeichnung auf das Paket und fügen Sie im Bereich der Ränder des ovalen Entwurfs noch ein paar zusätzliche Klammern ein, um dem Paket Festigkeit zu verleihen. Hämmern Sie die Enden der Klammern mit einem Schreinerhammer flach. Nun kann mit dem Laubsägen begonnen werden.

3 Stechen Sie mit einer in einen Vierkantschaft eingespannten Nähnadel irgendwo entlang der Umrisse des Entwurfs ein Einstichloch. Führen Sie das Sägeblatt von der Rückseite des Pakets ein (s. S. 34). Wenn Sie schon etwas Übung mit der Laubsäge haben, müssten Sie dieses Paket ohne weiteres mit einem feinen Sägeblatt aussägen können. Schneiden Sie die Teile entsprechend der auf dem Entwurf vorgegebenen Nummerierung aus. Ich habe den gewellten Rand der Muschelöffnung, wie oben dargestellt, als Teil Nr. 1 bezeichnet.

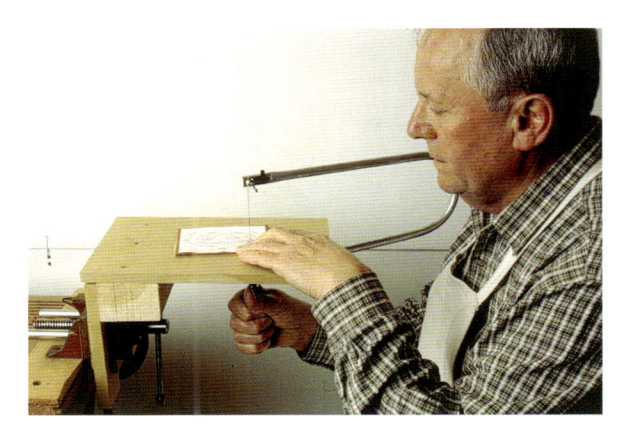

DIE LAUBSÄGETECHNIK

4 Schneiden Sie Teil Nr. 2 aus, indem Sie entlang der gewellten Linie sägen; dabei drehen Sie das Paket mit einer Hand, während Sie die Laubsäge senkrecht zum Sägetisch halten. Sobald die wellige Kontur ausgesägt ist, wenden Sie sich den bogenförmigen Linien entlang dem unteren Rand des Körpers und dem Hals der Muschel zu. Nehmen Sie die ausgeschnittenen Teile heraus und bewahren Sie sie sorgfältig auf. Wenn Sie in dieser Reihenfolge mit dem Sägen fortfahren, bleibt die Stabilität des zusammengefügten Pakets relativ lang erhalten. Trennen Sie das Paket, indem Sie die Heftklammern mit einem Schraubendreher oder einer Spitzzange herausnehmen.

5 Fügen Sie die zu Ihnen gerichteten unverklebten Teile probeweise zusammen. Verwenden Sie das Buchsfurnier für das Hintergrundoval, das Bergahornfurnier für den »Körper« der Muschel und das Pappelholz für die Muschelöffnung. Auf diese Weise erkennen Sie, wo Schattierungen erforderlich sind, um eine dreidimensionale Wirkung zu erzeugen. Nehmen Sie der Reihe nach Teil für Teil und schattieren Sie die auf der fertigen Muschel in Schritt 6 dargestellten Bereiche. Sengen Sie die Teile nur ganz leicht an; um einen möglichst natürlichen Effekt zu erzielen, heißt es dezent vorzugehen. Es spielt keine Rolle, wenn sich das Papier, das zum Schutz gegen ein Ausreißen des Furniers aufgebracht wurde, beim Schattieren rollt, denn es hat seinen Zweck beim Sägen bereits erfüllt.

Sofern ein feines Sägeblatt zum Aussägen der Muschel verwendet wurde, sorgt der Leim, mit dem die Einlage fixiert wird, für lückenlose Fugen. Falls ein etwas stärkeres Sägeblatt verwendet wurde, sollten Sie naturfarbenes Porenfüllmaterial mit etwas PVA-Leim mischen und die Masse mit einem Spachtel in die Lücken streichen. Das Fugenpapier auf der Vorderseite verhindert das Austreten des Porenfüllers.

6 Schneiden Sie ein Stück gummierte Klebefolie aus und legen Sie die klebende Seite nach oben. Spannen Sie den Film über ein Stück kartoniertes Papier. Legen Sie das Buchsbaum-Furnier, das als Hintergrund dient, auf die Klebefläche, mit der Papierseite zu Ihnen gerichtet. Fügen Sie die schattierten Teile mit der Papierseite nach oben zur Muschel zusammen. Bringen Sie über der gesamten Muschel Fugenpapier auf und ziehen Sie diese von der Klebefolie ab. Legen Sie die Pauspapierschablone über das Motiv und schneiden Sie entlang der ovalen Linie, um die Einlage fertig zu stellen.

Zweites Kapitel | Lehrgänge

Lehrgang Nr. 7: Patera

Die in der römischen Antike als (Opfer-)Schale bekannte Patera trat zunächst als Flachrelief an Stuckfriesen in Erscheinung. Runde schalenförmige Abdrucke floraler Rosetten schmücken in ganz Europa die Decken und Karniese herrschaftlicher Häuser. Radiale und elliptische Muster wurden später zu beliebten Marketerie-Dekorationen und gelten auf klassizistischen Möbeln inzwischen als architektonisches Stilelement.

Von allen in diesem Buch behandelten Mustern stellt das Patera-Motiv das ideale Laubsägeprojekt dar. Es erfordert ganz präzises Sägen und ein dezentes Brennen der Teile, denn nur so entfaltet die Schalenform die entsprechend plastische Wirkung. Als eines der imposantesten Einlegemotive erfreut es sich der besonderen Vorliebe unserer Lehrgangsteilnehmer.

Die aus zwölf Blütenblättern bestehende Rosette erfordert zwölf »Blindschnitte«, um die zentrale Aderung jedes Blütenblatts darzustellen. Diese Schnitte, die unmittelbar vor Ende jedes Blatts absetzen, werden als Akzent-Linien (Gravuren) bezeichnet und sind fester Bestandteil floraler Laubsägearbeiten. Sie werden im Anschluss an das Aufleimen des Motivs auf die Trägerplatte zusätzlich durch eingefärbtes Fugenfüllmaterial hervorgehoben, was ihre künstlerische Ausdruckskraft nachhaltig steigert.

Abb. 1: Patera (Laubsägearbeit)

DIE LAUBSÄGETECHNIK

ERFORDERLICHE WERKZEUGE

Handlaubsäge (oder auch eine elektrische Laubsäge)

Laubsägetisch (s. Konstruktionsanweisungen im zweiten Kapitel)

Skalpell

Büro-Hefter

Schreinerhammer

Kleiner Schraubenzieher

Quarzsand, Elektroheizplatte und Pfanne

Miniatur-Spiralbohrer

ERFORDERLICHE MATERIALIEN

Bergahornfurnier (wenn erhältlich mit Riegelmaserung)

Magnolienfurnier sowie zwei Zulagefurniere

Buchsbaumfurnier

Fugenfüllmaterial oder Pigment

Fugenpapier (oder 50 mm breites Packband)

Papierkleber

Papierschablone (s. Anhang)

Klebefolie und kartoniertes Papier

Falls Magnolienfurnier nicht erhältlich sein sollte, kann es durch ein anderes dekoratives Furnier wie Vavona-Maser, Ulmenmaser oder Kevasinga-Furnier ersetzt werden. Es bildet den Hintergrund für das Patera-Motiv, das aus Bergahorn gearbeitet werden sollte, am besten mit Riegelzeichnung. Als Alternative bieten sich Vogelaugenahorn, Riegelahorn oder Pappelfurnier an. Wichtig ist, dass die Rosette aus weißem oder cremefarbenem Furnier besteht.

Beachten Sie, dass dieser Entwurf mit einer elektrischen Feinschnittsäge ausgesägt wurde. Falls Sie keine Erfahrung mit einer derartigen Säge haben, sollten Sie unbedingt üben, bevor Sie sich an dieses Motiv wagen. Der für die Akzent-Linien erforderliche Spalt wurde mit einem mittleren Sägeblatt erzeugt. Die von Hand geführte Laubsäge und der Sägetisch, Hilfsmittel, wie sie auch zum Aussägen der Muschel verwendet wurden (s. vorangegangenen Lehrgang), sind zum Aussägen dieses Entwurfs bestens geeignet.

1 Schneiden Sie als erstes ein Blütenblatt aus. Als nächstes wird, wie hier auf dem Sägetisch abgebildet, die winzige Spitze des Blütenblatts getrennt ausgesägt.

2 Schneiden Sie ein Blatt nach dem anderen aus und achten Sie darauf, die kleineren Akzent-Linien, die sich beidseitig der Blütenblätter entlang ziehen, einzuschneiden. Nach dem Aussägen jedes Blütenblatts wird die zugehörige eingerollte Spitze am Ende des Blütenblatts jeweils getrennt ausgesägt.

Zweites Kapitel | Lehrgänge

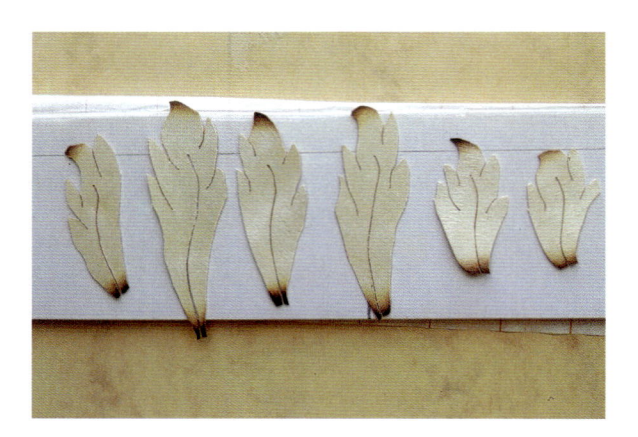

3 Trennen Sie das Paket durch Entfernen der Heftklammern mit einem kleinen Schraubendreher. Legen Sie die zwölf Blütenblätter aus Bergahornfurnier der Reihe nach ab und schattieren Sie sie wie hier dargestellt. Achten Sie darauf, dass Sie die winzigen Enden nicht zu stark ansengen.

4 Legen Sie ein Blatt Klebefolie über ein Stück kartoniertes Papier und fügen Sie die Blütenblätter und die entsprechenden Spitzen in den Hintergrund aus Magnolienfurnier ein. Sorgen sie sich nicht darum, welche Spitze zu welchem Blütenblatt gehört. Da keine zwei Blütenblätter oder Spitzen identisch sind, sieht man auf Anhieb, was in welches Fenster passt. Achten Sie darauf, dass die beklebte Seite des Gesamtbilds zu Ihnen zeigt.

5 Kleben Sie Packband oder Fugenpapier über die zwölf Blütenblätter; der gesamte Entwurf muss mit Fugenpapier abgedeckt sein. Drücken Sie das Papier mit den Fingern an, bis es sich trocken anfühlt. Zeichnen Sie einen ovalen Rahmen um den Entwurf, nachdem Sie diesen über dem bereits zusammengefügten Patera-Arrangement zentriert haben. Ziehen Sie den Rand mit dem Bleistift nach. Schneiden Sie das Oval mit einem Skalpell aus. Drehen Sie das Ganze um und legen Sie ein Reststück des Magnolienfurniers hinter das winzige Oval. Reißen Sie die Kontur an und schneiden Sie entlang der Anrisslinie; setzen Sie das Oval in das Fenster ein. Nun können Sie die Klebefolie von der Rückseite des Entwurfs entfernen.

DIE LAUBSÄGETECHNIK

6 Einfassen mit einer Ader: Nehmen Sie einen 1,5 mm breiten Streifen Buchsbaumfurnier und legen Sie ihn wie ein Band um das Oval. Legen Sie das Motiv auf Ihre Schneidmatte. Beginnen Sie in der Mitte einer Seite der Form. Bringen Sie mit dem Skalpell längere Einschnitte in die Innenseite des Aderbands ein. Diese sorgen dafür, dass sich die Ader um das Oval legt, ohne zu brechen. Die Einschnitte sollten mehr als die halbe Breite der Ader umfassen und in etwa 6 mm Abstand voneinander eingebracht werden. Fügen Sie tropfenweise PVA-Leim zwischen Ader und Rand. Reiben Sie den Leim nach dem Zusammenfügen der beiden Oberflächen trocken. Fixieren Sie das Arrangement mit Fugenpapier.

7 Um die beiden Enden möglichst unauffällig zusammenzufügen, legen Sie sie überlappend aufeinander. Setzen Sie das Skalpell schräg an und schneiden Sie mit kräftigem Druck nach unten durch beide Enden der Ader. So erzeugen Sie eine abgeschrägte Fuge. Entfernen Sie die überschüssigen Teile und verbinden Sie Anfangs- und Endpunkt mit einem Tropfen PVA-Leim. Kleben Sie Fugenpapier darüber und lassen Sie das Arrangement über Nacht trocknen.

8 Als Letztes gilt es, die mit der Laubsäge geschaffenen Strukturlinien zu beleben. Dafür benötigen Sie einen Topf naturfarbenen, also farblosen, Porenfüller und ein dunkles Pigmentpulver. Wir haben hier zwei Farben verwendet, Umbra und Siena, um eine mittelbraune Färbung zu erhalten. Die großen »Pigmentberge« dienen lediglich der Illustration. In Wirklichkeit handelt es sich nur um winzige Mengen, die mit dem Porenfüller gemischt werden.

9 Verteilen Sie den Porenfüller in den Lücken der Blütenblätter. Arbeiten Sie ihn ein, solange er noch weich ist, und schaben Sie das überschüssige Material ab, um eine glatte Oberfläche zu erhalten. Das Fugenpapier auf der Vorderseite verhindert, dass das Füllmaterial austritt. Es verleiht der Patera den letzten Schliff. (Beachten Sie, dass das Foto gemacht wurde, nachdem die Patera bereits in das Trägerfurnier des Tabletts eingelassen war; beschrieben wird dieses Verfahren im fünften Kapitel.)

ZWEITES KAPITEL | LEHRGÄNGE

PARKETTERIE

Parketterie-Muster setzen sich aus gleichförmigen Furnierteilen zusammen, die als geradlinige Figuren in einem zuvor festgelegten Winkel geschnitten werden. Man kann davon ausgehen, dass die charakteristischen Musterbilder und Arrangements zunächst in ganz anderen Bereichen auftraten. Abgeleitet von dem französischen Wort *parque* versteht man unter Parketterie das Aneinanderfügen geometrischer Formen zu Mustern – ein Verfahren, das erstmals von Bauern und Gärtnern praktiziert wurde, die ihre Felder und Blumenbeete in wiederkehrenden Formen und Größen anlegten. Der Wortstamm findet sich auch in der Berufsbezeichnung *parqueteur*, womit der Handwerker gemeint ist, der gleichförmige Blöcke in Musterverbänden zu Fußböden verlegt.

Wir haben hier einige traditionelle und bewährte Muster zusammengestellt; als Abschluss findet sich auch ein relativ moderner Entwurf. Parketterie-Arbeiten erfordern vor allem Präzision, denn sobald nicht exakt gearbeitet wird, ist die Wirkung dahin. Allein schon aus diesem Grund ist es wichtig, über das entsprechende Werkzeug für Vorbereitung und Schnitt der Furniere zu verfügen. Zum Schneiden der Parketterie-Teilchen greifen wir deshalb auf eine einfache Gehrungsschneidlade und eine Miniatur-Feinsäge zurück. Damit lässt sich das akkurat geschnittene Material, das für präzise Parketterie-Arbeiten erforderlich ist, am besten zurichten. Nach dieser Methode entstanden zwei der Entwürfe: die Schatulle mit dem Würfelmuster, einer aus Sechsecken im Hell-Dunkel-Kontrast bestehenden Honigwaben-Parketterie, und die Chevron-Parketterie. Nach jahrelangem Experimentieren mit unzähligen Parketterie-Schneidgeräten sind wir reumütig zur altbewährten Schneidladen-Methode zurückgekehrt. Ist der Winkel in der Gehrungsschneidlade erst einmal festgelegt, so hat man nämlich die Garantie, dass jedes der ausgesägten Teilchen genau gleich groß ist.

Zwei Geflechtmuster-Arrangements mit unterschiedlichen Mustern, aber ganz ähnlichen Konstruktionsweisen bieten die Möglichkeit, mittels Schattieren dreidimensionale Effekte zu erzielen. Es erübrigt sich zu betonen, dass es unzählige Parketterie-Muster gibt. Experimentieren Sie und versuchen Sie, angeregt von dieser kleinen, aber interessanten Auswahl, eigene Entwurfskonzepte zu verwirklichen.

Abb. 1: Das Schachbrett als beliebtestes Parketterie-Muster

Lehrgang Nr. 8: Schachbrett

Das Schachbrett ist das elementarste, zugleich aber auch gebräuchlichste unter den Parketterie-Mustern. Ob Sie ein Schachbrett bauen, das internationalen Wettkampfbedingungen entspricht, oder ein Miniaturbrett für Schachfiguren im Taschenformat – die Konstruktionsweise bleibt die gleiche. Dieser Lehrgang geht vom Normmaß aus. Falls Sie eine andere Größe bevorzugen sollten, müssen Sie nur die Maße entsprechend anpassen. Berechnen Sie als erstes die Größe des Bretts oder Tischs, indem Sie von der Größe des einzelnen Quadrats ausgehen. Multiplizieren Sie die Seitenlänge mit 8, um die Spielfläche zu berechnen, und geben Sie auf jeder Seite einen Rand als Rahmen des Schachbretts zu.

Anwendung der Formel

Größenangaben = (S x 8) + (R x 2) = L, wobei S = Seitenlänge (mm) eines Quadrats, R = Rahmenbreite (mm) und L = Länge einer Seite (mm) des fertigen Bretts.

Beispiel: Seitenlänge eines Quadrats = 50 mm
50 mm x 8 = 400 mm
Rahmen = 75 mm x 2 = 150 mm
Länge einer Seite = 550 mm

Früher bestanden Schachbretter in der Regel aus schwarzen und weißen Quadraten. Heute verwenden wir Furniere in kontrastierenden Farben und reizvoller Maserung, um ein ansprechendes Spielfeld zu schaffen. Für die beiden gegensätzlichen Quadrate empfehlen wir folgende Furnierkombination: Amerikanische Nussbaummaser und Maserbirke, Europäische Nussbaum- und Eschenmaser, Mahagoni und Bergahorn. Experimentieren Sie selbst mit anderen Kombinationen. Einige der oben aufgeführten Hölzer lassen sich auch mischen, solange die Kontrastwirkung gewährleistet ist. Abraten möchten wir von gefärbten Furnieren, die auf einem Brett künstlich und grell wirken.

Der Maserverlauf

Die auf symmetrischen Effekten basierende Wirkung von Parketterie-Mustern hängt entscheidend von zwei Faktoren ab: geraden, in einem zuvor festgelegten Winkel geschnittenen Linien und dem Maserverlauf, der für den Bau eines Schachbretts von größter Bedeutung ist. Dass man fünf Streifen aus einem Furnier schneidet, obwohl nur vier benötigt werden, liegt daran, dass Maserverlauf und Zeichnung des Holzes über das gesamte Arrangement gleich bleiben sollten. Würden lediglich vier Streifen von jedem Furnier geschnitten, müssten die sich abwechselnden Quadrat-Reihen um 180° gedreht werden, um das versetzte Muster zu erzeugen. Dies aber hieße, dass Maserung und Zeichnung jeder weiteren Reihe in die entgegengesetzte Richtung weisen und den Charakter des Erscheinungsbilds sichtbar verändern würden. Es gibt Furniere, die diesen Richtungswechsel eher zulassen, generell aber wird er nach dem Auftragen einer Politur meist stärker ins Auge fallen. Zustande kommt dieser Effekt, sobald der Winkel von Maserung und Zeichnung in Bezug auf den Lichteinfall umgedreht wird. Probieren Sie es selbst aus, indem Sie zwei entsprechende Furnierblätter zur Hand nehmen. Betrachten Sie die Vorderseiten, und drehen Sie dann eines der Furniere um 180°, ohne es auf die Rückseite zu wenden – meist fällt die leichte Veränderung des Erscheinungsbilds unmittelbar ins Auge. Vermeiden lässt sich dieser Richtungswechsel, indem Sie von einem der Furniere fünf Streifen zuschneiden. So kann man mit den Quadraten abwechseln, ohne sie in jeder zweiten Reihe umzudrehen.

ZWEITES KAPITEL | LEHRGÄNGE

ERFORDERLICHE WERKZEUGE

Marketerie-Schneidunterlage

Stahlrichtscheit

Stahl-Anschlagwinkel

Skalpell

ERFORDERLICHE MATERIALIEN

Dunkles Furnier, 450 mm x 300 mm (5 Streifen)

Helles Furnier, 450 mm x 250 mm (4 Streifen)

Rand, 600 mm x 350 mm

Fugenpapier

Abdeckband

1 Wählen Sie zwei kontrastierende Furniere aus und beachten Sie, dass diese etwas länger sein sollten als das fertige Brett und breit genug, um vier Streifen aus dem einen Furnier und fünf aus dem anderen zu schneiden (ob Sie das helle oder das dunklere bevorzugen, spielt keine Rolle). Schneiden Sie aus Reststücken zwei Abstandshalter, die genau der Seitenlänge eines Quadrats entsprechen. Legen Sie die Streifen in der Reihenfolge, in der sie geschnitten wurden, aufeinander. Sie können sie auch durchnummerieren (1–4 und 1–5).

PARKETTERIE

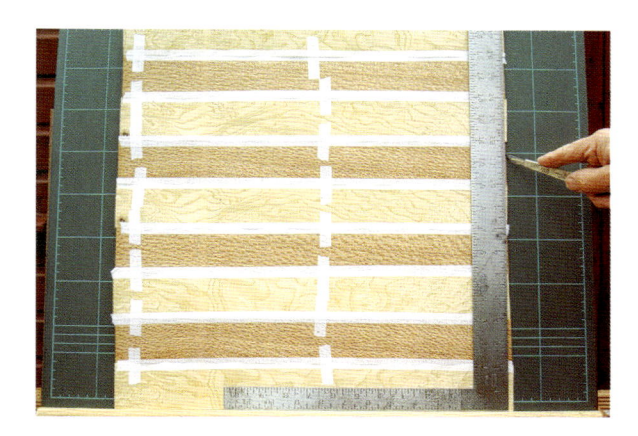

2 Legen Sie die Streifen, wie auf dem Bild dargestellt, im Wechsel untereinander, und sichern Sie die Fugen mit Fugenpapier. Beachten Sie, dass die kurzen vertikalen Klebebänder zuerst aufzubringen sind und dann erst die langen, die die Fuge zwischen zwei Furnieren abdecken. Feuchten Sie das Band immer gründlich an, damit es gut haftet. Stoßen Sie die zusammengefügten Streifen an den Anschlag der Schneidunterlage und legen Sie einen Anschlagwinkel an einen der Seitenränder an. Begradigen Sie den Rand mit dem Skalpell.

3 Verwenden Sie dieselben Abstandshalter sowie das Stahlrichtscheit und schneiden Sie acht Streifen. Nummerieren Sie auch diese Streifen in der Reihenfolge, in der sie geschnitten wurden, durch (1–8). Auf diese Weise ist gewährleistet, dass die Maserung durchgängig in ein und dieselbe Richtung verläuft.

4 Drehen Sie alle neun Streifen um, sodass die nicht verklebten Seiten zu Ihnen »schauen«, die Reihenfolge aber beibehalten bleibt. Richten Sie Streifen 1 auf der Schneidunterlage aus und legen Sie Streifen 2 an, indem Sie die Quadrate, eines nach dem anderen, versetzen. Richten Sie die Quadrate so präzise aus, dass die Fugen genau in einer Flucht liegen. Fixieren Sie die Streifen vorübergehend mit Abdeckband. Nachdem alle acht Streifen fixiert sind, drehen Sie das Arrangement wieder auf die mit Fugenpaper versehene Seite.

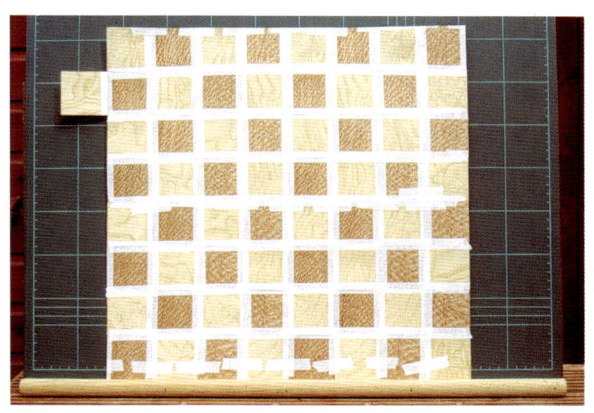

5 Halten Sie die Streifen mit Fugenpapier zusammen. Sie haben nun zwei Lagen Klebeband, die zweite im 90°-Winkel zur ersten. Schneiden Sie die überstehenden neunten Quadrate von jeder Seite ab. Damit ist die Spielfläche fertig.

6 Die Spielfläche kann nun auf die Trägerplatte aufgeleimt werden. Erst dann werden die Ränder gearbeitet. Folgen Sie den Anweisungen zum Pressen in zwei Phasen im dritten Kapitel (S. 94–96).

Lehrgang Nr. 9: Würfelmuster im Louis-quatorze-Stil

Der so genannte Louis-quatorze-Würfel, ein zwischen dem ausgehenden 17. und frühen 18. Jahrhundert beliebtes Möbeldekor, geht namentlich zurück auf König Ludwig XIV. von Frankreich (1643–1715), auch wenn der Entwurf an sich schon viel früher bekannt war. Der dreidimensionale Würfel, auch als Honigwaben-Parketterie bezeichnet, ist ein klassisches Ornament, das in der Möbelkunst Frankreichs, Deutschlands, Hollands und Englands immer wieder anzutreffen ist.

Das Design setzt sich aus drei Furnieren von unterschiedlicher Farbe zusammen, wobei jedes Furnier in gleicher Größe und im 60°-Winkel geschnitten wird. Das dreidimensionale Bild kommt dadurch zustande, dass die Maserung der Furniere in drei verschiedene Richtungen verläuft. Daher ist es möglich, das Bild auch aus lediglich einem Furnier zu schaffen.

Eine imposante Kombination ergibt sich aus rotem, hellbraunem und weißem Furnier. Dieser Farbstellung entsprechen Hölzer wie Mahagoni, Buchsbaum und Bergahorn. Selbstverständlich steht es Ihnen auch offen, mit drei ganz anderen Furnieren Ihrer Wahl zu experimentieren. Um den Materialverbrauch für jedes Furnier zu errechnen, messen Sie den abzudeckenden Bereich einfach aus und dividieren durch drei. Zunächst gilt es die Größe der Würfel festzulegen. Generell gilt: je kleiner die Würfel, desto schöner die Wirkung. Mit zunehmender Größe verwischt sich das klassische Bild nämlich so sehr, dass es optisch auseinander fällt. Denken Sie daran, dass jeder Würfel aus drei rautenförmig zugeschnittenen Furnieren gleicher Größe besteht. Die Rauten, aus denen sich die dreiseitigen Würfel der Schmuckschatulle in Abb. 1 zusammensetzen, haben eine Seitenlänge von 9 mm. Wir gehen davon aus, dass Sie diese Größe im folgenden Lehrgang übernehmen.

Abb. 2: Würfelmuster im Louis-quatorze-Stil

Abb. 1: Schmuckschatulle aus Sapelli-»Mahagoni«, Aningré (Aningeria) und Bergahorn, umgeben von Palisander

PARKETTERIE

VORBEREITUNG DER WÜRFEL

ERFORDERLICHE WERKZEUGE

Gehrungsschneidlade
Miniatur-Feinsäge
Schwalbenschwanz
Schmiege
60°-Geodreieck
Schneidunterlage
Skalpell
Stahllineal
Bleistift

ERFORDERLICHE MATERIALIEN

Die jeweils erforderliche Furniergröße richtet sich nach dem Entwurf
Ahorn- oder Bergahornfurniere
Mahagoni- oder Sapelli-»Mahagoni«-Furniere
Buchsbaum- oder Aningréfurniere
1 Bogen Karton
Klebefolie

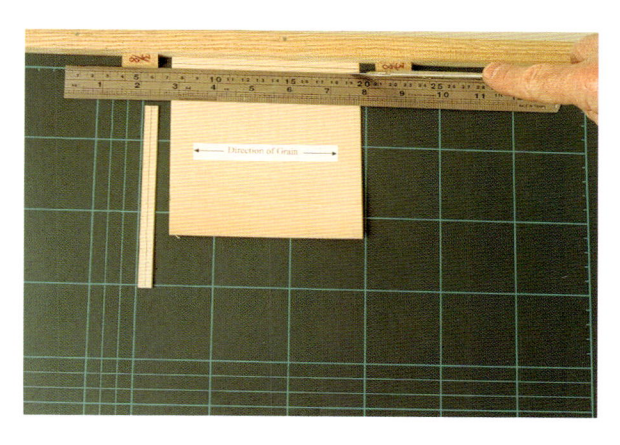

1 Verwenden Sie Ihre Marketerie-Schneidunterlage sowie zwei identische Abstandhalter (Holzklötzchen). Schneiden Sie Streifen von 150 mm Länge von allen drei Furnieren, wobei die Maserung in Längsrichtung jedes Streifens verlaufen sollte. Ziehen Sie vor dem Schneiden der Länge nach einen Bleistiftstrich, um den Maserverlauf zu kennzeichnen. Die Größe der Abstandhalter ist ausschlaggebend für die Größe der einzelnen Rauten.

Bevor Sie mit Schritt 2 fortfahren, sollte die Gehrungsschneidlade (s. S. 9) fertig gestellt sein.

2 Um nicht zu viel Zeit mit dem Schneiden der Rauten zu verlieren, bündeln Sie etwa sechs Streifen und kleben diese an einem Ende zusammen. Achten Sie darauf, dass der Bleistiftstrich jeweils oben liegt und zu Ihnen weist. Legen Sie das nicht verklebte Ende an die Absperrung der Gehrungsschneidlade an; vergewissern Sie sich, dass alle sechs Streifen ganz genau untereinander liegen, bevor Sie den Stapel durchsägen. Verfahren Sie auf diese Weise mit allen drei Furnieren, aus denen sich der Entwurf zusammensetzt. Entfernen Sie immer wieder das Sägemehl aus der Lade, denn sobald es sich häuft, kann es zu Ungenauigkeiten führen.

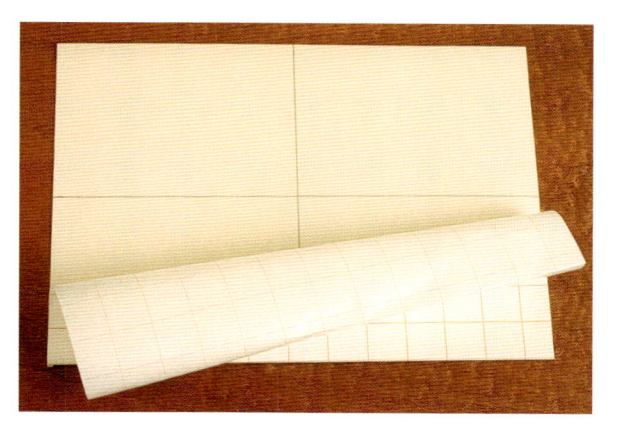

3 Zum Zusammenfügen der Würfel benötigen Sie weißen Karton, der etwas größer sein sollte als das Muster, sowie selbstklebende Klarsichtfolie von der Rolle. Zeichnen Sie ein Koordinatenkreuz wie abgebildet auf den Karton. Spannen Sie die Klarsichtfolie über den Karton, und fixieren Sie sie auf der Rückseite mit Abdeckband. Das Trägerpapier der Folie schützt die gummierte Fläche und die Parketterie, wenn sie zur Seite gelegt wird. Außerdem lassen sich die Würfel zusammenfügen, ohne dass man mit den Fingern ständig an der Klebefläche hängen bleibt.

Zweites Kapitel | Lehrgänge

4 Nehmen Sie das erste Rautenteilchen (Farbe beliebig) mit der Spitze des Skalpells auf und legen Sie es so auf die Klebefolie, dass es über den x-y-Koordinaten des Kartons sitzt. Lassen Sie den Handrücken auf dem nach unten geklappten Trägerpapier ruhen, um beim Positionieren Halt zu haben. Vergewissern Sie sich, dass die Bleistiftlinien zu Ihnen weisen.

5 Bringen Sie die beiden andersfarbigen Furniere wie abgebildet auf, um den ersten Würfel fertig zu stellen. Achten Sie auf die drei verschiedenen Maserrichtungen, die durch den Bleistiftstrich gekennzeichnet sind. Der Punkt des Würfels, an dem alle drei Teile zusammentreffen, sollte genau über dem Ursprung des Koordinatensystems liegen. Wichtig ist der regelmäßige Verlauf des Musters von links nach rechts und von oben nach unten. Dieser ist nur gewährleistet, wenn in der Mitte begonnen wird. Falls sich der Würfel nicht ganz exakt zusammenfügt, haben Sie die Winkel nicht genau geschnitten. Überprüfen Sie Ihre Arbeit in diesem Stadium erneut auf Präzision.

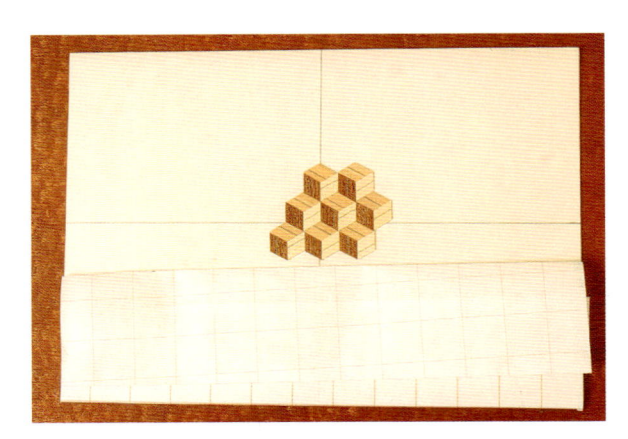

6 Arbeiten Sie jeweils nach außen in Richtung der Ränder, indem Sie Würfel für Würfel möglichst exakt zusammenfügen. Stoßen Sie die Fugen lückenlos aneinander und halten Sie die Fluchtlinie exakt ein. Bedenken Sie, dass sich in Parketterie-Arbeiten jeder Fehler vervielfacht, nehmen Sie sich also Zeit für Ihr Werk. Bauen Sie das Muster größer als benötigt auf, damit beim Ausrichten auf die endgültige Größe die äußeren Ränder aus halben Teilen bestehen, die das Ganze von links nach rechts und von oben nach unten ausgewogen erscheinen lassen.

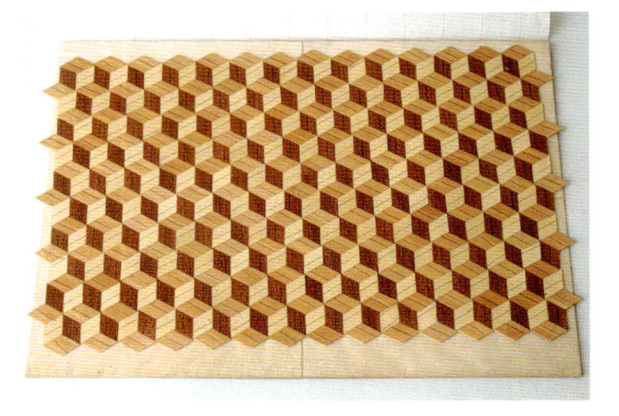

7 Das Arrangement ist nun soweit fertig gestellt, dass es auf die entsprechende Größe geschnitten werden kann. Das Muster ist zu allen vier Seiten hin ausgewogen und symmetrisch. In diesem Stadium empfiehlt es sich, etwas PVA-Leim in die Fugen zu reiben, allerdings darf es nur eine winzige Spur sein, die gründlich einzuarbeiten ist. Beachten Sie, dass die Klebefolie auf der Vorderseite haften bleiben muss, bis das Arrangement auf der Trägerplatte verleimt ist (s. S. 83).

Anweisungen zum Aufbringen und Einfassen eines Motivs finden sich im dritten Kapitel.

PARKETTERIE

LEHRGANG NR. 10: GEFLECHTMUSTER MIT RUSTIKALER NOTE

Aus dem Bereich der Geflecht-Marketerie bieten sich zwei Entwürfe als Dekoration für Möbel an: die rustikale Version und die paneelartige, beides Variationen über ein und dasselbe Thema. Die dreidimensionale Wirkung wird bei beiden durch Schattieren erzielt. Während das rustikale Geflecht orientalisch anmutet, entfaltet das paneelartige Muster einen formaleren Dekorationseffekt. Das rustikale Flechtmuster ist wie geschaffen, um Kästchen, Tabletts und kleinere Tische zu zieren, während das paneelartige Geflecht auf größeren Möbelstücken als Hintergrundpaneel dient und häufig mit einer weiteren Relief-Marketerie kombiniert auftritt.

Abb. 1 Schatulle mit rustikalem Geflechtmuster auf dem Deckel

Abb. 2: Ausschnitt aus dem rustikalen Geflechtmuster

Zweites Kapitel | Lehrgänge

ERFORDERLICHE WERKZEUGE

Skalpell

Schneidunterlage

Quarzsand, Elektroheizplatte und Pfanne

Stahllineal

ERFORDERLICHE MATERIALIEN

Aningré- (Aningeria) oder Buchsbaumfurnier für das Geflecht

Sapelli-Furnier für die Füllung

Klebefolie

Karton

Der Verbrauch an Furnier richtet sich nach dem jeweiligen Projekt. In der Regel werden achtzig Prozent der Oberfläche mit dem Geflecht bedeckt und zwanzig Prozent mit der Füllung.

1 Richten Sie zwei Abstandhalter (18 mm x 6 mm). Bereiten Sie das Furnier für das Geflecht vor, indem Sie jedes Blatt 75 mm breit und 150 mm lang zuschneiden. Die Maserung verläuft in Längsrichtung. Mit Hilfe der Abstandhalter schneiden Sie das Furnier nun quer zur Maserung. Ziehen Sie einen Bleistiftstrich über jeden Streifen; er dient der Markierung und verhindert, dass Vorder- und Rückseite im Lauf der Konstruktion verwechselt werden.

2 Schattieren Sie beide Ränder jedes Streifens entlang der Längsseite. Feuchten Sie das Furnier danach mit einem nassen Schwamm leicht an. Schichten Sie die Furniere zwischen zwei Reststücken aufeinander, und halten Sie sie mit einem Gummiband zusammen, damit sich die Streifen nicht rollen.

3 Drehen Sie die beiden Abstandhalter so, dass mit der Breite von 6 mm gearbeitet werden kann. Legen Sie einen schattierten Streifen an den Anschlag der Schneidunterlage und schneiden Sie entlang dem an die Abstandhalter angelegten Stahllineal sämtliche schattierten Streifen in 6 mm breite Teilstücke. Beachten Sie, dass Sie dieses Mal in Maserrichtung schneiden. Nun kann mit dem Weben begonnen werden.

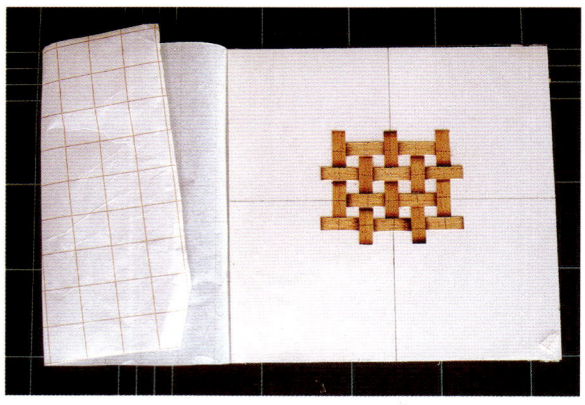

4 Markieren Sie die Mitte des Kartons und schneiden Sie diesen auf die Größe des vorgesehenen Paneels zu. Spannen Sie Klebefolie darüber und sichern Sie diese und das schützende Trägerpapier auf der Rückseite des Kartons mit Abdeckband. Sichern Sie die Folie nur am oberen Rand des Kartons, damit sich das Trägerpapier abziehen lässt, während Sie die Furniere auf die selbstklebende Oberfläche aufbringen.

PARKETTERIE

Es ist ganz wichtig, von der Mitte auszugehen, denn so haben Sie die Gewähr, dass das Muster des Flechtpaneels symmetrisch bleibt. Versuchen Sie die Teile so gerade wie möglich auf die Klebefolie aufzulegen. Da diese extrem klein sind, darf man keine absolute Präzision erwarten. Kalkulieren Sie also ruhig ein, dass die „Fenster" zwischen dem Geflecht in der Größe leicht unterschiedlich sein werden, was aber gar nicht weiter auffällt, denn sobald das Füllfurnier eingelegt wird, unterstreichen die kleinen Abweichungen nur die rustikale Note.

5 Schneiden Sie etwa 150 mm lange und 6 mm breite Streifen des Sapelli-Furniers (Füllung). Die Maser sollte in Längsrichtung verlaufen.

6 Legen Sie den roten Füllstreifen in das Fenster und reißen Sie das Furnier mit dem Skalpell an, damit es sich gut einfügt. Ziehen Sie den Streifen heraus, schneiden Sie das Ende ab und schieben Sie ihn erneut in das Fenster. Bauen Sie auf diese Weise das Muster auf, indem Sie zunächst einige Geflechtstreifen legen und diese dann füllen.

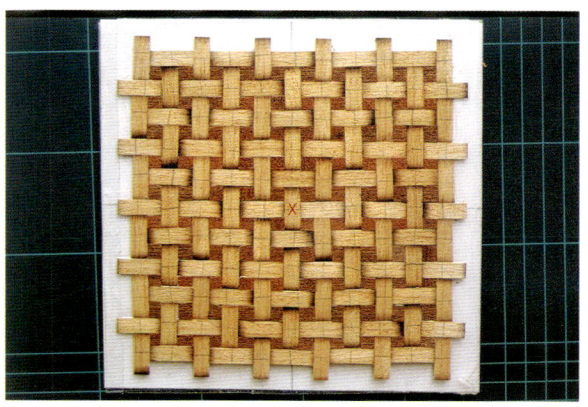

7 Zum Schluss schneiden Sie das fertige Paneel auf die entsprechende Größe zu, indem Sie von der Mitte aus zu jeder Seite hin messen. Vergewissern Sie sich, dass das Arrangement quadratisch ist. Es kann nun mit einem Rand versehen und auf eine Trägerplatte aufgebracht werden (s. drittes Kapitel).

Achten Sie darauf, dass die selbstklebende Klarsichtfolie haften bleibt, bis der Pressvorgang auf die Trägerplatte abgeschlossen ist. Danach entfernen Sie die Folie. Die zurückbleibende gummierte Schicht wird mit Nitrozellulose-Verdünnung entfernt.

Zweites Kapitel | Lehrgänge

Lehrgang Nr. 11: Geflechtmuster in Paneelform

Hier wird eine weitere Form der Geflecht-Parkett-Marketerie vorgestellt. Wie das erste Muster, zeigt auch dieses Webcharakter, allerdings in Anlehnung an das Bild konventioneller Flechtpaneele. Zum Weben des horizontalen Musters ist nur ein einziges Furnier (Buchsbaum oder Aningré) erforderlich; die vertikale Füllung besteht aus 1,5 mm breiten Buchsbaum-Adern. Ein Richtscheit aus Stahl oder Kunststoff gewährleistet, dass die Konstruktion gerade bleibt. Die Konstruktion verläuft ganz ähnlich wie die des ersten Flechtmusters, nur dass die schattierten Streifen durch Adern getrennt werden, die den geflechtartigen Paneelcharakter erzeugen.

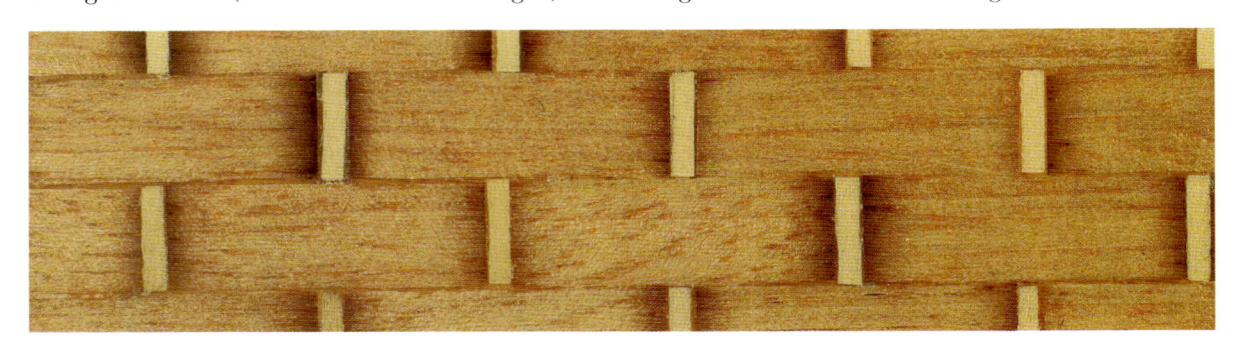

Werkzeug- und Materialbedarf entsprechen dem des vorangegangenen Lehrgangs.

1 Richten Sie zwei Abstandhalter von 18 mm Länge und 6 mm Breite. Bereiten Sie Furniere in Blättern von 75 mm Breite und 150 mm Länge vor, und achten Sie darauf, dass die Maserung in Längsrichtung verläuft. Schneiden Sie auf der Schneidunterlage zunächst 18 mm breite Streifen zu; vergewissern Sie sich, dass Sie, wie angezeigt, quer zur Faser schneiden. Markieren Sie jeden Streifen mit einem Bleistiftstrich, um zu verhindern, dass Vorder- und Rückseite im Lauf der Arbeit verwechselt werden.

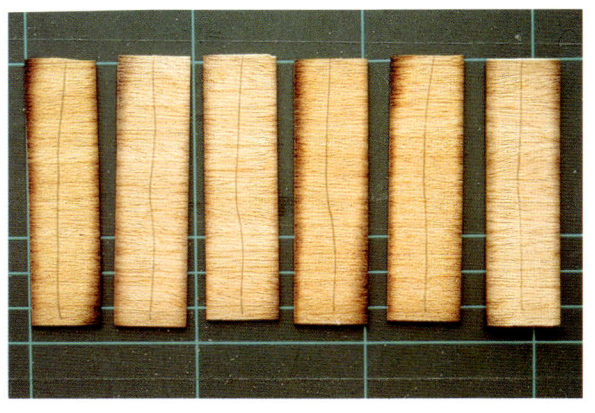

2 Schattieren Sie beide Längskanten der Streifen; achten Sie dabei auf eine dezente Wirkung. Nach dem Brennen befeuchten Sie die Furniere, indem Sie einen nassen Schwamm zwischen Daumen und Zeigefinger gepresst halten und der Länge nach über die Streifen fahren, um sie anzufeuchten (sie dürfen nicht zu nass werden). Schichten Sie die Furniere aufeinander, und legen Sie sie zwischen zwei Reststücke. Fixieren Sie sie mit einem Gummi, um zu verhindern, dass sie sich rollen.

PARKETTERIE

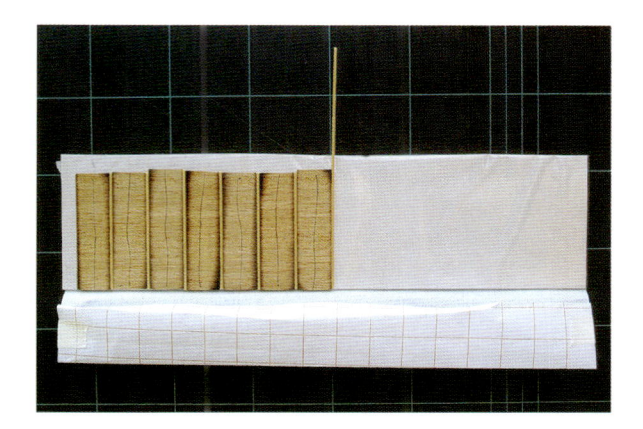

3 Schneiden Sie ein Stück Karton auf die erforderliche Größe des Paneels zu. Spannen Sie Klebefolie über den Karton und sichern Sie sie mit Abdeckband. Legen Sie einen schattierten Streifen auf die linke Seite der selbstklebenden Folie, gefolgt von einem 1,5 mm breiten Aderband. Fahren Sie auf diese Weise fort, indem Sie abwechselnd Streifen und Aderband entlang der Länge der Folie auflegen; enden Sie mit einem Aderband. Nehmen Sie das Arrangement zusammen mit der Folie von dem Karton ab.

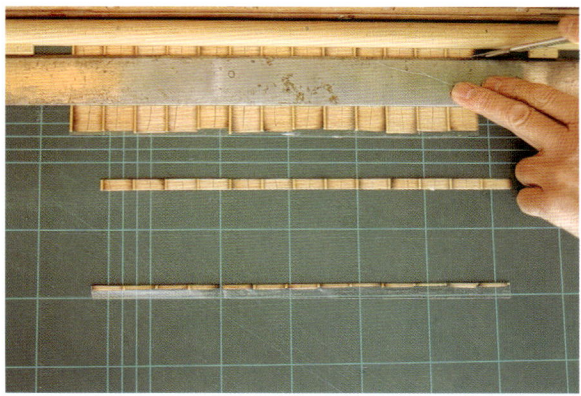

4 Legen Sie das Ganze auf die Schneidunterlage und schneiden Sie im Abstand von 6 mm Breite (verwenden Sie die beiden Abstandshalter) durch die schattierten Streifen sowie die Adern und den Film. Sie benötigen dafür eine ganz scharfe Schneide. Pressen Sie das Stahllineal, mit dem das Arrangement zusammengehalten wird, etwas stärker als gewohnt auf. Dieser verstärkte Druck verhindert, dass sich die Furniere im Verlauf des Schneidens auf dem Film verschieben.

5 Spannen Sie einen zweiten Bogen Folie über den zuvor verwendeten Karton. Legen Sie ein Stahllineal über die Folie und bestoßen Sie den ersten Streifen des Geflechts an die Kante des Lineals. Versetzen Sie die Streifen um eine halbe Einheit, um den paneelartigen Flechtcharakter zu erzielen. Die Streifen lassen sich Kante an Kante anlegen, um das Muster in horizontaler Richtung zu erweitern. (Aus diesem Grund rieten wir Ihnen in Schritt 3, mit einem schattierten Streifen anzufangen und mit einer Ader zu enden.)

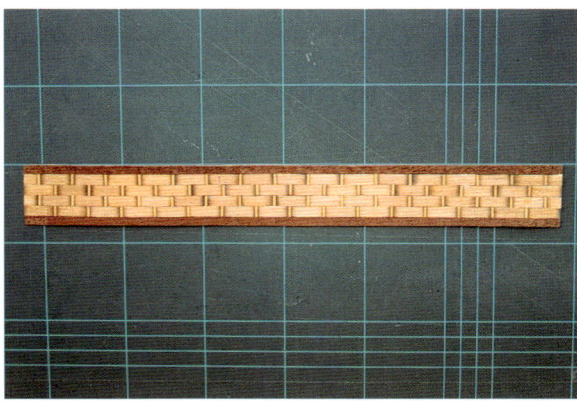

6 Fassen Sie das Geflecht-Paneel mit einem Rahmen ein. Es eignet sich hervorragend als Umrandung für ein Tablett oder als Dekor im Bereich der Seiten unseres Kästchens. Sie werden bemerken, dass zwei Schichten Gummierung auf der Vorderseite der Furniere haften. Behalten Sie diese bei, bis das Arrangement auf die Trägerplatte aufgeleimt ist. Die Folien lassen sich leicht abziehen. Einzelheiten über Randeinfassungen und das Aufbringen eines Paneels finden Sie im dritten Kapitel.

Lehrgang Nr. 12: Chevron

Chevrons eignen sich ausgezeichnet als Rahmenornament. Ich sah dieses Holzdekor erstmals im Spenfield House in Leeds. Die Empfangsräume und Salons im Erdgeschoss zeigen exzellente Parkett-Marketerien im Stil Robert Adams. In dem großen Treppenhaus zum ersten Obergeschoss zeigt das reich verzierte Mahagoni-Geländer zu beiden Seiten in massives Holz eingelegte Chevron-Parkett-Marketerien. Die Gesamtlänge der Chevrons beträgt über 60 m, die Geländer und Podeste mit eingeschlossen. Jedes Chevron-Element ist nur 6 mm breit. Dies aber bedeutet, dass über 10 000 Chevrons geschnitten, zusammengefügt und eingelegt werden mussten. Entworfen hat das Gebäude der Architekt George Corson, der auch das große Theater im Zentrum von Leeds erbaute. Leider findet sich in den Archiven der Stadt keinerlei Hinweis auf den Namen des Kunsttischlers, der dieses Werk schuf.

Chevron-Parkett-Marketerie entfaltet einen dreidimensionalen Effekt, der sehr imposant wirkt. Außerdem macht es Freude, den Kern aufzubauen, aus dem die Chevrons geschnitten und zusammengefügt werden. Das Spektrum der Entwurfsvarianten ist unüberschaubar, denn man kann nicht nur seine eigene Farbkombination wählen, sondern auch frei über Größe und Anzahl der Furnierteile bestimmen, die den Kern des Streifens bilden. Lassen Sie Ihrer Phantasie also freien Lauf. Je größer die Zahl der Teile, die eingelegt werden, desto beeindruckender die Wirkung der Chevrons.

Wie Sie in Abb. 1 sehen, bilden lange schmale Flächen den idealen Hintergrund für solche Entwurfsmuster, die, wie im fünften Kapitel, den erhöhten Rand des ovalen Tabletts zieren. Unten dargestellt ist eine Chevron-Parkett-Marketerie, die die Einfassung eines rechteckigen Tabletts schmückt, das im Jahr 2000 gebaut wurde. Insgesamt wurden für das auf Seite 97 dargestellte Tablett etwa 1,8 m und somit 288 Chevrons geschnitten. Was zunächst als große Herausforderung erschien, ließ sich doch recht bald bewältigen, und die erforderliche Zeit zum Bauen, Schneiden und Aneinanderfügen der Teile war die Mühe letztlich wert. Das Ergebnis kann sich sehen lassen, auch wenn es, gemessen an den 10 000 Chevrons, die der unbekannte Kunsttischler in Leeds fertigte, verblassen muss.

Im folgenden Lehrgang werden zwei Muster zusammengefügt. Das erste ist das Muster für das im fünften Kapitel behandelte ovale Tablett. Das zweite ziert die ebenfalls im fünften Kapitel vollendete Schmuckschatulle. Vielleicht möchten Sie die Furniere aber auch frei wählen und die Streifen selbst zusammenstellen – nur Mut also! Abgesehen davon, dass das erste Muster im 60°-Winkel und das zweite im 45°-Winkel geschnitten wird, ist die Konstruktionsweise die gleiche.

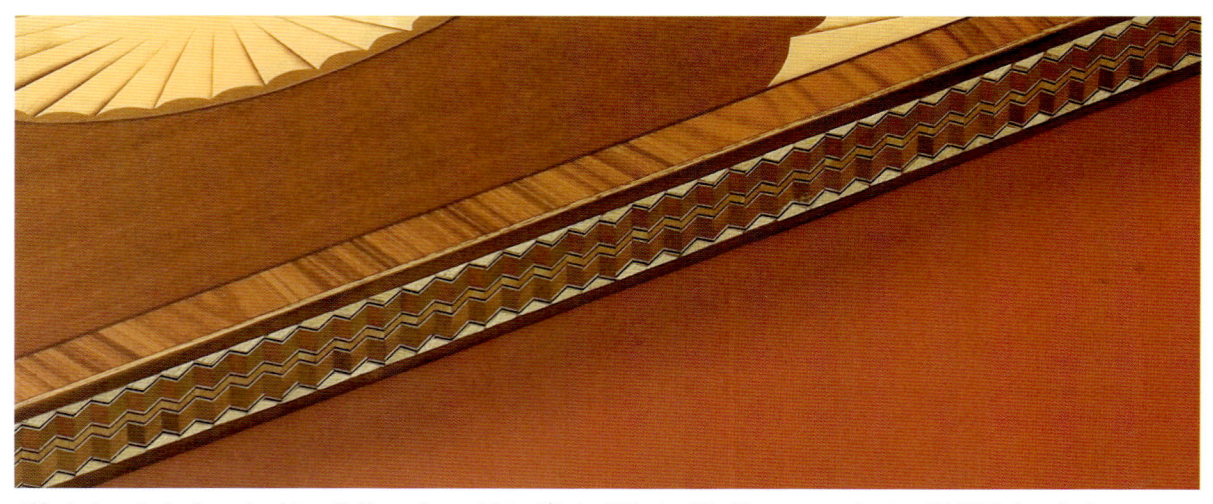

Abb. 1: Ausschnitt des rechteckigen Tabletts, das auf Seite 97 abgebildet ist. Die Chevrons wurden im 60°-Winkel geschnitten.

Chevron-Entwurf für das ovale Tablett

Erforderliche Werkzeuge

Skalpell
Marketerie-Schneidunterlage
Stahllineal
Gehrungsschneidlade
Miniatur-Feinsäge
60°-Winkel
45°-Winkel
Schmiege (verstellbares Gehrmaß)

Erforderliche Materialien

Furniere für das Tablett: Zebrano, grün gebeizt und Sapelli-»Mahagoni«
Furniere für die Schmuckschatulle: Eibe, Eschenmaser und Sapelli-»Mahagoni« sowie eine im Handel erhältliche Bandintarsie
Fugenpapier oder 50 mm breites Packband
Klarsichtklebefolie
Ein Bogen Karton

1 Der Umfang des ovalen Tabletts beträgt etwa 1,5 m. Um einen Streifen in Reserve zu haben, schneiden Sie zwölf Streifen aus Zebrano-Furnier von 6 mm Breite (richten Sie in gleicher Breite auch zwei Abstandhalter) und etwa 300 mm Länge mit in Längsrichtung verlaufender Maserung.

2 Verwenden Sie jeweils zwei 1-Euro-Cent-Münzen (oder zwei andere 3 mm dicke Münzen), die Sie als Abstandhalter auf deren Kante stellen, um sechs Streifen des mittel- bis dunkelgrün gebeizten Furniers zu schneiden. Die Faser verläuft in Längsrichtung.

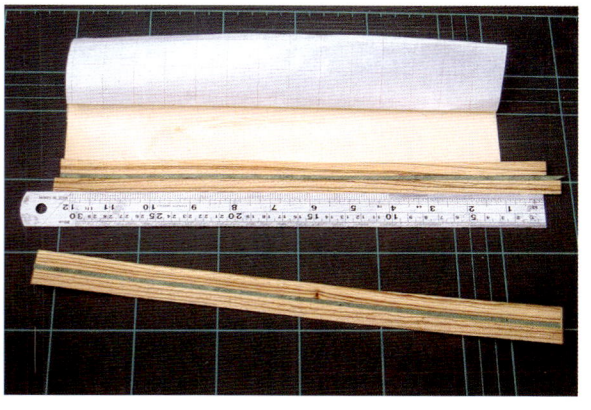

3 Fixieren Sie die 300 mm lange Klebefolie mit Klebestreifen auf einem Stück Karton. Legen Sie das Lineal der Länge nach an, und fügen Sie zwei Schichten des Zebrano-Furniers mit einem Streifen des grünen Furniers dazwischen zusammen (Sandwich-Technik). Kleben Sie Packband oder Fugenpapier auf die Seite, die zu Ihnen weist, und ziehen Sie das Ganze von der Folie ab. Verfahren Sie auf diese Weise mit allen 6 Streifen, indem Sie dieselbe Klarsicht-Folie benutzen.

Zweites Kapitel | Lehrgänge

4 Schneiden Sie mit Hilfe der Gehrungsschneidlade (Details s. S. 9) 6 mm breite Chevrons im 60°-Winkel zu. Beginnen Sie mit der zu Ihnen gerichteten unverklebten Seite des Streifens. Schneiden Sie, wie oben abgebildet, drei Streifen von 300 mm Länge. Es ist wesentlich sicherer, die Schneidlade zum Sägen der Chevrons einzuspannen. Pusten Sie das Sägemehl immer wieder aus dem Führungsschlitz, damit es sich nicht anhäuft und den Winkel verändert.

5 Sägen Sie nun drei Streifen, wobei die verklebte Seite zu ihnen weist. So entsteht ein zu den ersten Schnitten entgegengesetzter Winkel, der die Chevrons bildet.

6 Legen Sie ein Lineal als Anschlag entlang der selbstklebenden Klarsichtfolie auf. Bringen Sie die geschnittenen Chevrons mit der beklebten Fläche nach oben auf die Folie auf. Bilden Sie zwei »Häufchen« mit Chevrons, eines mit den vom ersten Schnitt und das andere mit den vom zweiten Schnitt erzeugten Teilen. Legen Sie abwechselnd jeweils ein Teil auf. Als Vorteil erweist sich, dass Sie trotz aufliegendem Packband erkennen können, ob das Muster richtig gelegt ist. Sobald ein Streifen fertig ist, bringen Sie eine weitere Lage Packband oder Fugenpapier auf. Ziehen Sie nun das Ganze von der Folie ab. Verfahren Sie mit den übrigen Streifen ebenso.

7 Nun folgt das Einfassen der Chevrons. Messen Sie als erstes die Breite des Bereichs aus, den Sie zu schmücken planen, und geben Sie 6 mm zu. Für den Rand des Tabletts benötigen Sie etwa 1,5 m Chevron-Länge. Um diese Länge in einem Stück zu erstellen, verbinden Sie kurze Streifen, wie oben gezeigt, durch eine Schrägfuge. Lassen Sie die Enden etwa 50 mm überlappen und schneiden Sie diagonal durch beide Furniere.

PARKETTERIE

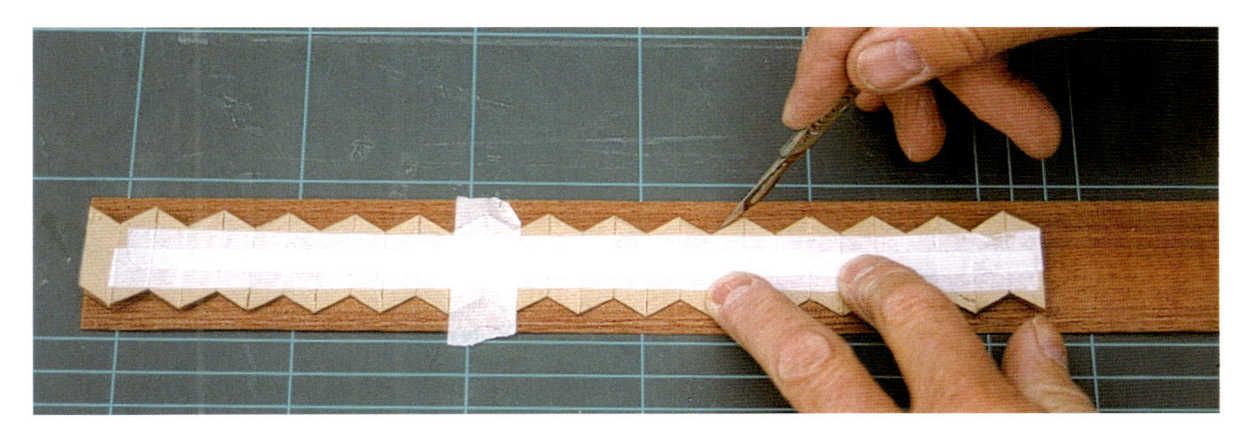

8 Folgendes nur zur Veranschaulichung: Auf der Abbildung sehen Sie das Randfurnier ohne das aufgebrachte Fugenpapier. Es ist jedoch ganz wichtig, dass Fugenpapier über die äußeren Kanten des roten Furniers aufgebracht wird, um ein Brechen der Spitzen zu verhindern, wenn die Chevrons in die Bordüre eingeschnitten werden. Zentrieren und fixieren Sie die Chevrons auf dem Randfurnier und erzeugen Sie mit dem Skalpell eine Anrisslinie entlang der Dreiecksspitzen.

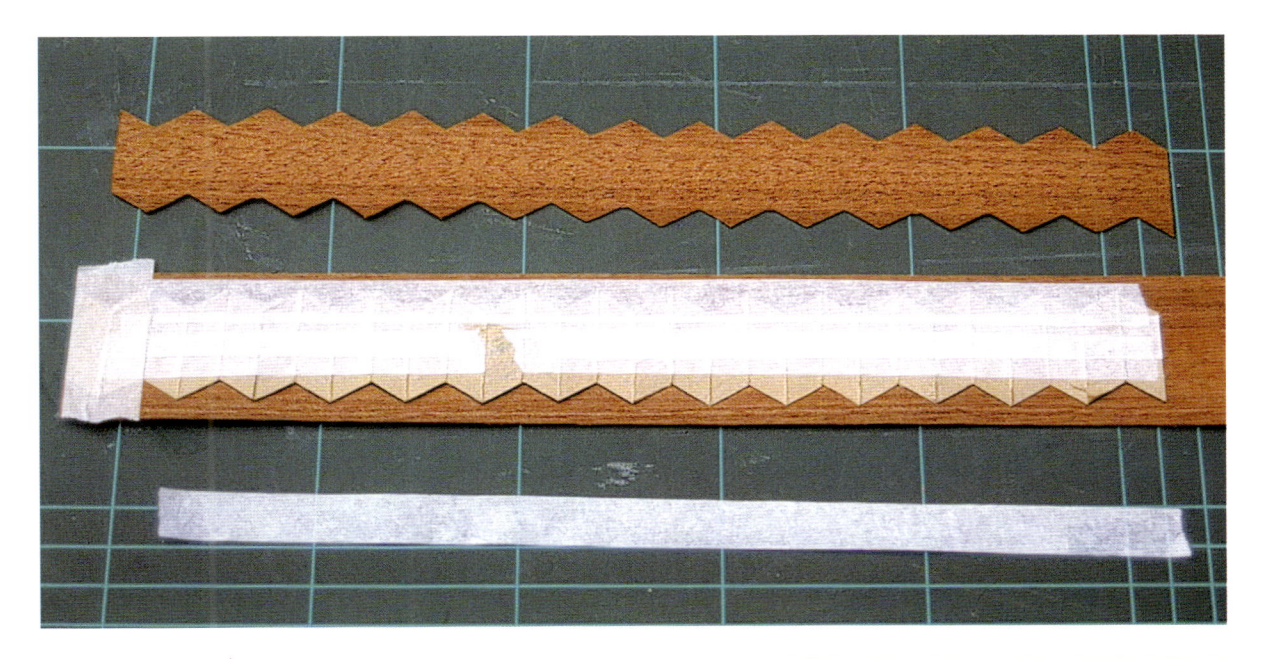

9 Schneiden Sie die angerissene Linie durch. Entfernen Sie das Fenster und fügen Sie den Chevron-Streifen ein. Fixieren Sie ihn mit Fugenpapier. Auf dem Bild wurde auch das Klebeband auf dem Fugenfurnier weggelassen. Vergessen Sie nicht, es in Schritt 8 aufzubringen. Fahren Sie nun fort, die restlichen Streifen an das Ende des soeben vollendeten Streifens anzuschließen.
Lesen Sie die Anweisungen für das Tablett (s. S. 111 f.), bevor Sie den Streifen auf den Rand aufleimen. Wenn nur noch ein paar Zentimeter fehlen, bevor die beiden Enden des Tablettrands aufeinander treffen, messen Sie die Lücke aus und prüfen Sie, ob die Chevrons sich gleichmäßig über den verbleibenden Raum verteilen lassen.

Wenn Sie genau hinkommen, ist alles in Ordnung. Wenn nicht, schneiden Sie die letzten Chevrons entweder geringfügig größer oder kleiner als die Norm (allerdings nicht mehr als 1 mm). Entfernen Sie dazu die Absperrung auf der Gehrungsschneidlade und schätzen Sie per Augenmaß ab, wie viel größer oder kleiner jeder Schnitt sein muss. Wenn Sie die Chevron-Größe nicht um mehr als 1 mm ändern, wird das Auge die Abweichung kaum wahrnehmen.

Chevron-Entwurf für die Schmuckschatulle

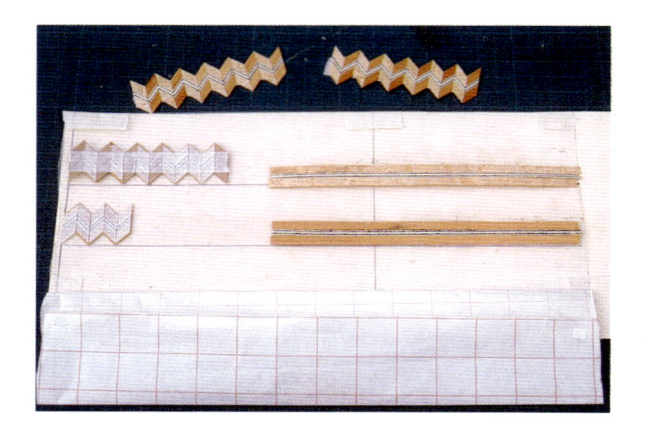

1 Die Konstruktionsweise entspricht der der oben behandelten Chevrons, allerdings mit dem Unterschied, dass für den Kern andere Hölzer Verwendung finden und der Schnittwinkel 45° beträgt. Schneiden Sie vier Streifen aus Eibe von etwa 300 mm Länge und 6 mm Breite (Maserverlauf in Längsrichtung). Für dieses »Sandwich« legten wir ein fertig gekauftes Band, wie abgebildet, zwischen die Eibenstreifen. Es besteht aus fünf Furnieren, in der Reihenfolge weiß/schwarz/weiß/schwarz/weiß. Sie können aber auch selbst ein Band zusammenstellen, indem Sie fünf Furniere in der vorgegebenen Reihenfolge verleimen und auf der Bandsäge etwa 1 mm stark aussägen. Fügen Sie die Streifen wie abgebildet aneinander, indem Sie den Arbeitsschritten 1–3 des vorangegangenen Lehrgangs folgen.

2 Legen Sie, wie auf Seite 9 erläutert, einen 45°-Winkel auf der Schneidlade fest und schneiden Sie 6 mm breite Chevrons. Schneiden Sie zwei Streifen mit Furnieren, die zu Ihnen „schauen" und zwei mit der abgeklebten Seite nach oben. So erhalten Sie die entgegengesetzten Winkel, um die Chevrons zu bilden. (Das Bild zeigt Muster in beiden Winkeln; s. auch Schritt 4 und 5 des vorangegangenen Lehrgangs.)

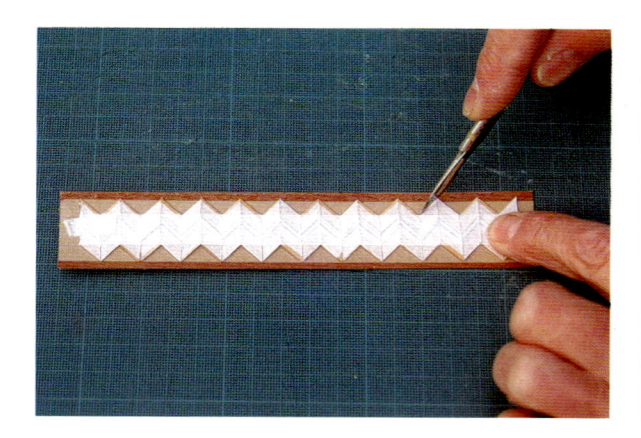

3 Bringen Sie Fugenpapier auf die Furnierbordüre auf, damit die Spitzen der Dreiecke nicht brechen. Legen Sie die Chevrons zentriert auf die Furnierbordüre und reißen Sie die Konturen an (s. Schritt 7 und 8 des vorangegangenen Lehrgangs).

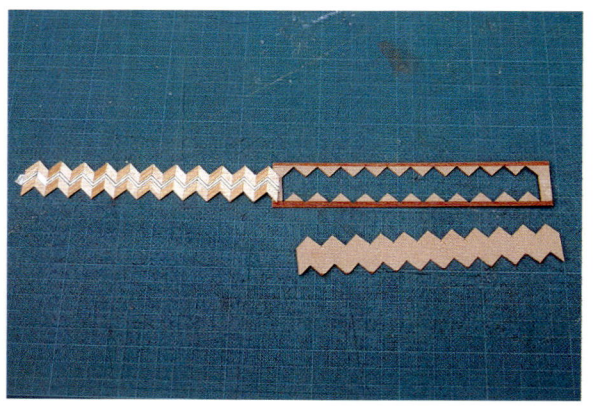

4 Entfernen Sie die Chevrons und schneiden Sie das Fenster aus. Setzen Sie die Chevrons in das Fenster ein und sichern Sie das Ganze mit Fugenpapier. Verfahren Sie auf gleiche Weise auch mit den anderen acht Chevron-Paneelen, die Sie für den Deckel der Schatulle benötigen (wie das Arrangement im Einzelnen aussieht, zeigt die Schmuckschatulle im fünften Kapitel). Damit ist das Chevron-Ornament fertig gestellt.

DRITTES KAPITEL

Aufbringen, Pressen und Einfassen des Ornaments

Das Aufbringen der Marketerie auf den vorgesehenen Gegenstand erfordert nicht nur technisches Know-how, sondern auch künstlerisches Einfühlungsvermögen, das für die Wahl der Furniere ebenso unerlässlich ist wie für die Abstimmung der Marketerie auf das Objekt. Während auf die beiden ersten Punkte mit der Fertigung einiger Marketerie-Entwürfe bereits im zweiten Kapitel eingegangen wurde, soll hier gezeigt werden, wie diese Entwürfe aufgebracht und eingerahmt werden, um bestmöglich zur Geltung zu kommen. So steht im Mittelpunkt des folgenden Kapitels die abschließende Präsentation der verzierten Fläche, ob es sich um ein Bild, eine Tischplatte oder ein Motiv innerhalb eines Wandschirms handelt.

DAS AUFBRINGEN AUF DEN UNTERGRUND

Es gibt zwei Möglichkeiten, ein zentrales Marketerie-Paneel auf eine Trägerplatte aufzubringen. Bei der einen Methode wird die Einfassung nach dem Aufbringen und Pressen des Mittelpaneels angefügt, was sich besonders für quadratische und rechteckige Objekte empfiehlt. Bei der anderen wird die Einfassung vorher angefügt, was bedeutet, dass das gesamte Arrangement in einem Arbeitsgang aufgeleimt wird. Diese Methode ist bei runden und elliptischen Formen anzuwenden, da sich der Mittelpunkt für den Radius nicht mehr nutzen lässt, wenn das Paneel bereits verleimt ist.

Ein Furnier als Ausgleich
Als Trägerplatte für eine Marketerie werden heute meist MDF-Platten verwendet. Sie bieten, verglichen mit natürlich gewachsenem Holz, den Vorteil, dass sie sich in der trockenen Heizungsluft weniger verziehen. Dennoch wäre es ein Irrtum zu glauben, dass eine MDF-Platte mit aufgeleimtem Furnierbild überhaupt nicht mehr arbeitet. Man kann fast davon ausgehen, dass sich das Trägerbrett »wirft« oder nach einer Seite hin verzieht, wenn nicht gleichzeitig ein entsprechendes Ausgleichsfurnier auf die Rückseite des Bretts geleimt wird.

Abb. 1: Ein ausgewogenes Mittelfeld.

Drittes Kapitel | Aufbringen, Pressen und Einfassen des Ornaments

ADERN, BÄNDER UND EINFASSUNGEN

Obwohl der Name bereits bestimmte Assoziationen weckt, soll hier zunächst erläutert werden, was die Marketeure unter Aderung im Allgemeinen und Adern im Besonderen verstehen. Obwohl im Antiquitäten-Handel auch von »Linien« die Rede ist, spricht die Möbelindustrie generell von »Inlay« oder Einlage. Gemeint sind damit zwei Typen: flache Einlagen und Vierkanthölzer. Sie bestehen in der Regel aus Buchsbaum (*Buxus sempervirens*), einem Holz, das aufgrund seiner geradlinigen und dichten Maserung geschätzt wird. Die flache Ader zeigt eine Furnierdicke von 0,7 mm, während die quadratische Vierkant-Einlage in Breite und Tiefe jeweils gleich ist. Beide Typen sind als 1 m lange, hell oder schwarz gefärbte Hölzer in unterschiedlichen Breiten im Handel erhältlich. Die Vierkantversion findet man gelegentlich auch rot, blau oder grün eingefärbt sowie aus Ebenholz und Palisander. Sie dient dazu, ein bereits furniertes Paneel durch

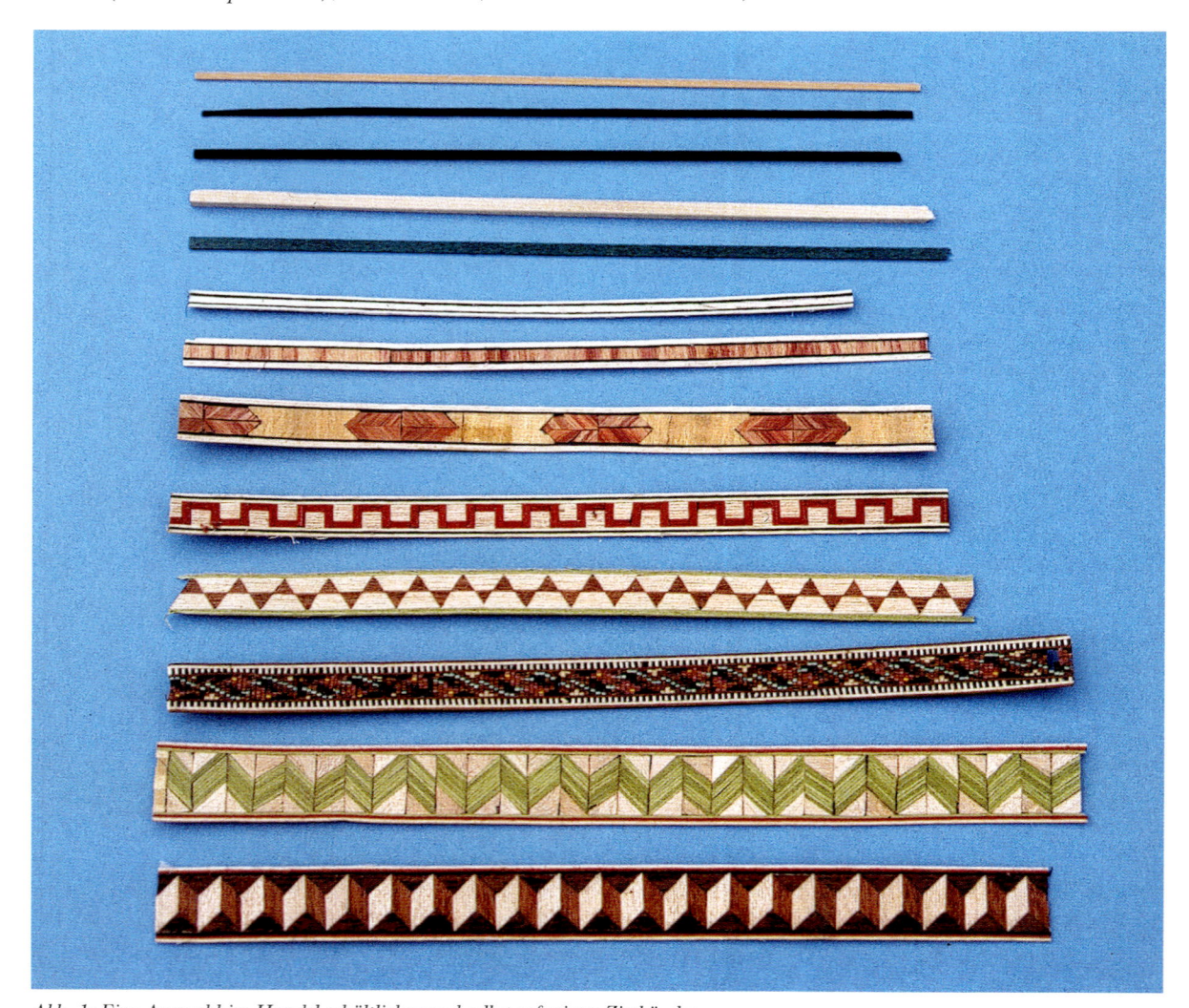

Abb. 1: Eine Auswahl im Handel erhältlicher und selbst gefertigter Zierbänder.

ADERN, BÄNDER UND EINFASSUNGEN

eine schmale Ader zu schmücken, die in das Holz eingelegt wird. Mit Hilfe eines Ziernutfräsers oder Aderschneiders wird eine keilförmige Nut (Adergraben) in das Furnier und die Trägerplatte eingefräst, wobei die Nut etwas weniger tief sein sollte als die Ader. Diese wird in die Ausgründung geleimt und dann auf die Höhe des umgebenden Furniers plan geschliffen. Vierkanthölzer in Form von Adern werden aber auch eingesetzt, um ein gebrochenes Inlay zu restaurieren.

Für die in diesem Buch vorgestellten Projekte und Lehrgänge wurden ausschließlich flache Adern verwendet.

BÄNDER

Sie bestehen aus einem schmalen Zierstreifen, der sich aus zwei oder mehreren kontrastierenden Hölzern zusammensetzt. Ein schlichtes Band lässt sich durch Verleimen von drei Furnieren, einem dunklen und zwei hellen etwa, zusammensetzen. Geben Sie PVA-Leim auf eine Seite jedes hellen Furniers; die Maserung muss jeweils in die gleiche Richtung verlaufen. Legen Sie das dunkle Furnier zwischen die beiden hellen Blätter und halten Sie das »Paket« mindestens eine Stunde lang gepresst. Auf diese Weise erhalten Sie ein »Sandwich«, das in Maserrichtung mit Skalpell und Stahllineal in Streifen von etwa 1 mm Breite geschnitten wird. Breitere Bänder müssten mit der Bandsäge geschnitten werden.

EINFASSUNGEN

Bei den vier Beispielen, die wir Ihnen hier als Einfassung eines Arrangements vorstellen, handelt es sich um typische Randdekorationen, wie sie in der Möbelfertigung immer wieder auftreten. Während sich die ersten beiden erst einpassen lassen, nachdem das zentrale Paneel bereits aufgebracht und gepresst ist, sind die beiden letzten vor dem Aufbringen und Pressen einzupassen.

Zunächst gilt es aber die Vorteile unseres Zwei-Phasen-Pressverfahrens zu erläutern, das sich für Einfassungen und Adern im Bereich quadratischer und rechteckiger Paneele anbietet. Zum einen wird das eventuell schon mit einer Marketerie versehene Paneel dauerhaft zentriert; zum anderen ist gewährleistet, dass sich Einfassungen und Adern präzis auf Gehrung schneiden und anpassen lassen. Voraussetzung dafür ist allerdings, dass die Trägerplatte genau rechtwinklig ist, was dank einer Bandsäge mit akkuratem Anschlag aber leicht gelingt. Hobbyschreiner ohne Bandsäge können sich die MDF-Platte im Baumarkt zuschneiden lassen.

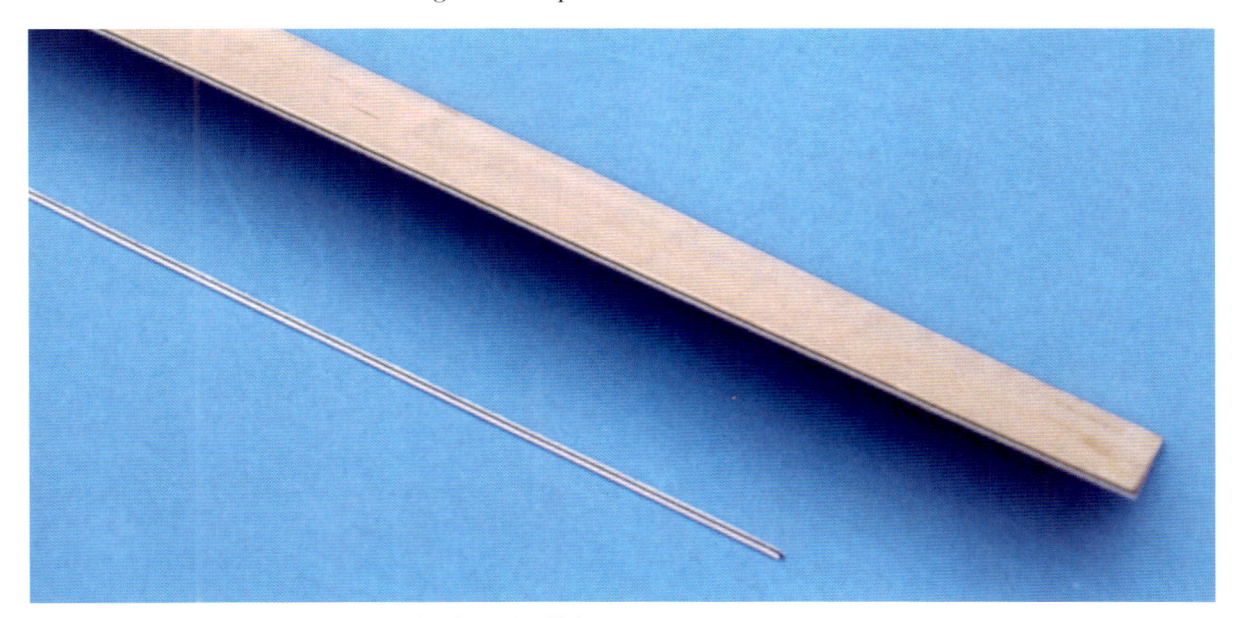

Abb. 2: Mit dem Skalpell geschnittenes Zierband aus drei Hölzern.

Drittes Kapitel | Aufbringen, Pressen und Einfassen des Ornaments

ZWEI-PHASEN-PRESSVERFAHREN

Erste Phase

Als großer Vorteil erweist sich in der ersten Phase, dass sich das furnierte Paneel bereits nach ein paar Minuten aus der kalten Presse herausnehmen lässt, und überschüssige Furnierränder entfernt werden können, bevor das Furnier unverrückbar fest auf der Trägerplatte haftet. Wenn man mit normalem PVA-Leim arbeitet, genügen für den ersten Pressvorgang meist zehn Minuten. Produkte mit rascheren Abbindezeiten kommen vielleicht sogar mit kürzere Presszeiten aus.

Hier ist ausdrücklich vom »Kaltpressen« die Rede, weil das Aufbringen und Einfassen des Paneels mit einer Thermopresse nicht funktioniert. Beim Pressen unter Wärmeeinwirkung verbindet sich das Furnier in weniger als einer Minute dauerhaft mit der Trägerplatte und lässt sich kaum noch entfernen, ohne diese zu beschädigen.

Das Zwei-Phasen-Pressverfahren bietet die Möglichkeit, von der Mitte aus in Richtung Rand zu arbeiten. So lassen sich die verschiedenen Arbeitsgänge aufteilen und sind stets überschaubar.

1 Zeichnen Sie je ein Koordinatenkreuz auf die Trägerplatte und das Paneel, das aufgebracht werden soll. Zentrieren Sie das Paneel und pressen Sie es maximal zehn Minuten.

2 Stellen Sie das Schneid-Streichmaß auf die Breite des vorgesehenen Rands ein. Schneiden Sie auf jeder Seite durch das Furnier. Schaben Sie die Furnierränder mit einem scharfen Stecheisen oder Skalpell ab und entfernen Sie auch die Leimreste von der Trägerplatte. Geben Sie das Werkstück noch einmal mindestens eine Stunde in die Presse. Das Paneel liegt nun genau rechtwinklig auf der Trägerplatte auf. Wurde die Trägerplatte zu Beginn exakt zugeschnitten, lässt sich Phase zwei nun leichter bewältigen.

Zweite Phase

In der zweiten Phase werden die Ränder, Adern und/oder Zierbänder angebracht. Hat man sich erst einmal für eine bestimmte Einfassung entschieden (s. unten), müssen die Teile nur noch geschnitten, angepasst und mit Fugenpapier so aufgeheftet werden, dass sie sich wie an einem Scharnier klappen lassen. Danach schneidet man die Ecken auf Gehrung und gibt das mit Leim versehene Werkstück in die Presse. Abb. 1 zeigt die Vorgehensweise.

Abb. 1: Zweite Phase: Einfassen des Arrangements.

EINFASSUNGSVARIANTEN

Der innenliegende Aderrand

Normalerweise sollte der äußere Rand etwa viermal so breit sein wie der innere, was in etwa einem 25 mm breiten Außenrand und einem 6 mm breiten Innenrand entspräche. Trennen Sie die beiden mit einer 1,5 mm breiten Ader. Das Schachbrett veranschaulicht diese Randeinfassung mit innenliegender Aderung.

Erforderliche Werkzeuge

Skalpell
Abstandhalter (auf entsprechende Größe zugeschnitten)
Stahlrichtscheit
Schneidunterlage

Erforderliche Materialien

Furniere Ihrer Wahl
Fugenpapier
1,5 mm breite Ader

Schneiden Sie mit Hilfe der bereits vorbereiteten Abstandhalter vier Streifen für die äußere Umrandung; geben Sie je Streifen in der Länge 25 mm zu. Nach dem gleichen Prinzip richten Sie die vier Streifen für die innere Umrandung. Vergewissern Sie sich, dass die Streifen so breit sind, dass sie an den Rändern des Paneels überstehen.

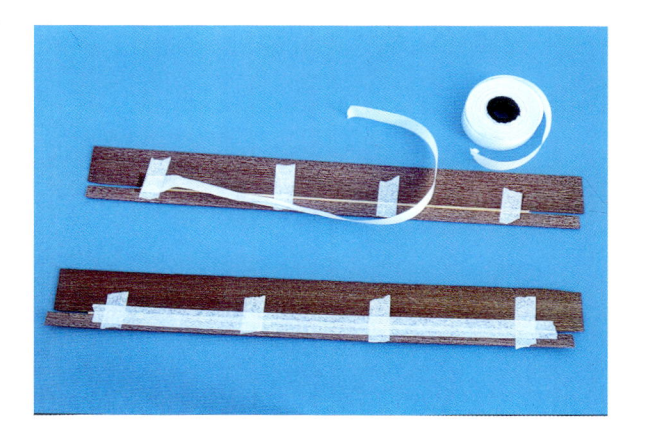

1 Legen Sie einen Streifen der 1,5 mm breiten Ader zwischen die beiden Ränder und fixieren Sie diese mit Fugenpapier auf der Vorderseite. Bringen Sie quer zu den Fugen zunächst kurze Klebestreifen auf, bevor Sie, wie abgebildet, der Länge nach einen langen Streifen aufbringen.

Drittes Kapitel | Aufbringen, Pressen und Einfassen des Ornaments

2 Legen Sie diesen aneinander gefügten Randstreifen an die Kante des bereits aufgebrachten Werkstücks und vergewissern Sie sich, dass Ader und Randfurniere an jedem Ende überstehen. Fixieren Sie die beiden Teile, wie abgebildet, mit Fugenpapier. Verfahren Sie auf gleiche Weise mit den restlichen drei Seiten.

3 Bringen Sie in Richtung der vorgesehenen Diagonalen Fugenpapier auf und schneiden Sie die Randelemente auf Gehrung. Denken Sie daran, sowohl das oben aufliegende Randfurnier als auch das darunter liegende abzukleben. Nur so lässt sich verhindern, dass die Furniere beim Schneiden der Gehrungen splittern.

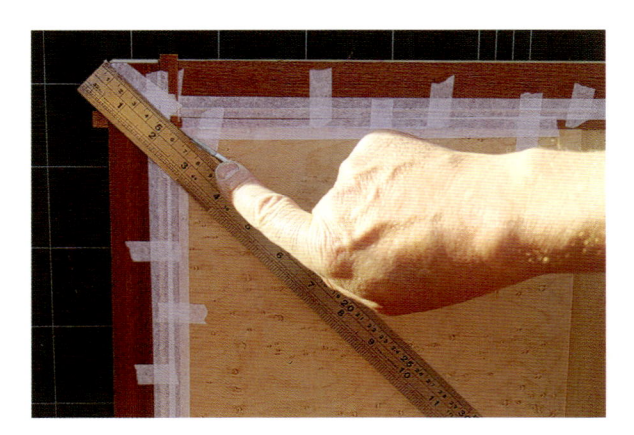

4 Drehen Sie das Werkstück auf die Rückseite und schneiden Sie sorgfältig durch die an der Ecke überstehenden Furniere. Auf diese Weise wird die zuvor nicht sichtbare Ecke freigelegt. Drehen Sie das Werkstück wieder auf die Vorderseite und legen Sie das Stahllineal zwischen der äußeren Ecke und dem jeweiligen Schnittpunkt der beiden inneren Ränder auf. Halten Sie es mit einer Hand fest, während Sie durch die beiden Furnierlagen und Adern schneiden. Reißen Sie die Schnittlinie zunächst lediglich an, um im Folgenden mit etwas mehr Druck vorzugehen, bis Sie merken, dass das Messer durch beide Lagen dringt. Entfernen Sie die Furnierreste und überstehenden Adern.

5 Auf diese Weise erhalten Sie einwandfreie Gehrungen im Bereich der Randeinfassungen und Adern.

EINFASSUNGSVARIANTEN

GESTÜRZTES QUERFURNIERBAND ALS EINFASSUNG

Ein Querfurnierband stellt die klassische Einfassung für Furnierfelder, Schranktüren, Schubladenfronten und Deckplatten dar. Beachten Sie, dass die Maserrichtung zur Mitte des Furnierfelds weist und im 90°-Winkel zur Ader verläuft. Die Ecken zeigen ein gestürztes Furnierbild.

Abb. 1: Querfurnierband mit gestürztem Furnierbild im Bereich der vier Ecken.

ERFORDERLICHE WERKZEUGE

Entsprechend dem Bedarf für den innenliegenden Aderrand

ERFORDERLICHE MATERIALIEN

Furnier mit ausgeprägter Streifenzeichnung wie etwa Kevasinga

Brasilianisches Palisanderfurnier (s. Bild)

Fugenpapier

1,5 mm Ader (weiß oder schwarz gefärbt)

1 Hier gilt es die Ecken mit einem gestürzten Furnierbild bzw. spiegelbildlicher Maserung zu gestalten. Legen Sie eines der bereits zugeschnittenen Randpaare jeweils links und rechts der Ecke auf. Drehen Sie die Streifen weder auf die andere Seite noch in eine andere Richtung, sondern reihen Sie sie genau so aneinander, wie sie vom Furnierblatt geschnitten wurden.
Achten Sie darauf, dass sich auf beiden Furnieren ein besonders ausgeprägter Streifen (s. Pfeile) findet. Messen Sie den Abstand zum Rand aus, und markieren Sie mit Bleistift, wo der ausgeprägte Streifen auf beiden Seiten der Ecke auftritt. Legen Sie den Streifen an diese Markierungen an. Fixieren Sie die Furniere mit Fugenpapier. Verfahren Sie auf gleiche Weise mit den anderen drei Ecken.
Bringen Sie Fugenpapier im Bereich der inneren und äußeren Ecke der beiden Furniere auf, die nun auf Gehrung geschnitten werden. Legen Sie ein Stahllineal an und schneiden Sie durch beide Furniere. Verfahren Sie auf gleiche Weise mit den anderen drei Ecken.
Wo die Streifen zum Mittelfeld hin überstehen, schneiden Sie abschließend durch beide Furnierschichten hindurch, um eine unsichtbare Fuge zu erzeugen. Brasilianisches Palisanderholz wirkt für diese Art Einfassung sehr dekorativ.

Drittes Kapitel | Aufbringen, Pressen und Einfassen des Ornaments

Geviertelte Ecken, kombiniert mit Adern und Querfurnierbändern

Diese traditionelle Kombination gehört zu den klassischen Einfassungen kunstvoller Furniermittelfelder. Aufgrund der bogenförmigen Eckbildung ist diese Randeinfassung vor dem Pressen des Mittelpaneels einzupassen.

Erforderliche Werkzeuge

Wie bei dem innenliegenden Aderrand (s. S. 95), außerdem ein Zirkel

Erforderliche Materialien

Sapelli-»Mahagoni«-Furnier

1,5 mm breite Ader aus Buchsbaum

EINFASSUNGSVARIANTEN

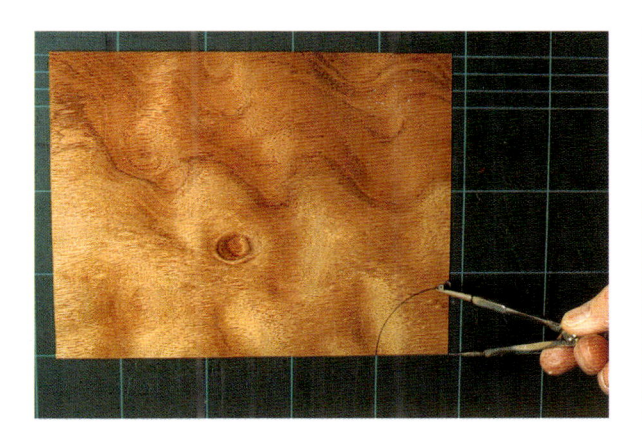

1 Zeichnen Sie einen Viertelkreis mit einem dem Furnierfeld angemessenen Radius. Schneiden Sie mit dem Skalpell entlang der Linie und nehmen Sie die Ecke heraus. Legen Sie einen Randstreifen aus Sapelli-Furnier und eine 1,5 mm breite Ader entlang jeder Seite an; lassen Sie diese an jeder Ecke überstehen.

2 Schneiden Sie ein kurzes Stück des Aderbands ab und legen Sie es an die Rundung der Ecke an, nachdem Sie es auf der Innenseite, wie an dem Abfallstück gezeigt, mit längeren Einschnitten versehen haben. Die Schnitte sollten bis zu zwei Drittel der Aderbreite messen und in etwa 6 mm Abstand eingebracht werden. Bringen Sie PVA-Leim auf und fixieren Sie die Ader mit Abdeckband an dem bogenförmigen Rand. Schneiden Sie die beiden Ecken, an denen die Adern aufeinander treffen, auf Gehrung. Lassen Sie das Werkstück mindestens zwei Stunden trocknen.

3 Schneiden Sie zwei Stücke aus dem Sapelli-Furnier, die groß genug sind, um die gesamte Ecke abzudecken. Verwenden Sie die bogenförmige Ader als Schablone, um den Radius und die Ecken anzureißen bzw. zu schneiden. Schneiden Sie ein Stück für die linke und das andere für die rechte Seite. Fixieren Sie diese Furnierstücke mit Fugenpapier. Hier wurde um der Anschaulichkeit willen Abdeckband verwendet.

4 Ermitteln Sie die Spiegelachse der Rundung (45°), und legen Sie das Stahllineal an. Schneiden Sie mit dem Skalpell durch beide Furniere hindurch, um eine Gehrungsfuge zu erzeugen.

Drittes Kapitel | Aufbringen, Pressen und Einfassen des Ornaments

Querfurnierbänder als Einfassung eines runden Mittelfelds

Diese Einfassung ist vor dem Pressen des Furniermittelfelds anzupassen. Zur Veranschaulichung wird hier auf das Tablett mit erhöhtem Rand vorgegriffen (s. Kapitel fünf).

Erforderliche Werkzeuge
Wie für den innenliegenden Aderrand, außerdem ein Zirkel

Erforderliche Materialien
Sapelli-»Mahagoni«, Kevasinga oder Nussbaum

Fugenpapier

1,5 mm breite Ader (je nach Vorliebe hell oder dunkel gefärbt)

Das Querfurnierband umgibt das Mittelfeld mit quer zur Faser der Ader verlaufender Maserung.

Passen Sie eine 1,5 mm breite Ader sowie ein Querfurnierband aus kleinen Streifen Sapelli-Furnier an den äußeren Rand des Tabletts an. Beide Seiten des Tabletts sind auf gleiche Weise zu bearbeiten. Benötigt werden je zwei Streifen der 1,5 mm breiten Ader sowie eine größere Anzahl 100 mm x 50 mm große Streifen aus Sapelli-Furnier für die bandförmige Einfassung. Die Maserung sollte in Richtung der Schmalseite verlaufen. Damit sich die Ader der Rundung entsprechend biegen lässt, bringen Sie an der Innenkante im Abstand von jeweils 10 mm längere Einschnitte ein (s. S. 73).

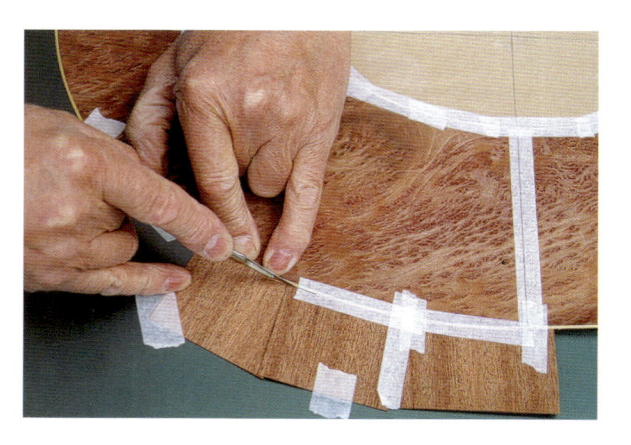

1 Legen Sie einen Streifen Sapelli-Furnier (die Maserung sollte in Richtung Tablett-Mitte verlaufen) unter die Ader und das Furnier des Tabletts. Fixieren Sie den Streifen mit Abdeckband. Reißen Sie das Sapelli-Furnier entlang der Ader an, indem Sie den Aderrand als Schablone nutzen.

EINFASSUNGSVARIANTEN

2 Wo das Sapelli-Furnier das zuvor angelegte Furnierstück überlappt, legen Sie ein Stahllineal an. Schneiden Sie durch beide Furnierschichten, um eine nahezu unsichtbare Fuge zu erzeugen.

3 Entfernen Sie das überlappende Furnier und fixieren Sie das Sapelli-Furnier an Ort und Stelle mit Fugenpapier. Fahren Sie auf diese Weise rundum fort. Es erübrigt sich, Leim aufzubringen, denn das auf die Vorderseite aufgebrachte Fugenpapier hält das Arrangement fest zusammen. Verbinden Sie die beiden Enden der Ader in Form eines Schrägschnitts, indem Sie eine Ader quer über die andere legen und kraftvoll durch beide Adern hindurch schneiden. Dies gelingt am besten, wenn Sie das Messer mit Druck senkrecht nach unten pressen, anstatt es über das Holz zu ziehen. Wie das Projekt zu Ende geführt wird, ist im fünften Kapitel (S. 111) ausführlich erklärt.

VIERTES KAPITEL
SCHLEIFEN UND POLIEREN

Sachkenntnis, Sorgfalt, Geduld und Zeit sind wichtig für eine Oberflächenbehandlung, die der dekorativen Wirkung einer Marketerie entspricht. Deshalb geht es in diesem Kapitel auch um die Fertigkeiten, die benötigt werden, um der Arbeit den letzten »Schliff« zu verleihen. Es ist uns ein Anliegen, Sie zumindest in Form einer Einführung damit vertraut zu machen.

ERFORDERLICHE WERKZEUGE

Schwingschleifer, Viertel- bzw. Sechstel-Schleifpapierbögen
Schleifklotz aus Kork
Stahllineal
Staubsauger mit Handbürstenaufsatz
Pinsel
Polierpinsel, Polierballen
Staubmaske

ERFORDERLICHE MATERIALIEN

Stahlwolle
Eine Rolle Haushaltspapier
Schleifpapiere
Elektrokorundpapier, (Aluminiumoxid) Körnung 80 und 120
Granatschleifpapier, Körnung 240
Siliziumkarbidpapier, Körnung 320 und 400
Nass- und Trockenschleifpapier
Polituren
Zellulose-Schleifgrund
Schellack-Grundierung
Schellack (transparent)
Farbloser Polyurethanlack
Härter
Bienenwachs
Renaissance-Wachs
Nitrozellulose-Verdünnung
Methylalkohol
Spiritus

Abb. 1: Pinsel und Polituren

VERPUTZEN DER MARKETTERIE

Bevor Materialien zur Oberflächenbeschichtung aufgebracht werden können, müssen die Furniere sauber vorbereitet und geschliffen werden. Wir unterscheiden zwischen diesen beiden Arbeitsgängen, obwohl das Schleifen an sich letztlich auch eine Art Verputzen ist.

Zum Verputzen gehört das Entfernen des Fugenpapiers, das beim Aufbringen und Pressen die ganze Zeit über haften bleiben musste.

DAS ENTFERNEN DES FUGENPAPIERS

Zum Entfernen des Fugenpapiers befeuchten Sie es einfach und warten etwa zwei Minuten, bis das Papier aufgeweicht ist und sich mit einem Stahllineal abschaben lässt. Wo mehrere Schichten aufgebracht wurden, kann wiederholtes Befeuchten erforderlich sein. Die unverklebten Flächen der Furniere im Umkreis dürfen nicht befeuchtet werden, denn das kann Blasen auf den Furnieren verursachen. Lenken Sie das Wasser mit dem Finger genau dahin, wo es benötigt wird.

ZELLULOSE-SCHLEIFGRUND

Schleifgrund dient dem Versiegeln der Hölzer und verhindert ein »Ausbluten« von Holzinhaltsstoffen, das dauerhafte Verfärbungen verursacht. Das kann beim Schleifen und Beschichten der Oberfläche mit einem Lack passieren. Dieser Vorgang verdirbt vor allem die weißen oder hellen Furniere. Zwei Furniere, die Substanzen absondern, sind afrikanisches Ebenholz und Padouk. Einige Palisanderarten sondern Öle aus, gefärbte Furniere mitunter Farbsubstanzen. Falls keines dieser Hölzer verwendet wurde, kann man mit dem Schleifen beginnen, ohne zuvor eine Grundierung aufzubringen.

Falls Zweifel bestehen, bringen Sie nach dem Entfernen der Klebestreifen einen Zellulose-Schleifgrund auf und lassen ihn etwa 15 Minuten antrocknen. So wird die Holzfaser aufgerichtet und zugleich versiegelt, was jede Absonderung verhindert. Ebenholz und Padouk benötigen manchmal mehrere Schichten Schleifgrund.

Abb. 2: Entfernen des Fugenpapiers von einem bereits gepressten Spielfeld.

SCHLEIFEN

Die Marketterie- bzw. Parketterie-Oberfläche kann auf unterschiedliche Weise für die Beschichtung geglättet werden. Der Begriff »glatt« meint hier, dass sämtliche Furnierteile auf ein und dieselbe Höhe geschliffen, alle Schmutz-, Leim- und Klebereste vom Fugenpapier entfernt sind und eine einwandfrei saubere Fläche verfügbar ist. Wo diese Voraussetzungen nicht erfüllt sind, lässt sich dieser Mangel bei der Beschichtung nicht mehr ausgleichen.

Methode 1: Schleifen mit dem Schwingschleifer

Diese Methode, die auch professionelle Schreiner meist anwenden, führt rasch zu einem sehr zufriedenstellenden Ergebnis. Bei mangelnder Übung kann es allerdings passieren, dass man ein Furnier durchschleift. Um das zu vermeiden, sammelt man am besten zunächst einmal Erfahrung an Abfallstücken, um ein Gefühl für das Gerät und die Geschwindigkeit, mit der die Schleifpapiere eine Fläche plan schleifen, zu entwickeln. Wer mit dem Gerät erst einmal umgehen kann, merkt, wie unentbehrlich ein Schwingschleifer für Furnierarbeiten ist.

Der Vorteil eines Schwingschleifers ist, dass er eine einwandfrei glatte Oberfläche erzeugt. Bei den Schleifpapierbögen unterscheidet man in der Regel drei Größen: Viertel-, Drittel- und Sechstelbögen (s. Abb. 3), abgeleitet von den DIN-Größen der Schleifpapierbögen. Die Viertel- und Sechstelbögen sind für Einhandschleifer vorgesehen. Sie entsprechen in etwa Handflächengröße und sind den größeren Drittelbögen vorzuziehen, denn sie lassen sich kontrollierter führen, weil man so automatisch nur jeweils an kleineren Bereichen arbeitet.

Einige Schwingschleifer sind mit einem Staubrahmen aus Kunststoff ausgestattet, der die Schleifplatte umgibt, und können an einen Haushaltsstaubsauger angeschlossen werden. Andere verfügen über einen Staubsack, in dem sich ein Großteil des Staubs sammelt. Tragen Sie Ihrer Gesundheit zuliebe beim Schleifen immer eine Staubmaske.

Spannen Sie ein Elektrokorundpapier (Aluminiumoxid) mit 80er Körnung in den Schwingschleifer. Am besten beginnt man von einer Ecke ausgehend, indem man in Längsrichtung des Furniers dem Maserverlauf folgt. Arbeiten Sie leicht überlappend über den bereits geschliffenen Bereich; beachten Sie aber, dass das Schleifgerät nicht mehr als ein Viertel seiner Breite über die Kante des Werkstücks hinausgehen sollte.

Bearbeiten Sie Feld für Feld, um eine möglichst saubere und glatte Oberfläche zu erhalten. Unterbrechen Sie den Schleifvorgang immer wieder, um die Oberfläche mit dem Handbürstenaufsatz

Abb. 3: Schwingschleifer unterschiedlicher Größe

Abb. 4: Schwingschleifer mit Staubsauger-Anschluss

des Staubsaugers zu reinigen. Wenn Sie mit den Fingern über die Fläche fahren, merken Sie sofort, wo noch Unebenheiten oder Schmutzpartikel vorhanden sind. Im Fall hartnäckiger Schmutzrückstände kann etwas mehr Druck auf das Schleifgerät ausgeübt werden (allerdings höchstens über zwei bis drei Sekunden). Mit 80er Papier müsste ein quadratisches Paneel mit 600 mm Seitenlänge in etwa zwei Minuten geschliffen sein. Wo ein Ausgleichsfurnier auf die Rückseite des Paneels geleimt wurde, bleibt der Schleifvorgang der gleiche.

Nach dem Schleifen mit 80er Papier muss die noch etwas raue Oberfläche erneut leicht behandelt werden. Abschließend wird mit einem 120er Elektrokorundpapier nachgeschliffen; so bleibt genügend Untergrund für die Oberflächenbeschichtung. Schleifen Sie zunächst das Ausgleichsfurnier auf der Rückseite des Paneels und dann die Vorderseite. Diesmal gilt es nur leicht drüberzufahren, um die raue Oberfläche zu glätten; zehn Sekunden genügen bei der oben angegebenen Größe des Werkstücks vollauf.

Um die makellos saubere und glatte Fläche nicht zu verderben, darf man sie nun nur vorsichtig berühren. Ist eine Berührung unumgänglich, fährt man am besten mit dem Handrücken darüber.

Reinigen Sie die Oberfläche mit dem Bürstenaufsatz und bringen Sie unmittelbar danach mit einem weichen Pinsel eine Grundierung (Zellulose-Schleifgrund) auf. Lassen Sie diese eine halbe Stunde lang trocknen, bevor Sie auch das Ausgleichsfurnier grundieren. Das ist immer ein aufregender Moment, denn nun sieht man zum ersten Mal, wie schön die Farben der Marketerie und der umgebenden Furniere sind. Schleifen Sie die aufgerichteten Holzfasern leicht mit 400er Siliziumkarbidpapier. Nun ist die Fläche für den endgültigen Überzug vorbereitet.

METHODE 2: DER HANDSCHLIFF

Die Reihenfolge ist nahezu gleich wie beim Schwingschleifen, nur dass beim Handschliff kein 80er Schleifpapier verwendet wird, da es so tiefe Kratzer ergeben würde, dass sie sich kaum noch entfernen ließen. Stattdessen wird 120er Schleifpapier verwendet, das durch rasches Schleifen zum gewünschten Ergebnis führt.

Schleifen Sie zunächst das Ausgleichsfurnier auf der Rückseite des Paneels, dann erst die Vorderseite. Schleifen Sie immer *mit* der Maserung und üben Sie dabei gleichmäßigen Druck auf den Schleifklotz aus. Prüfen Sie zwischendurch immer wieder mit den Fingern, ob sich die Fläche glatt und sauber anfühlt. Saugen Sie den Staub dann mit dem Bürstenaufsatz des Staubsaugers ab, und betrachten Sie die Fläche kritisch. Schleifen sie solange, bis die Fläche einwandfrei sauber und glatt ist. Bringen Sie je eine Schicht Schleifgrund auf die beiden Seiten auf. Schleifen Sie die aufgerichteten Fasern leicht mit 400er Siliziumkarbidpapier an.

Abbildung 6 zeigt von oben: Nass- und Trockenschleifpapier, Siliziumkarbidpapier, 80er und 120er Elektrokorundpapiere.

Abb. 5: Schleifen mit 120er Schleifpapier.

Abb. 6: Viertelschleifpapierbögen, passend für einen Schleifklotz.

OBERFLÄCHENBEHANDLUNG

Die Oberflächenbehandlung dient nicht nur dem Schutz der Möbel, sondern auch der Hervorhebung der Farben und Strukturen der Hölzer. Bei Marketerie-Arbeiten ist es sehr wichtig, dass die Behandlung dem natürlichen Erscheinungsbild der verwendeten Hölzer entspricht. Deshalb wählen wir Materialien aus, die transparent sind oder transparent auftrocknen.

Voraussetzung für jede erfolgreiche Oberflächenbehandlung ist ein warmer Arbeitsraum, denn keine Politur verträgt Kälte oder Feuchtigkeit. Lagern Sie Polituren grundsätzlich fern von Heizquellen sowie direkter Sonneneinstrahlung. Tragen Sie die Materialien in einem gut belüfteten Raum auf, denn manche Produkte sondern giftige Dämpfe aus. Halten Sie den Arbeitsbereich möglichst staubfrei.

LACKE

Säurehärtende Zweikomponentenlacke Dieser Lack wird mit dem Pinsel aufgetragen oder nach Verdünnen mit Nitrozellulose-Verdünnungen mit der Spritzpistole aufgebracht. Weitere Überzüge lassen sich nach jeweils zwei Stunden aufbringen. In der Regel liefern fünf Überzüge genügend »Körper«, um mit 1200er Siliziumkarbidpapier (nass oder trocken) und Stahlwolle (No. 0000) abgerieben zu werden. Gebrauchsfertig gemischte säurehärtende Lacke sind meist nur in großen Mengen erhältlich und werden überwiegend in größeren Einrichtungen verwendet.

Klarer Schellack Aus hochwertigem gebleichtem Schellack, dem der Wachsgehalt entzogen wurde, erzeugt, bietet diese transparente Politur einen einzigartig klaren Überzug, der wie geschaffen ist für Marketerie-Arbeiten. Das auf Alkohol basierende Produkt lässt sich entweder mit einem Polierpinsel oder einem Polierballen aufbringen. Mehrere Schichten bilden den unerlässlichen »Körper« der Politur. Klarer Schellack eignet sich bestens für edle klassische Möbel, wie etwa den Pfeilertisch; allerdings ist er nicht ganz leicht zu verarbeiten.

Farbloser Polyurethanlack Kunstharze wie dieser lassen sich problemlos auftragen und ergeben eine wasserabweisende Oberfläche. Der auf Spiritus basierende farblose Lack ist in matter, seidenmatter oder hochglänzender Form im Handel erhältlich. Er verleiht dem Holz eine »antike« Patina und den Anschein ehrwürdigen Alters, wie man an dem Tablett und dem Schachbrett erkennen kann (S. 95 und 97); beide Stücke profitieren von dem dezenten Alterungseffekt. Als äußerst strapazierfähige Oberfläche bietet dieser Lack optimalen Schutz gegen Stöße und Kratzer. Die mit dem Pinsel aufgetragenen Schichten trocknen innerhalb von vier Stunden; meist reichen drei Beschichtungen aus. Es empfiehlt sich ein Zwischenschliff mit 400er Siliziumkarbidpapier. Am besten arbeitet man mit einem Schwingschleifer und im Anschluss daran mit Stahlwolle.

Bienenwachs Man erhält es in weiß, für dunkle Hölzer aber auch in seiner gelblich braunen Färbung. Auf eine Grundierung aufgetragen, bildet Bienenwachs einen Schutzfilm gegen Wasser- und Alkoholspritzer. Es wird mit Stahlwolle appliziert und erzeugt einen seidigen Glanz.

Abb. 1: So kommen die Farben zur Geltung.

OBERFLÄCHENBEHANDLUNG

Abb. 2: Der letzte Schliff.

Renaissance-Wachs Diese weiße Politur trocknet transparent auf und bietet dabei einen wesentlich besseren Schutz gegen Feuchtigkeit als jedes andere Wachspräparat. Da es sehr hart auftrocknet, schützt es auch gegen Hitze und Fingerspuren. Es lässt sich einfach mit Stahlwolle auftragen und bedarf nur einer einzigen Schicht, die sich mit einem weichen Lappen zu einer strapazierfähigen, seidig glänzenden Oberfläche aufpolieren lässt.

DER POLIERBALLEN

Schellack lässt sich am besten mit einem Baumwolltuch auftragen, das um einen Wattebausch gewickelt wird. Ein ausgedientes Taschentuch eignet sich gut. Wie der so genannte Polierballen entsteht, ist in Abbildung 3 und 4 erklärt.

PINSELPFIEGE

Alternativ kann man die Politur mit einem Fehhaarpinsel oder einem anderen Polierpinsel aufbringen. Um die weichen Borsten eines neuen Pinsels zu versiegeln, tauchen Sie den Pinsel eine Stunde lang in Schellack, drücken etwa die Hälfte der Politur aus und legen ihn waagrecht ab. Lassen Sie ihn über Nacht liegen. Wiederholen Sie die Prozedur in den darauf folgenden beiden Tagen und Nächten. So dringt der Schellack in die Basis des Pinsels ein, härtet über Nacht durch und versiegelt die Haare. Ein so versiegelter Spezialpinsel (oder ein normaler Pinsel, der in Zellulose-Schleifgrund getaucht wird) hält sich über Jahre. Sobald die Borsten hart werden, lässt man ihn einfach in der Flüssigkeit stehen, die damit aufgetragen wird, und in weniger als einer Stunde erlangt er seine natürliche Weichheit zurück. Bei säurehärtenden Einkomponentenlacken funktioniert dies allerdings nicht.

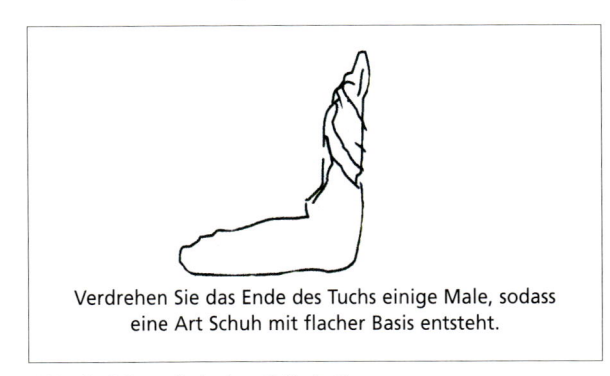

Verdrehen Sie das Ende des Tuchs einige Male, sodass eine Art Schuh mit flacher Basis entsteht.

Abb. 4: Gebrauchsfertiger Polierballen.

Herstellung eines Polierballens

Baumwolltuch

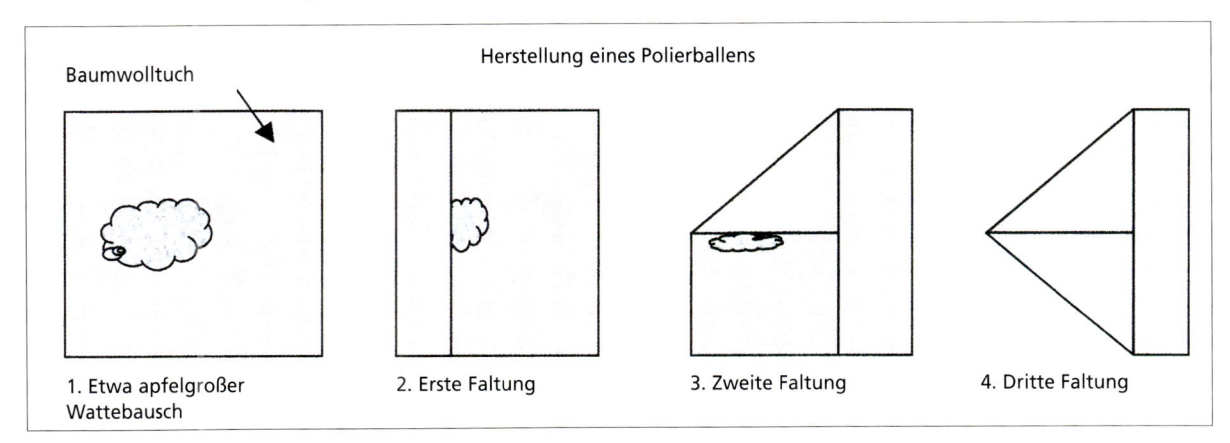

1. Etwa apfelgroßer Wattebausch
2. Erste Faltung
3. Zweite Faltung
4. Dritte Faltung

Abb. 3: So fertigen Sie einen Polierballen.

Viertes Kapitel | Schleifen und Polieren

ANMERKUNGEN ZU SCHLIFF UND OBERFLÄCHENBEHANDLUNG DER PROJEKTE

Im Folgenden wollen wir auf das Schleifen und Beschichten der vier Möbelprojekte des fünften Kapitels eingehen.

Ovales Tablett

Empfohlene Materialien

1 Schicht Zellulose-Schleifgrund

3 Schichten farbloser seidenmatter Polyurethanlack

Renaissance-Wachs, mit einem Stück Leder auspoliert

Der erste Schritt

Die Oberseite des Tabletts ist, wie in diesem Kapitel bereits beschrieben, im Anschluss an den ersten Schliff mit einer Schicht Zellulose-Schleifgrund behandelt worden. Schleifen Sie das Tablett nun mit 320er Siliziumkarbidpapier leicht ab und wischen Sie es mit Haushaltspapier sauber. Bringen Sie drei Lackschichten auf und lassen Sie diese jeweils vier Stunden durchtrocknen. Schleifen Sie jede Schicht mit einem Schwingschleifer und 320er Siliziumkarbidpapier nach. Die letzte Schicht sollte mit Stahlwolle abgerieben werden.

Der zweite Schritt

Beim Lackieren der vertikalen Flächen des Tablettrands darf man den Pinsel nur spärlich mit Lack tränken, da besonders auf der Innenseite die Gefahr besteht, dass es an der Schnittstelle zwischen Rand und Tablettoberseite zu dicken Lackrändern kommt. Tragen Sie auf jede Seite drei dünne Schichten auf. Schleifen Sie die Fläche jedes Mal mit Hand nach; verwenden Sie dafür 320er Siliziumkarbidpapier und einen Schleifklotz mit Schaumstoffsohle.

Abb. 1: Der erste Schritt gilt der Behandlung der Tablett-Oberseite.

Der dritte Schritt

Tragen Sie wie für den ersten Schritt drei Schichten auf die Unterseite auf. Bringen Sie abschließend eine Schicht Renaissance-Wachs mit Stahlwolle auf; arbeiten Sie dabei grundsätzlich in Faserrichtung. Polieren Sie mit einem weichen Lappen zu einer strapazierfähigen Fläche aus. Polyurethanlack und Wachs gewährleisten die für einen solchen Gebrauchsgegenstand wichtige dauerhaft unempfindliche Fläche.

Pfeilertisch

Empfohlene Materialien

1 Schicht Schellack-Schleifgrund
Klarer Schellack
Renaissance-Wachs, mit einem Stück Leder auspoliert

Ein klassizistisches Möbelstück wie dieses bedarf einer klassischen Oberflächenbehandlung, für die ausschließlich Schellack in Frage kommt. Er gilt als das hochwertigste Beschichtungsmaterial überhaupt. Um Verfärbungen der Furniere entgegenzuwirken, empfiehlt sich klarer Schellack.

Dieser Alkoholfirnis wird durch Auflösen von Stocklack in Brennspiritus hergestellt. Beim Auftragen verdunstet der Alkohol und hinterlässt den Schellack auf der Holzoberfläche. Schellack wird von der Lackschildlaus *Laciffer lacca* ausgeschieden, einem Parasiten, der sich in Indien und anderen asiatischen Ländern auf Bäumen findet.

Tragen Sie mit einem Polierballen oder Spezialpinsel eine Schicht Schellack-Schleifgrund auf den Tisch auf. Nach dem Trocknen schleifen Sie die Fläche mit 240er Granatschleifpapier ab. Bringen Sie eine zweite Schicht Schleifgrund auf und reiben Sie diese mit einem sehr feinen Schleifpapier ab. Der Schleifgrund dient als Holzüberzug und bildet die Basis für die nun folgende Schellackpolitur.

Tauchen Sie den Polierballen in die Schellackpolitur bzw. füllen Sie diesen, indem Sie den Wattekern mit der Politur tränken und die überschüssige Flüssigkeit mit der Hand ausdrücken. Klopfen Sie den Ballen auf einen Bogen weißes Papier, um Politurtropfen abzuschütteln. Wenn Sie den Ballen nun auf die Oberfläche bringen, halten Sie ihn leicht schräg. Fahren Sie Bahn für Bahn mit geraden, vorwärts und rückwärts gerichteten Bewegungen über die Tischfläche. Im Fachjargon spricht man vom »Aufbau« des Politurkörpers.

Bleiben Sie mit dem Ballen immer in Bewegung, ansonsten weicht die Politur auf der Fläche auf. Die Folge ist ein Aufreißen der Schicht. Beim Polieren merken Sie genau, wann der zunehmend trockener werdende Polierballen mehr und mehr »zieht«. Um die Fläche zu verlassen, führen Sie den Ballen mit einer leicht gleitenden Bewegung über die Seite des Werkstücks.

Lassen Sie die Politur trocknen, was lediglich einige Minuten dauert. Prüfen Sie mit dem Handrücken (nicht mit den Fingern), ob die Fläche tatsächlich trocken ist. Tränken Sie den Ballenkern erneut mit Politur und drücken Sie den Überschuss, wie zuvor beschrieben, aus. Diesmal führen Sie den Ballen in kreisförmigen, jeweils überlappenden Bewegungen über die Oberfläche. Sobald der Ballen zu »ziehen« anfängt, verlassen Sie die Fläche, indem Sie ihn über eine Seite des Tischs gleiten lassen.

Wiederholen Sie diese Prozedur, indem Sie entweder in kreis- oder dicht aufeinander folgenden achterförmigen Bewegungen über die Fläche fahren. Dabei empfiehlt es sich, die Politur jedes Mal im 90°-Winkel zur vorhergehenden Beschichtung aufzutragen. In der Regel genügen fünf bis sechs Schichten. Wenn sich der Ballen aufgrund der sich auflösenden Politur auf dem bereits gehärteten Schellack nur noch schleppend fortbewegen lässt, so ist dies ein Zeichen für eine ausreichende Beschichtung. Lassen Sie die Politur 24 Stunden aushärten. Bewahren Sie den Polierballen in einem Schraubglas auf, geben Sie zuvor aber etwas Methylalkohol hinzu, damit er nicht austrocknet.

Abschließend gilt es eine Hochglanzpolitur zu erreichen. Die Politur sollte diesmal leicht mit Methylalkohol verdünnt werden. Füllen Sie den Ballenkern wie zuvor beschrieben, drücken Sie nun aber nahezu die gesamte Politur wieder aus. Wenn Sie den Ballen auf einen Bogen weißes Papier klopfen, sollte kaum eine Spur sichtbar sein. Führen Sie den Ballen nun in großen Achterschleifen und anschließend in geraden Bewegungen über die Fläche. Dabei merken Sie, dass die Ränder der Politur verschwinden, während der Alkohol verdunstet. Lassen Sie die Fläche einige Stunden aushärten.

Als Letztes sollte der Ballen nur noch mit Methylalkohol getränkt und ausgedrückt werden, bis er beinahe trocken ist. Reiben Sie in geraden Strichen, immer *mit* der Faser, über die Fläche. Arbeiten Sie mit verstärktem Druck; Sie werden sehen, dass der Ballen zunehmend trockener wird und eine geschlossen glänzende Fläche erzeugt. Man spricht in diesem Zusammenhang auch von »Auspolieren«.

Sobald die Fläche vollkommen durchgehärtet ist, kann mit Stahlwolle eine dünne Schicht Renaissance-Wachs aufgetragen werden, die der Fläche einen seidigen Glanz verleiht. Außerdem schützt sie vor Fingerabdrücken, Wasser- und Alkoholspritzern.

Behandeln Sie die bogenförmige Frontseite und die Tischbeine auf gleiche Weise wie die Tischplatte.

SCHMUCKSCHATULLE

EMPFOHLENE MATERIALIEN

| 7 Schichten Schleifgrund |
| Renaissance-Wachs, mit einem Stück Leder auspoliert |

Entfernen Sie sämtliche Beschläge von der Schatulle, bevor Sie mit der Oberflächenbehandlung beginnen. Bringen Sie dann eine Schicht Zellulose-Schleifgrund auf und schleifen Sie mit 320er Siliziumkarbidpapier nach, um die Holzfasern zu entfernen, die sich beim ersten Beschichten aufrichten.

Bringen Sie noch sechs weitere Schichten Schleifgrund auf, und lassen Sie diese drei Tage aushärten. Schleifen Sie mit 320er Siliziumkarbidpapier. Dieses Papier entfernt den Schleifgrund in Form von weißem Pulver; eine Spezialbeschichtung verhindert, dass es sich dabei zusetzt. Saugen Sie das Papier und die Fläche also nicht ab, um das Pulver zu entfernen. Prüfen Sie die Fläche stattdessen auf helle Stellen, denn diese weisen tiefer liegende Bereiche aus, die vom Schleifpapier nicht erreicht wurden. Mehr als vier bis fünf helle Stellen sollten nicht vorhanden sein, wenn nun mit Stahlwolle eine einwandfrei glatte Oberfläche erzeugt wird. Abschließend bringen Sie mit Hilfe von Stahlwolle Renaissance-Wachs auf. Polieren Sie mit einem weichen Lappen nach, um einen dauerhaft seidigen Glanz zu erzeugen.

WANDSCHIRM

EMPFOHLENE MATERIALIEN

| 1 Schicht Zellulose-Schleifgrund |
| Spritzen mit (säurehärtendem) Zweikomponentenlack |

Für die komplexe Konstruktion des Wandschirms war eine besondere Oberflächenbehandlung erforderlich; das Spritzen mit säurehärtendem Zweikomponentenlack erschien uns dafür als gute Lösung.

Nach dem Schleifen sämtlicher Rahmenelemente und Paneele sind die Flächen glatt genug, um mit einer Spritzpistole eine Schicht Zellulose-Schleifgrund auf den Rahmen aufzubringen. Nach dem Trocknen und Aushärten wird die Fläche mit 320er Siliziumkarbidpapier behandelt. Beachten Sie, dass zum Spritzen des Rahmens eine Spritzkabine mit entsprechender Ausrüstung erforderlich ist. In der Regel verfügen lediglich Ausbildungsstätten und größere Betriebe über derartige Möglichkeiten.

Der Hobbytischler wird aber auch mit dem Pinsel und dem oben angegebenen Produkt ein befriedigendes Ergebnis erzielen. Bevor man die Paneele in den Rahmen einpasst, sollten sie beidseitig mit einer Schicht Zellulose-Schleifgrund behandelt werden. Glätten Sie die aufgerichteten Fasern mit 320er Siliziumkarbidpapier. Abschließend muss der ausgehärtete Lack von Rahmen und Paneelen mit 1200er Siliziumkarbidpapier behandelt werden. Das Wasser verhindert, dass das Papier zusetzt.

FÜNFTES KAPITEL

Projekte

OVALES TABLETT

Das insbesondere aus England bekannte, auf die Zeit um 1800 zurückgehende Tablett mit umlaufendem erhöhtem Rand (Galerie) oder hochklappbaren Seitenteilen stand Pate für das erste der vier nachfolgend behandelten Projekte. Wir haben uns hier für die ovale Form entschieden. Was man an diesem Entwurf lernen kann, ist das schichtweise Verleimen der Furniere für die Einfassung des Tabletts. Zunächst aber gilt es dafür eine einfache Anschlagvorrichtung zu erstellen. Das Mittelfeld der damaligen Tabletts war häufig mit einem kleinen ovalen Fächer, Muscheln oder Urnen geschmückt – Motiven, die allerdings seltsam klein waren. Unserer Erfahrung nach bilden der 28-teilige Fächer oder die ovale Patera ein ausgezeichnetes Mitteldekor. Beide lassen sich den Proportionen des Tabletts anpassen und gehören auch ästhetisch und historisch dieser Epoche an. Den letzten Schliff erhält das Tablett durch die Chevron-Parketterie, die im 19. Jahrhundert sehr beliebt war und den erhöhten Rand schmückt. Ausführliche Konstruktionsanweisungen für beide Motive sowie die Parketterie finden sich im zweiten Kapitel. Die für die Fertigung der übrigen Teile erforderlichen Arbeitsschritte werden im Folgenden erklärt.

FÜNFTES KAPITEL | PROJEKTE

ERFORDERLICHE WERKZEUGE

Skalpell

Stahllineal

Schneidbrett

Vakuumpresse oder Presse aus Flaschenwinden

Spanngurt

Bandsäge oder Stichsäge

Schleifpapierscheibe

Bohrständer

Senkbohrer (zum Anbringen der Griffe)

Bügeleisen

Schwingschleifer

ERFORDERLICHE MATERIALIEN

Furnier mit Pommelé-Textur oder ein Maserfurnier (für das Mittelfeld)

Beliebiges Redwood-Furnier (für die Unterseite)

Schichtverleimtes Sapelli- oder Makoré-Furnier (für den Rand)

Sapelli-Furnier (für die Querfurnierbänder)

Zebrano- und grün gefärbtes Furnier (für die Chevrons)

Fugenpapier oder Packband, Abdeckband und selbstklebende Klarsichtfolie (Buchbinderfilm)

PVA- und Harnstoffharzleim

Zwei Tablett-Griffe aus Messing

12 mm starke MDF-Platte für die Basis des Tabletts

Ein Satz Sperrholzblätter für die Rahmenkonstruktion

Hammer, Nägel und feste Schnur

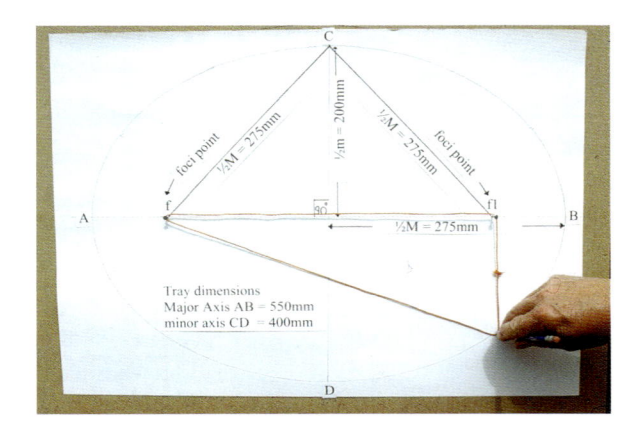

1 Um aus der MDF-Platte die Basis für ein ovales Tablett zu konstruieren, zeichnen Sie eine Hauptachse (M = AB) von 550 mm Länge. Zeichnen Sie dann im 90°-Winkel zu AB, wie dargestellt, die kleine Achse (m = CD). Der Abstand vom Mittelpunkt zu Punkt B beträgt 275 mm (½ M), zu Punkt C 200 mm (½ m). Schlagen Sie mit einem Zirkel einen Kreis mit dem Radius 275 mm um den Punkt C. Sie erhalten auf der Strecke AB die beiden Schnittpunkte f bzw. fl. Markieren Sie beide Punkte mit einem Kreuz. Schlagen Sie mit dem Hammer Nägel in Punkt f und fl sowie in Punkt C. Spannen Sie die Schnur um alle drei Nägel und verknoten Sie die Enden. Entfernen Sie dann den Nagel bei Punkt C. Stecken Sie stattdessen einen Blei-

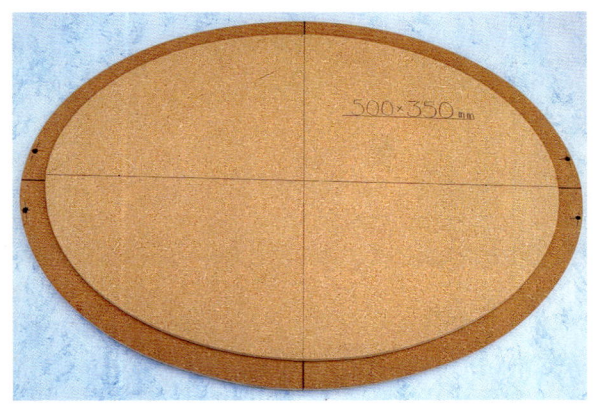

2 Mit Hilfe dieser in Schritt 1 erklärten Konstruktion erzeugen Sie nun eine zweite Ellipse, die 50 mm kleiner ist als die erste. Eine Ellipse, die 500 mm x 350 mm misst, bildet für spätere Arbeitsschritte eine unentbehrliche Schablone. Zeichnen Sie nun auf beiden MDF-Platten, wie dargestellt, ein Koordinatenkreuz ein.

stift in die Schnurschlinge, und beschreiben Sie eine Ellipse, indem Sie bei gestraffter Schnur zunächst die obere Hälfte und, nach Absetzen, die untere Hälfte erzeugen.

OVALES TABLETT

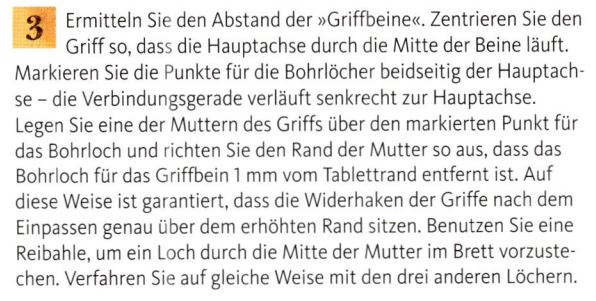

3 Ermitteln Sie den Abstand der »Griffbeine«. Zentrieren Sie den Griff so, dass die Hauptachse durch die Mitte der Beine läuft. Markieren Sie die Punkte für die Bohrlöcher beidseitig der Hauptachse – die Verbindungsgerade verläuft senkrecht zur Hauptachse. Legen Sie eine der Muttern des Griffs über den markierten Punkt für das Bohrloch und richten Sie den Rand der Mutter so aus, dass das Bohrloch für das Griffbein 1 mm vom Tablettrand entfernt ist. Auf diese Weise ist garantiert, dass die Widerhaken der Griffe nach dem Einpassen genau über dem erhöhten Rand sitzen. Benutzen Sie eine Reibahle, um ein Loch durch die Mitte der Mutter im Brett vorzustechen. Verfahren Sie auf gleiche Weise mit den drei anderen Löchern.

4 Drehen Sie das Brett um und bohren Sie mit einem Stufenbohrer, der 2 mm dicker ist als die Muttern des Griffs, die vorgebohrten Löcher nach. Die Stufe muss 3 mm tiefer reichen als die Höhe der Mutter. Auf diese Weise lassen sich die Muttern nach dem Einpassen der Griffe versenken. Da die verschiedenen Griffe auch verschiedene Maße haben, lassen sich keine präzisen Angaben für die Platzierung der Löcher machen.

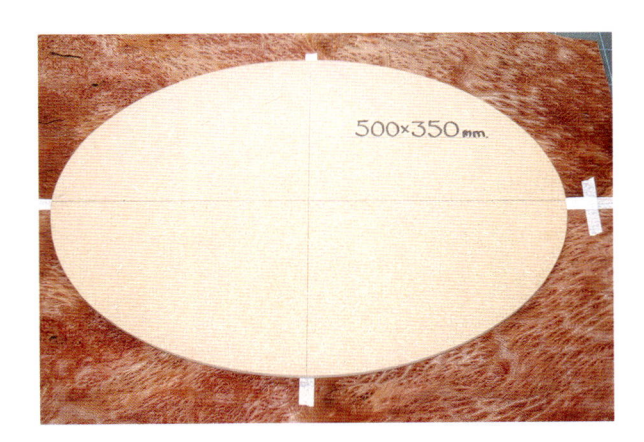

5 Legen Sie die kleinere Schablone über das für die Basis des Tabletts ausgewählte Furnier. Fahren Sie den Umfang mit Bleistift nach. Zeichnen Sie auch die x- und y-Koordinate ein. Nehmen Sie die Schablone ab. Bringen sie zwei Streifen Fugenpapier auf die Koordinaten auf. Legen Sie ein Richtscheit an und übertragen Sie die Linien auf den Streifen. Das Fugenpapier schützt das Furnier vor Bleistiftstrichen. Verfahren Sie auf diese Weise auch mit dem Furnier für die Rückseite des Tabletts. Schneiden Sie entlang der Bleistiftmarkierungen, um zwei ovale Hintergrundfurniere für Vorder- und Rückseite zu erstellen.

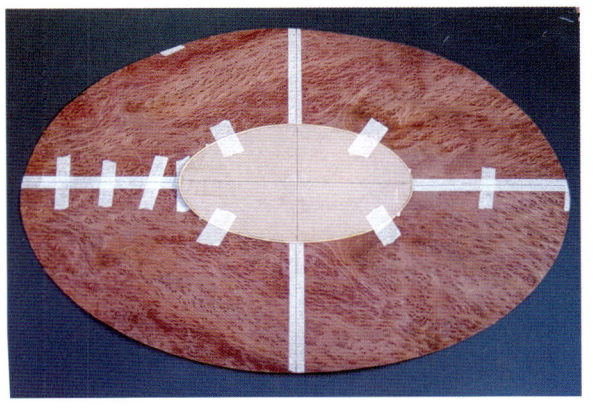

6 Der folgende Arbeitsschritt geht davon aus, dass das Mittelfeld des Tabletts (der 28-Flöten-Fächer oder die Patera) bereits vollendet ist. Wir gehen davon aus, dass Sie die Patera mit umlaufender Ader (Einzelheiten im zweiten Kapitel, Abschnitt *Patera*, S. 70) gefertigt haben. Zentrieren Sie die Patera, wie dargestellt, über dem Koordinatensystem. Schneiden Sie das Motiv mit dem Skalpell in das Hintergrundfurnier ein. Verwenden Sie den Rand der Ader als Schablone für die Anrisslinie. (Detaillierte Anweisungen zum Anbringen von Adern und Querfurnierbändern finden sich im dritten Kapitel, S. 100). Setzen Sie das Motiv ein und heften Sie es mit Fugenpapier auf die Vorderseite.

7 Um das Furnier für die Rückseite mit einem Querfurnierband einzufassen, verfahren Sie ebenso wie für die Vorderseite. Für die Einfassung der Rückseite entfernen Sie jeweils die beiden Teilstücke, die für das Versenken der Griffe vorgesehen sind; legen Sie diese beiseite – sie werden erst nach Anbringen der Griffe angepasst.

8 Um zu verhindern, dass sich die MDF-Platte »wirft«, kleben Sie beide Arrangements in einem Arbeitsschritt auf beide Seiten des Tabletts. Vergewissern Sie sich, dass beide Motive genau zentriert sind; es ist ganz wichtig, dass das Querfurnierband sich gleichmäßig um den äußeren Rand legt. Um dies zu überprüfen, legen Sie die MDF-Platte auf die Rückseite des Tablett-Furniers. Richten Sie sie nach dem xy-Koordinatensystem aus und umfahren Sie die Basis nach dem Zentrieren mit einem Bleistift. Nehmen Sie die Basis ab und vergewissern Sie sich, dass das Querfurnierband durchgängig gleich breit ist. Verfahren Sie mit der Rückseite ebenso. Halten Sie das Werkstück mindestens eine Stunde gepresst. Schaben Sie das Fugenpapier ab und beschleifen Sie beide Seiten. Bringen Sie dann ausschließlich auf die Vorderseite eine Grundierung auf (Einzelheiten dazu im vierten Kapitel, s. S. 108).

9 Fertigung des erhöhten Rands
Um den Rand zu fertigen, benötigt man eine einfache Anschlagvorrichtung aus Sperrholz. Schrauben Sie dazu beliebige Sperrholzblätter zu einem 50 mm starken Brett. Legen Sie die Basis des Tabletts darauf und umreißen Sie mit dem Bleistift die Kontur. Sägen Sie das Oval mit einer Bandsäge aus, wobei Sie knapp an der Linie sägen.

10 Führen Sie die Kante der Sperrholzvorrichtung an einem Tellerschleifer entlang, um eine flache rechtwinklige Kante zu erhalten, die dem Umfang der Tablettbasis entspricht. Kleben Sie die beschliffene Kante mit Kunststoff-Packband ab; auf diese Weise verhindern Sie, dass beim Verbinden von Sperrholzstoßkante und Tabletträndern in der Presse Leim durchschlägt.

OVALES TABLETT

11 Schneiden Sie ein Stück 3 mm starke Hartfaserplatte von 800 mm x 50 mm Größe zu. Bekleben Sie beide Seiten dieser Latte mit Kunststoff-Packband. Auf diese Weise verhindern Sie, dass die Latte beim Biegen um den Sperrholzanschlag in zwei Teile zerbricht. Außerdem verhindert das Klebeband, dass beim Pressvorgang PVA-Leim an der Latte hängen bleibt.

12 Fertigen des schichtholzverleimten Rands
Setzen Sie einen der Griffe an einem Ende des Tabletts ein (s. Arbeitsschritt 3) und messen Sie den Abstand von der Innenseite eines Widerhakens des Griffs zur Unterseite des Tabletts. Bei uns misst er 40 mm. Dieses Bild zeigt den in die Haken des Griffs eingepassten Tablettrand, wobei der Rand eine Ebene mit der Basis des Tabletts bildet.

13 Schneiden Sie zehn Streifen des Sapelli-Furniers, jeweils 800 mm x 50 mm groß, wobei die Maserung in Längsrichtung der Streifen verlaufen sollte. Verleimen Sie fünf der zehn Streifen mit PVA-Leim. Verteilen Sie dafür PVA-Leim auf einem Streifen und setzen Sie den anderen jeweils darüber. Mit einer schmalen Walze, wie sie Tapezierer verwenden, lässt sich der Leim gut verstreichen.

14 Biegen Sie das schichtholzverleimte Paket um die ovale Anschlagvorrichtung aus Sperrholz. Legen Sie die in Schritt 11 gefertigte Hartfaser-Latte über das schichtholzverleimte Paket und spannen Sie am Schluss einen Bandspanner um die Anschlagvorrichtung; die Hartfaserlatte muss fest am Schichtholzrahmen anliegen. Halten Sie das Ganze vier Stunden gepresst. Fertigen Sie auf gleiche Weise die andere Hälfte des Rands.
Die Latte diente uns als Notbehelf; da unsere Bandspanner nur 25 mm breit sind, garantierte sie, dass über die gesamte Breite von 50 mm der gleiche Druck ausgeübt wurde. Daher war die durch das Kunststoffband geschützte Hartfaserlatte eine gute Lösung.

FÜNFTES KAPITEL | PROJEKTE

15 Bringen Sie im Bereich Ihrer Bandsäge einen hohen Anschlag an (s. Bild). Auf diese Weise lässt sich der Rand beim Sägen am besten führen. Schneiden Sie zunächst etwa 6 mm von dem Rand ab, um eine ebenmäßige Kante zu erhalten. Stellen Sie den Anschlag auf den in Arbeitsschritt 12 gemessenen Abstand ein. Führen Sie den Rand durch die Bandsäge; der Anschlag dient als Hilfe, um das Sägeblatt genau im rechten Winkel zu führen. Verfahren Sie mit dem anderen Rand auf gleiche Weise.

16 Legen Sie den einen Rand um das eine Ende des Tabletts und markieren Sie die Mitte jeder Seite. Hier stoßen die beiden Ränder aufeinander und werden mit einer Schrägfuge verbunden. Schneiden Sie das jeweilige Ende des ersten Rands rechtwinklig ab. Mischen Sie eine kleine Menge Harnstoffharzleim an und verteilen Sie diese über der Kante des Tabletts, an die der erste Rand angeleimt wird. Bringen Sie den ersten Rand über der mit Leim bestrichenen Seite auf; halten Sie das Ganze mit einem Spanngurt zusammen. Wischen Sie den überschüssigen Leim ab, solange er noch nass ist. Halten Sie das Arrangement vier Stunden gepresst.

17 Verfahren Sie mit der anderen Hälfte des Rands ebenso. Bringen Sie diesen aber zunächst ohne Leim in die richtige Position und fixieren Sie ihn mit einem Spanngurt. Reißen Sie mit dem Skalpell an der Stelle, an der die Ränder aufeinander treffen, eine Linie an. Sägen Sie den Überschuss beidseitig ab. Prüfen Sie noch einmal mit einem Spanner ohne Leim, ob die beiden Fugen genau aufeinander treffen, ohne übermäßig straff zu sitzen. Bringen Sie nun Leim auf und spannen Sie das Ganze wie für den ersten Rand.

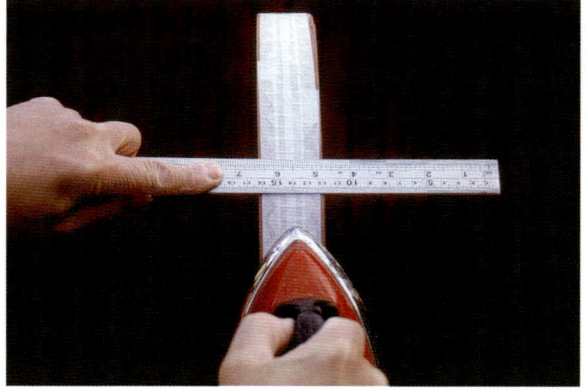

18 Wählen Sie ein Parketterie-Muster für den Rand. Wir haben den Rand mit einem Chevron-Dekor geschmückt (s. zweites Kapitel, S. 87). Der Streifen muss an den Außenseiten des Rands gesichert werden; dies gelingt am besten mit PVA-Leim und einem heißen Bügeleisen. Legen Sie den Streifen um den Rand; sichern Sie ihn in der Mitte mit Abdeckband. Lassen Sie die Enden in diesem Stadium überlappen. Verteilen Sie PVA-Leim auf dem Rand und bringen Sie ein warmes Bügeleisen auf, während Sie den Streifen mit einem Stahllineal an Ort und Stelle halten. Bestreichen Sie jeweils nur kurze Abschnitte und arbeiten Sie sich auf diese Weise um den Rand vor.

OVALES TABLETT

20 Schleifen Sie die äußeren Kanten des Rands und bringen Sie auf beide Flächen der Einfassung einen Überzug auf (s. S. 108). Passen Sie die Griffe des Tabletts ein, nachdem Sie zunächst die überschüssige Gewindelänge der Griffbeine abgesägt haben. Vom durch die Löcher geführten Gewinde soll genau so viel übrig bleiben, dass die Mutter eingesetzt werden kann, ohne dass das Gewinde über die Vertiefung hinaussteht.

19 Versuchen Sie im Verlauf dieses ersten Schritts nicht, jeden Millimeter mit dem Bügeleisen an die Unterlage zu binden. Zunächst soll der Streifen insgesamt fixiert sowie die Enden, wie abgebildet, durch eine Schrägfuge (Schäftung) verbunden werden. Dieser abgeschrägte Schnitt kaschiert die Fuge, ganz gleich, welche Dekoration Sie aufbringen. Nachdem die Furniere abgekühlt sind, bringen Sie erneut ein heißes Bügeleisen auf, um Druck auf diese Bereiche auszuüben, die noch immer über den Rand hinausstehen. Dabei merken Sie, dass diese zweite Wärmebehandlung sehr effektiv ist. Zwar besteht immer die Gefahr, dass der Leim des Schichtholz-rahmens durch Überhitzung aufweicht. Wenn man das Werkstück aber immer wieder abkühlen lässt, dürfte kaum etwas passieren.

21 Abschließend setzen Sie die beiden Querfurnierbänder wieder über den beiden Griff-Vertiefungen ein. Verleimen Sie diese, und pressen Sie sie mit Bügel-Schraubzwingen fest. Schleifen Sie die Stücke plan zum Furnier rundum, und bringen Sie einen Überzug auf die Basis des Tabletts auf.
Das Tablett mit erhöhtem Rand ist somit fertig – gerade rechtzeitig für den abendlichen Fernseh-Snack! Wir hoffen, dass Sie viel Freude daran haben.

FÜNFTES KAPITEL | PROJEKTE

PFEILERTISCH

Dieser kleine halbrunde Tisch ist unsere Interpretation eines aus dem 18. Jahrhundert stammenden Chippendale-Pfeilertischs. Das klassische Möbelstück eignet sich ausgezeichnet für die Anwendung der Schablonenmethode und für mit der Laubsäge gefertigte Marketerie-Muster. Doch zunächst sind Größe und Proportion festzulegen. Dafür sollten Sie die Detail-Pläne TB1 und TB2 im Anhang kopieren (s. S. 168 f.). Die Größenverhältnisse entsprechen jenen der Original-Chippendale-Pfeilertische.

Die Tischplatte zeichnen Sie mit Hilfe einer dünnen Leiste als Kreisbogen im Maßstab 1:1. Fügen Sie an einem Ende des »Leistenzirkels« ein kleines Loch ein und am anderen einen V-förmigen Einschnitt. Schlagen Sie am vorgesehenen Kreismittelpunkt einen kleinen Nagel in die 25 mm starke MDF-Platte. Zeichnen Sie mit Hilfe des Leistenzirkels den Kreisbogen. Sägen Sie den Kreisbogen mit der Bandsäge aus und glätten Sie die Kante mit einem Tellerschleifer.

PFEILERTISCH

Erforderliche Werkzeuge

Feinsäge
Miniatur-Feinsäge
Winkelset
Anschlagwinkel und Streichmaß
Schlichthobel, Putzhobel, Hirnholzhobel
Schabhobel mit gerader Sohle
Stecheisen mit Fase (6 mm)
Stecheisen mit Fase (18 mm)
Stecheisen mit Fase (25 mm)
Schraubendreher
Handbohrer oder elektrischer Bohrer

Holzbearbeitungsmaschinen

Längsschnittsäge
Hobelmaschine
Gehrungssäge, Bandsäge
Nutfräser
Spindelfräsmaschine

Erforderliche Materialien

Hartfaserplatte
MDF-Platte
Beliebiges Massivholz
Furniere nach Wahl (s. S. 123)

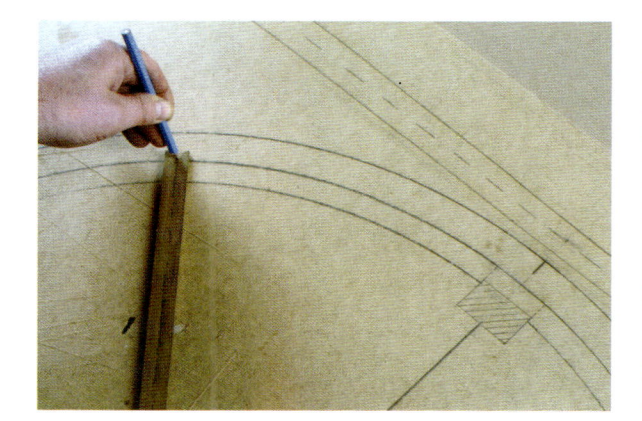

1 Vorderkante und Beine
Markieren Sie die Position der Vorderkante und Beine. Vergessen Sie nicht, auf den dem Original entsprechenden Plan die Position der Zapfen und der anderen vorgesehenen Verfugungen einzuzeichnen.

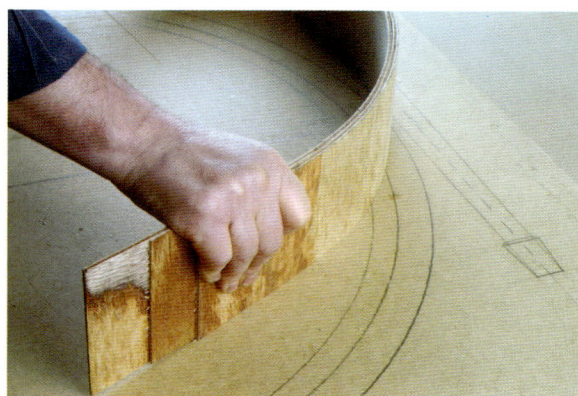

2 Wir haben als Kern für den Rand des Halbkreises eine MDF-Platte verwendet, zumal sich von diesem Material immer Reststücke in der Werkstatt finden. Sie können aber auch, wie hier abgebildet, biegsames schichtverleimtes Sperrholz verwenden. Als vorteilhaft erweist sich, dass die Faserrichtung der Lagen größteils übereinstimmt, was die Elastizität fördert.

FÜNFTES KAPITEL | PROJEKTE

3 Nachdem die MDF-Platte mit Hilfe einer der Originalgröße entsprechenden Schablone in Form geschnitten ist, vergewissern Sie sich, ob sämtliche Bogenkanten genau gleichförmig sind. Sie könnten dafür auch einen Schabhobel verwenden, wir haben hier aber eine Spindelfräse benutzt. Entsprechend der Rundung haben wir eine Anschlagvorrichtung geschaffen, nach der sich jeder Rand so schneiden ließ, dass er in Form bzw. Profil identisch war.

4 Sobald der äußere Rand mit der Spindelfräsmaschine in Form gebracht ist, wird mit dem inneren Rand ebenso verfahren, was mit Hilfe einer zweiten Anschlagvorrichtung geschieht.

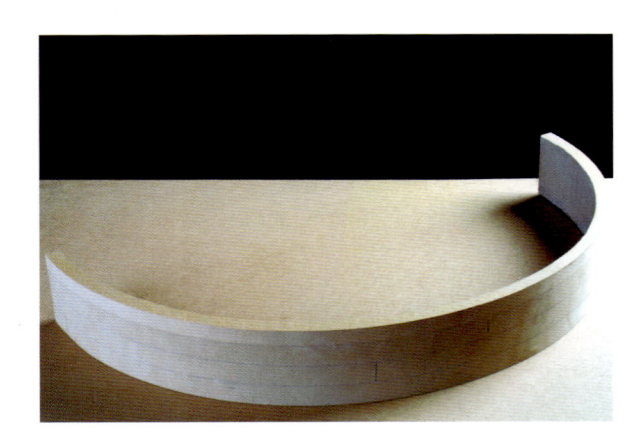

5 Wenn diese Ränder zugeschnitten sind, können die einzelnen Teile zur vollständigen Umrandung verleimt werden. Versuchen Sie, die Fugen wie bei einer Backsteinmauer versetzt einzubringen. So gewinnt die Umrandung an Stabilität.

6 Der hintere gerade Rand des Tischs wird aus Stabilitätsgründen aus Massivholz gearbeitet. Eine einfache ausgefälzte Eckverbindung verbindet das hintere Brett mit dem bogenförmigen Rand. Früher fand sich hier in der Regel eine Zinkenverbindung (Schwalbenschwanzzinkung), da das Rohholz aber unterschiedlich »arbeitet«, kann es sein, dass die Verfugung durch das Furnier hindurch sichtbar ist, oder, was noch schlimmer ist, dass das Furnier in diesem Bereich splittert.

PFEILERTISCH

7 8 Sobald die Tischbeine auf die erforderliche Länge geschnitten und gehobelt sind, müssen sie nach unten hin konisch zugerichtet werden. Dies lässt sich zwar auch von Hand bewerkstelligen, aber um die Beine durchgängig akkurat zu arbeiten, haben wir eine einfache Anschlagvorrichtung für die Kreissäge vorbereitet.
Schneiden Sie eine flache Leiste aus Sperrholz oder einer MDF-Platte 150 mm länger als das Tischbein und etwa 100 mm breit zu. Schneiden Sie diese Leiste entsprechend dem konischen Verlauf des Tischbeins zu. Dank dieser Anschlagvorrichtung gelingt es, die erforderliche Schrägung des Tischbeins zu sägen.

9 10 11 Sobald alle drei Beine zugeschnitten sind, werden sie mit einem Putz- oder Schlichthobel bearbeitet; schneller geht es mit einer Dickenhobelmaschine. Der Original-Chippendale-Tisch, der uns als Vorlage diente, zeigt Mahagoni-Adern an den Kanten der Tischbeine. Dafür benötigen Sie eine weitere Anschlagvorrichtung: einen »Kasten«, der das Bein fixiert. In diesen Kasten eingepasst wird ein kurzer Steg, in den wiederum das Bein eingepasst wird. Achten Sie darauf, dass das Bein nur wenig »Spiel« hat. Sie benötigen eine kleine tragbare Oberfräse, die parallel zur Seite des »Kastens« geführt wird. Auf diese Weise erzeugen Sie einen sauber abgeschrägten Adergraben. Mahagoni-Adern gibt es fertig zu kaufen, mit der Kreissäge lassen sich aber auch selbst Adern schneiden. Falls Sie die Ader selbst schneiden, verwenden Sie ein Abfallstück einer Hartfaserplatte, das Sie möglichst knapp durch die Säge führen. Achten Sie darauf, dass die dünne Ader beim Schnitt nicht reißt.
Da die Ader auf dem konisch zulaufenden Tischbein im oberen Bereich quer verläuft und dann nach unten weitergeführt wird, ist an diesem Punkt eine winzige Nut erforderlich. Verwenden Sie eine ganz feine Säge (etwa eine Miniatur-Feinsäge) und ein Reststück der Ader als Anschlag, um die Säge zu führen. Auf diese Weise entsteht eine ganz akkurate Nut, in die sich die Ader einpassen lässt. Sobald alle Adern verleimt sind, kann gehobelt werden; danach wird die Oberfläche des Beins leicht geschliffen.

Fünftes Kapitel | Projekte

12 Als nächstes Detail wird der kleine Spatenfuß als Abschluss des Beins gefertigt. Er kann entweder massiv sein oder aus vier Teilen bestehen, die auf die Oberfläche appliziert werden. Wir haben den Fuß aus vier kleinen Stücken abgeschrägtem Mahagoni gearbeitet, die an den Ecken auf Gehrung (45°) geschnitten wurden. Fertigen Sie eine Schablone aus einer MDF-Platte von etwa 150 mm x 50 mm x 12 mm; schneiden Sie an einem Ende einen Winkel, der der konischen Schrägung des Fußes entspricht. Schneiden Sie einen Gehrwinkel von exakt 45° durch die gesamte Dicke der Schablone an einem Ende. Wenn Sie die kleinen Holzstückchen (entsprechend der Form des Fußes abgeschrägt) auf die Schablone setzen und die Kanten mit einem Hirnholzhobel flach hobeln, müssten diese genau um den Fuß passen und den Spatenfuß ergeben. Die Original-Vorlagen zeigen oft eine kleine Hohlkehle, die in das Massivholz im Bereich der oberen Kante eingeschnitten ist, aber eine abgerundete Form sieht ebenso hübsch aus und lässt sich wesentlich leichter fertigen.

Die zuvor gefertigte Tischplatte kann nun mit der Zarge verbunden werden. Achten Sie darauf, dass am Tisch ein Überstand von etwa 25 mm stehen bleibt. Die Ränder der Tischplatte müssen ganz glatt und rechtwinklig sein. An unsere Tischplatte wurde eine Zarge aus Hartholz mit quer verlaufender Maserung angebracht, nicht zuletzt, um eine ganz scharfe Kante für das Furnieren vorzubereiten. Um die Tischplatte mit dem Rahmen zu verbinden, können Sie moderne Metall- oder Kunststoffwinkel verwenden. Die traditionelle Methode, durch eine in die Zarge eingefügte Tasche zu bohren, erfüllt aber den gleichen Zweck.

13 Das Bein ist mit dem unteren Rahmen des Tischs durch eine einfache ausgefälzte Eckverbindung verfugt. Die beiden hinteren Beine zeigen eine entsprechend der linken und rechten Seite auf Gehrung geschnittene Eckverbindung, das vordere Bein hingegen eine in die Zarge eingearbeitete Ecküberblattung. Die Zeichnung TB2 (s. S. 169) gibt Maße und Profil jedes Beins wieder. Die Fugen wurden jeweils in der Dicke der Zarge ausgeschnitten, bevor sie verleimt und verschraubt werden. Wer über eine Bandsäge mit Führungsvorrichtung verfügt, kann den erforderlichen Ausschnitt (die Dicke der Zarge) problemlos aussägen. Wer jedoch von Hand arbeitet, sollte die Größe des Ausschnitts mit Anschlagwinkel und Streichmaß (auf die entsprechende Dicke der vorderen Zarge des Tischs eingestellt) markieren. Schneiden Sie das Bein zuerst entgegen der Maserung und im zweiten Schnitt mit der Maserung.

PFEILERTISCH

FURNIEREN UND MARKETIEREN

Vorbild unseres Entwurfs waren zwei (um 1778) von Thomas Chippendale geschaffene Original-Pfeilertische. Der Nachbau sollte auch im Hinblick auf Furnierung und Marketerie dem Original gleichen, doch waren einige Abwandlungen erforderlich, um auch handwerklich weniger geübten Lesern gerecht zu werden. Deshalb verwendeten wir für das Hintergrundfurnier Riegelahorn und Etimoé anstelle des harten, von Anfängern schwer zu schneidenden Satin- und Rosenholzes, das Chippendale einsetzte. Außerdem wurden die Blättergirlanden des Originals durch Girlanden aus Schoten, ergänzt durch Bänder, ersetzt, da sich diese mit der Laubsäge ausschneiden lassen – eine Arbeit, die wir hier ebenfalls einbinden wollten. Außerdem benutzte Chippendale auch die Feder, mit der einzelne Details hervorgehoben sind. Auf diese Technik haben wir verzichtet, da wir sie nicht ausreichend beherrschen. Dennoch bilden die ausgewählten Muster in Verbindung mit den Konstruktionstechniken unserer Meinung nach eine Ergänzung der in diesem Buch beschriebenen Techniken.

ERFORDERLICHE WERKZEUGE

Skalpell, Stahllineal
Laubsäge und Sägetisch
Büro-Hefter
Vakuum-Presse
Schneid-Streichmaß
Streichmesser
Schleifklotz mit Schaumstoff- oder Filzsohle
Schleifpapier
Schwingschleifer (Einhandschleifer)

ERFORDERLICHE MATERIALIEN

Riegelahornfurnier (für Hintergrund und Fächer)
Magnolia-Furnier (für die Schoten und Bänder)
Sapelli-Furnier oder Etimoé (für die Querfurnierbänder)
1,5 m Buchsbaum-Ader (schwarz gefärbt)
Weißer Karton zur Erstellung der Schablone für die Tischplatte
Halbrunde Leiste zum Modifizieren des Schneid-Streichmaßes
Porenfüller (neutral)
Siena-Natur-Pigment
Fugenpapier und Abdeckband
PVA-Leim und Papierkleber

Als Alternative für das von uns für die Girlanden und Blätter verwendete Magnolia-Furnier mit violettschwarzer Streifenzeichnung lässt sich ebenso gut schwarzes Amerikanisches Nussbaumfurnier verwenden.

Sämtliche Schablonenzeichnungen für die Marketerie finden sich im Anhang. Die Zeichnung der Girlanden im Bereich der bogenförmigen Zarge muss sechs Mal kopiert und dann, wie in Arbeitsschritt 18 veranschaulicht, aneinander gefügt werden.

FÜNFTES KAPITEL | PROJEKTE

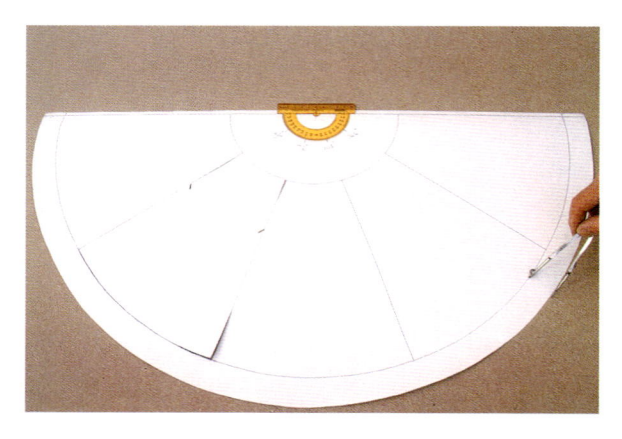

1 Schneiden Sie einen Bogen festes kartoniertes Papier entsprechend der Größe und Form der Tischplatte als Schablone aus. Zeichnen Sie auf der geraden Seite der Schablone einen 6 mm breiten Rand ein. Unterteilen Sie die Tischplatte in fünf gleichgroße Segmente (180°: 5 = 36°). Verwenden Sie einen Zirkel, um im Abstand von 25 mm einen halbkreisförmigen Rand um die Vorderseite der Schablone zu zeichnen.

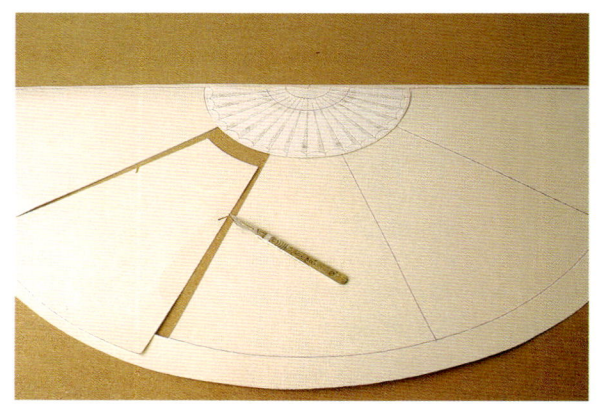

2 Zentrieren Sie eine Kopie des halbrunden Fächers (s. Anhang) in 6 mm Abstand zum hinteren Rand. Schneiden Sie mit Hilfe des Stahllineals und Skalpells, wie abgebildet, eines der fünf Segmente aus. Bewahren Sie das Segment und den Rest der Schablone zum späteren Gebrauch auf.
Fertigen Sie anhand der halbrunden Fächerschablone, wie im zweiten Kapitel für den aus 28 Flöten bestehenden Fächer erklärt, einen Fächer an (s. S. 51). Modifizieren Sie die Anzahl der Flöten sowie die Form; das Konstruktionsprinzip bleibt dabei gleich.

3 Der fertige Fächer sollte wie oben abgebildet aussehen. Die Umrandung des Fächers besteht aus graugrün gefärbtem Furnier. Als Alternative ließe sich aber auch Magnolia-Furnier verwenden, wobei man dann ein grünliches Furnier aussuchen würde. Legen Sie den Fächer beiseite, bis er in das Furnier der Tischplatte eingesetzt wird.

4 Fertigen Sie anhand der Schablone im Anhang einen kleinen ovalen Fächer. Folgen Sie der Anweisung für den aus 28 Flöten bestehenden Fächer im zweiten Kapitel. Als Umrandung des Fächers (s. Abb. oben) dient das gleiche grünliche Furnier wie für den Halbrund-Fächer. Bewahren Sie den Fächer auf, bis er eingesetzt wird.

PFEILERTISCH

5 Schneiden Sie anhand des in Arbeitsschritt 2 ausgeschnittenen Segments fünf Stücke aus Riegelahorn zu, die jeweils 12 mm breiter und 50 mm länger sind als die Schablone. Die Faser sollte in Längsrichtung jedes Segments verlaufen. Legen Sie die Schablone passgenau auf ein Segment auf, markieren Sie die vier Eckpunkte und schneiden Sie die zwei Längsseiten aus. Überprüfen Sie nach dem Ausschneiden des dritten Segments, ob die restlichen beiden den Bereich auf der Tischplatte genau abdecken, bevor Sie diese ebenfalls zuschneiden. Vergewissern Sie sich, indem Sie die fünf Segmente Kante an Kante auf die Tischplatte legen. Schneiden Sie noch nicht den oberen und unteren Teil der Segmente. Bringen Sie im Abstand von 75 mm vom oberen Ende beidseitig einen Einschnitt ein. Markieren Sie diesen mit Bleistift auf den Furniersegmenten.

6 Diese beiden Markierungen sind erforderlich, um das Papiermuster auszurichten, nachdem das Furnier-Paket, wie im ersten Kapitel beschrieben, gefertigt wurde. Die fünf Pakete für das Laubsägen der fünf Schoten-Girlanden sollten aus den vier folgenden Furnieren bestehen: Riegelahorn und Magnolia (oder Amerikanischem Nussbaum) für das »Sandwich« (Doppelblatt) sowie zwei beliebigen Furnieren als Zulage. Sägen Sie jedes Paket mit einem feinen Sägeblatt aus; folgen Sie dabei den Anleitungen zum Laubsägen im ersten Kapitel (s. S. 10).

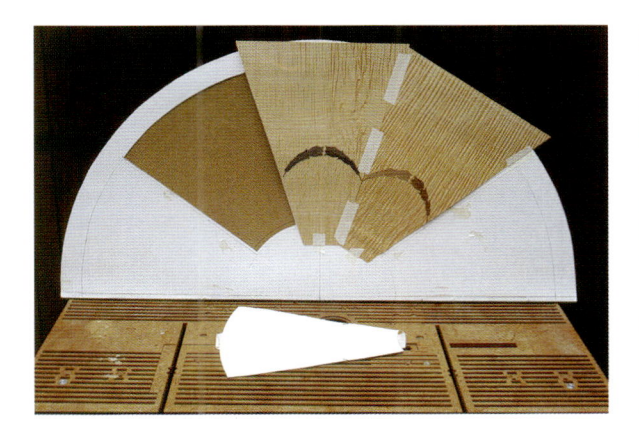

7 Nach dem Aussägen der fünf Pakete mit der Laubsäge und dem Einfügen der Schoten-Girlanden in das Riegelfurnier legen Sie die Segmente Kante an Kante aneinander, bis sich alle fünf Girlanden berühren. Legen Sie die große Papierschablone zentriert über die fünf zusammengefügten Segmente, und schneiden Sie den Rand an der geraden Seite 6 mm kürzer, damit die Einfassung, die den hinteren Rand umgibt, Platz findet. Sie wird in einem späteren Arbeitsschritt angepasst.

8 Legen Sie, wie auf Seite 73 beschrieben, ein schwarzes, 1,5 mm breites Aderband um den bogenförmigen Rand des Fächers. Lassen Sie die Arbeit über Nacht ruhen, damit der Leim durchtrocknen kann, bevor Sie das Abdeckband entfernen.

9 Legen Sie den Fächer mit der Ader zentriert an die hintere Kante der Tischplatte. Drehen Sie das Ahornfurnier und den Fächer um, sodass die abgeklebten Seiten in Richtung Schneidmatte zeigen. Sichern Sie den Fächer auf dem Ahornfurnier mit Abdeckband und fahren Sie mit dem Skalpell um die Rundung des Fächers, um den Bogen anzureißen. Entfernen Sie den Fächer und schneiden Sie das Fenster aus, indem Sie der angerissenen Linie folgen. Setzen Sie den Fächer ein und sichern Sie ihn mit Fugenpapier auf der abgeklebten Vorderseite.

10 Legen Sie die im Anhang vorgegebene Blatt-Schablone so auf, dass die Blätter durch die Fugen der Ahornfurniere halbiert werden und sich mit den beiden aufeinander treffenden Girlanden berühren. Umreißen Sie mit dem Bleistift die Schablone und schneiden Sie das Fenster entlang der Anrisslinie aus. Schneiden und fügen Sie alle acht Blätter ein (s. Arbeitsschritt 13 unten); verwenden Sie dafür das Magnolia-Furnier. Schneiden Sie einen 6 mm breiten und 790 mm langen Streifen Sapelli-Furnier mit in Längsrichtung verlaufender Faser. Fixieren Sie den Streifen mit Fugenpapier am hinteren Rand des Arrangements. Er dient als Einfassung des geraden Rands der Tischplatte.

11 Fixieren Sie das furnierte Arrangement auf der Tischplatte; die abgeklebte Seite zeigt zu Ihnen. Schneiden Sie die Ahornfurniere, die über die vordere Bogenkante hinausgehen, randbündig ab; die Furniere sollten sich ganz genau einfügen. Stellen Sie das Streichmaß eines Schneid-Streichmaßes genau auf 25 mm ein und reißen Sie über den gesamten Bogen, wie abgebildet, einen Adergraben an. Dabei müssen Sie das Schneid-Streichmaß geringfügig modifizieren. An einer Wange des Anschlags leimen oder heften Sie zwei kurze Stücke einer halbrunden Leiste auf, jeweils beidseitig der ausziehbaren Hartholzzunge. Diese halten den Anschlag und die Schneidklinge senkrecht zur Tangente. Wo es gerade Kanten zu schneiden gilt, wird der Streichmaßkopf einfach umgedreht.

12 Mischen Sie eine kleine Menge des farblosen Porenfüllers mit einer winzigen Spur hellgelbem Ocker-Pigmentpulver (Siena-Natur). Mit einem Streichmesser verteilen und streichen Sie den Porenfüller in die Rückseite der ausgesägten Schoten. Das Füllmaterial füllt die winzigen Lücken, die das Sägeblatt der Laubsäge zurücklässt. Vergewissern Sie sich, dass Sie zuvor Fugenpapier auf die Vorderseite der Schoten aufgebracht haben. Dieses verhindert nämlich, dass das Füllmaterial austritt. Schaben Sie das überschüssige Material mit dem Streichmesser ab. Auf diese Weise werden ausgesägte »Akzent-Linien« hervorgehoben – eine Technik, die seit der Mitte des 18. Jahrhunderts praktiziert wird und bis heute nichts von ihrer dekorativen Wirkung eingebüßt hat.

PFEILERTISCH

13 Schneiden Sie kurze Streifen des Sapelli-Furniers, um die Bogenkante mit einem Querfurnierband einzufassen. Die zehn Streifen sollten 150 mm lang und 38 mm breit sein; die Maserung verläuft dieses Mal entlang der Breite. Fassen Sie die Bogenkante gleichzeitig mit einem 1,5 mm breiten schwarzen Aderband ein, indem Sie dieses zwischen das Querfurnierband und die Ahornsegmente einschließen (detailliertere Angaben finden sich im dritten Kapitel, S. 100). Schneiden Sie für die Unterseite der Tischplatte ein Ausgleichsfurnier zu. Hängen Sie die Furniere für Unter- und Oberseite an die gerade hintere Kante der MDF-Tischplatte. Verteilen Sie PVA-Leim über beide Seiten der Tischplatte und halten Sie das Ganze mindestens eine Stunde lang gepresst. Achten Sie darauf, dass das Porenfüllmaterial über den Schoten ganz dezent sichtbar ist.

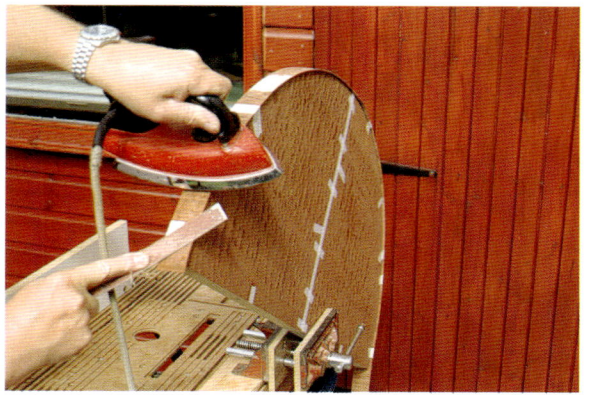

14 Schneiden Sie zum Schluss 32 mm breite Streifen aus Sapelli-Furnier, um den bogenförmigen Rand des Tischs einzufassen. Die Maserung sollte in Richtung der Breite verlaufen. Kleben Sie die Streifen zusammen, bis sie lang genug sind, um den Bogen zu verdecken. Pressen Sie das Querfurnierband mit Hilfe eines mäßig heißen Bügeleisens auf. Bringen Sie sofort danach ein kaltes Stahllineal auf und drücken Sie das Furnier einige Sekunden lang an, bis der Leim »greift«. Schneiden Sie die überstehenden Ränder mit dem Skalpell randbündig ab.

15 Die Tischplatte ist nun soweit vorbereitet, dass sie geschliffen und mit einem Überzug versehen werden kann. Für ein klassisches Stück wie dieses kommt im Grunde nur eine Schellackpolitur in Frage. Nun gilt es die Zarge zu verzieren.

16 Interessant schien uns der Vergleich unseres Tischs mit dem Chippendale-Original in Temple Newsam House in Leeds, der die auffallende Ähnlichkeit in Dekor und Größe deutlich macht. Ungeachtet der Tatsache, dass unser Tisch, als das Foto gemacht wurde, noch nicht poliert war (man beachte den farblichen Kontrast), war es uns eine Ehre, unser Werkstück dem Original von Englands berühmtestem Kunsttischler gegenüber zu stellen.

Fünftes Kapitel | Projekte

17 Die Zarge des Tischs besteht aus Riegelahorn, wie es auch für die Tischplatte verwendet wurde, geschmückt mit Girlanden aus Schoten, die sich paarweise zwischen vertikal herunter hängenden Schoten zu Bögen formieren. Den Abschluss der Girlanden bilden Bänder. Als Mitteldekor des Halbrundfelds dient das kleine ovale Fächermotiv, das zuvor bereits gefertigt wurde. Ein Querfurnierband bildet in Form einer Umrandung den Abschluss der Zarge, die beidseitig durch jeweils sechs aus Schoten bestehenden Girlanden geschmückt ist.

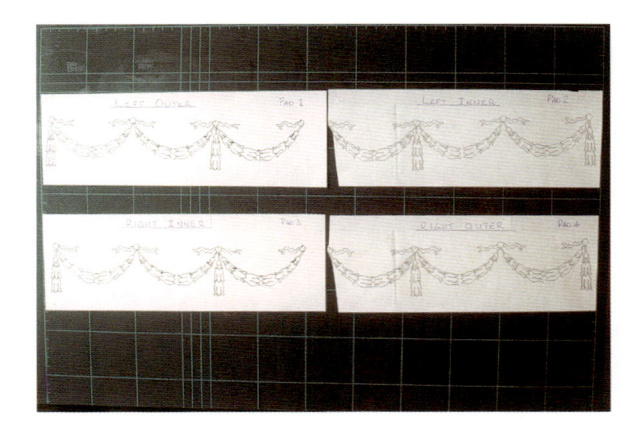

18 Die vier »Pakete« zum Aussägen erfordern vier verschiedene Muster. Für jede Seite links und rechts der Mitte werden zwei benötigt. Das Bild oben zeigt das linke innere und äußere Motiv (obere Reihe) sowie das rechte innere und äußere Motiv (untere Reihe). Stellen Sie vier Furnier-Pakete zusammen, jedes aus einem Blatt Ahorn- und Magnolia-Furnier sowie zwei beliebigen Zulagen (Abfallfurniere). Schneiden Sie jedes Furnier 330 mm lang und 95 mm breit zu. Die Maserung sollte entlang der Breite verlaufen.

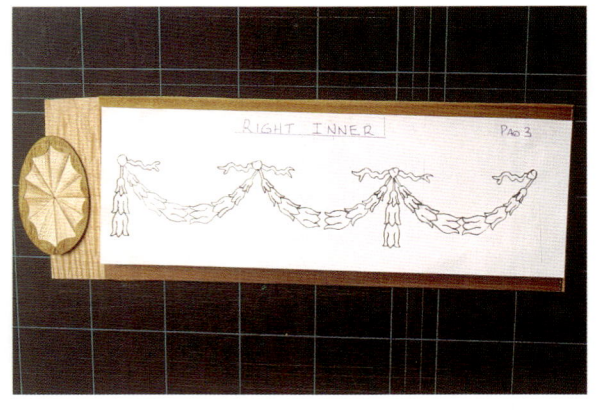

19 Sägen Sie jedes Paket mit der Laubsäge aus, indem Sie zunächst die Akzent-Linien aussägen, die jede Schote enthält, und sich dann die einzelnen Schoten vornehmen. Sägen Sie danach auch die Bänder aus. Falls Sie sich nicht sicher genug fühlen, die dünnen Elemente, die die Schoten mit den Bändern verbinden, mit der Laubsäge auszusägen, sparen Sie sie einfach aus, und schneiden Sie sie nach dem Aneinanderfügen der Laubsägeteile mit dem Skalpell aus. Je mehr Sie üben, desto geschickter werden Sie mit der Laubsäge umgehen können.

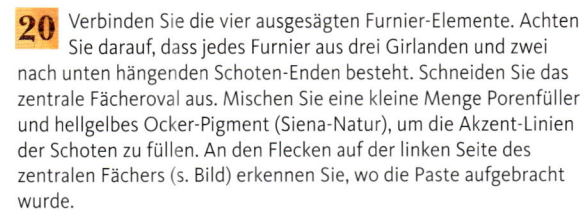

20 Verbinden Sie die vier ausgesägten Furnier-Elemente. Achten Sie darauf, dass jedes Furnier aus drei Girlanden und zwei nach unten hängenden Schoten-Enden besteht. Schneiden Sie das zentrale Fächeroval aus. Mischen Sie eine kleine Menge Porenfüller und hellgelbes Ocker-Pigment (Siena-Natur), um die Akzent-Linien der Schoten zu füllen. An den Flecken auf der linken Seite des zentralen Fächers (s. Bild) erkennen Sie, wo die Paste aufgebracht wurde.

21 Schneiden Sie das Furnier so zurecht, dass am Rand jeweils nicht mehr als 3 mm überstehen, da andernfalls die Gefahr besteht, dass der Rand unter dem Druck der Vakuum-Presse splittert. Verteilen Sie PVA-Leim über der Zarge des Tischs und zentrieren Sie das Furnier auf der Zarge. Fixieren Sie das Furnier mit vier Fugenpapierstreifen und geben Sie das Werkstück in die Presse. Der Kunststoffbeutel zieht sich über der Bogenform zusammen. Lassen Sie das Werkstück eine Stunde lang in der Presse.

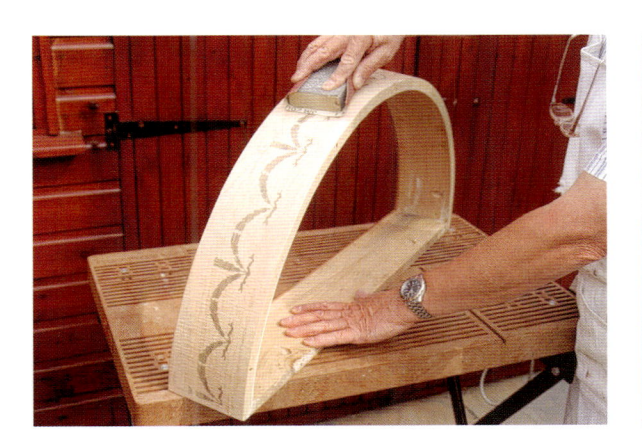

22 Schneiden Sie die überstehenden Furnierstreifen randbündig ab. Feuchten Sie die Fugenpapierstreifen an und schälen Sie sie mit dem Ende eines Stahllineals ab. Schleifen Sie das Furnier mit Siliziumkarbidpapier (120er Körnung), das um einen Schleifklotz mit Schaumstoff- oder Filzsohle gewickelt wird. Eine solche Sohle passt sich der Rundung besser an als ein Schleifklotz aus Kork.

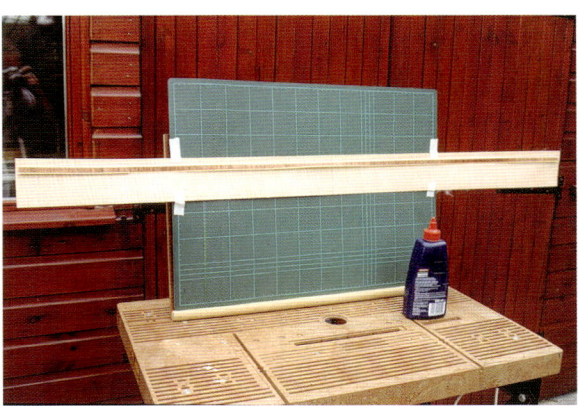

23 Nun gilt es einen erhöhten Abschluss für die Unterseite der Zarge zu schaffen. Diese Einfassung besteht aus drei Furnierschichten und muss 12 mm breit sein. Man verleimt und presst dafür zwei Streifen aus hellen Furnieren, die zuvor aus dünnen Bändern vorbereitet wurden. Das Bild zeigt diese in einer Länge, die weit über das erforderliche Maß hinausgeht; was übrig bleibt, ist Vorrat für später. Die dritte und somit letzte Schicht besteht aus Sapelli-Furnier, eingefasst von zwei hellen Adern, die das Querfurnierband vollenden (s. die Arbeitsschritte 24 und 25).

FÜNFTES KAPITEL | PROJEKTE

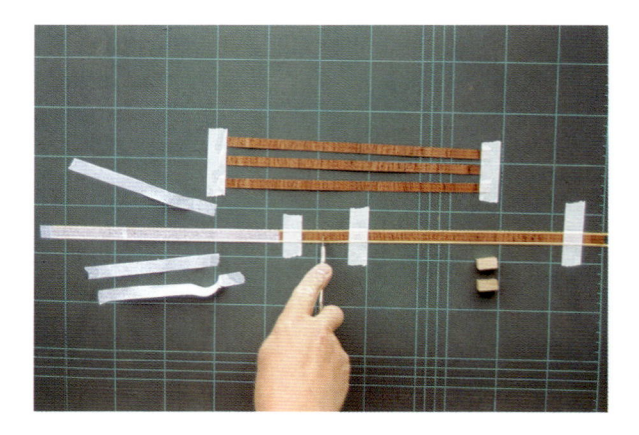

24 Schneiden Sie Sapelli-Furnierstreifen von 9 mm Breite; beachten Sie dabei, dass die Maserung in Richtung Breite verläuft. Die drei Streifen (s. oben im Bild) mit den beiden 9 mm breiten Abstandsklötzchen (rechts unten) veranschaulichen, wie die Streifen auf der Marketerie-Schneidmatte geschnitten werden. Legen Sie einen Streifen der 1,5 mm breiten Buchsbaumader auf die Schneidmatte. Legen Sie einen Streifen des Sapelli-Querfurnierbands an die Ader an und die zweite Ader an die andere Seite des Bands. Fixieren Sie die drei Teile mit Fugenpapierstreifen. Legen Sie einen zweiten Querfurnierstreifen überlappend auf den ersten und schneiden Sie mit dem Skalpell, wie dargestellt, durch beide Lagen. Achten Sie darauf, nicht durch die Adern zu schneiden. Entfernen Sie die überschüssigen Enden und kleben Sie die Fuge mit Fugenpapier ab.

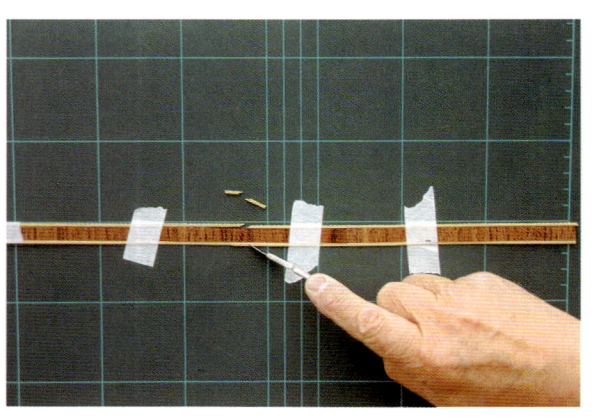

25 Die Adern müssen in Form eines Schrägschnitts (Schäftung) miteinander verbunden werden. Legen Sie eine Ader genau auf die andere und erzeugen Sie einen abgeschrägten Schnitt (s. Bild). Die obere Ader wurde um der Anschaulichkeit willen auf Abstand gelegt. Verteilen Sie auf der Rückseite der Einfassung PVA-Leim. Kleben Sie die Einfassung auf das in Arbeitsschritt 23 vorbereitete Doppelfurnier. Legen Sie ein Stahlrichtscheit auf den Doppelfurnierstreifen, um die verleimte Einfassung genau übereinander zu halten. Fixieren Sie das Ganze mit Fugenpapierstreifen und pressen Sie es eine Stunde in der Vakuumpresse.

26 Schneiden Sie die beiden hellen Furniere mit dem Skalpell durch, indem Sie die Seiten des oberen Querfurnierbands als Anschlag nutzen. Glätten Sie die Kanten mit um einen Schleifklotz gewickeltem Schleifpapier.

27 Verteilen Sie PVA-Leim auf der Rückseite der aneinander gefügten Einfassung und bringen Sie das Arrangement im Bereich des unteren bogenförmigen Rands auf. Fixieren Sie die Einfassung mindestens eine Stunde mit einem Spanngurt.
Der fertige Tisch kann noch einmal leicht geschliffen werden, bevor er mit einer Schicht Schellack-Schleifgrund überzogen wird. Im Anschluss daran erhält ein derart klassisches Stück am besten eine Schellack-Politur.

SCHMUCKSCHATULLE

Die Schmuckschatulle ist einer der beliebtesten Hintergründe für Marketerie-Motive. Wir erklären hier die einzelnen Arbeitsschritte, die für den Bau einer anspruchsvollen Schatulle erforderlich sind, ohne die Fertigkeiten des Hobbyschreiners zu übersteigen. Die Schatulle ist mit vielfältigen Marketerie- und Parketterie-Mustern geschmückt.

Die ausführlichen Pläne mit Angaben zu Maßen und Aufbau der Konstruktion finden sich im Anhang (s. Zeichnungen JB1 und JB2). Fotokopieren Sie zunächst beide Pläne, bevor Sie mit dem Nachbau beginnen.

Obwohl wir in den hier dargestellten Arbeitsschritten auf eine »Verkleidung« der Innenseiten verzichtet haben, empfehlen wir, die Innenseiten der MDF-Trägerplatte im Bereich des Deckels und der »Wände« vor dem Zusammenbauen auszukleiden, ebenso beide Seiten des inneren Tableaus. Wir nahmen Zedernholz, das beim Öffnen der Schatulle einen angenehmen Duft verströmt.

Konstruktion der Schatulle

Erforderliche Werkzeuge

Entsprechend dem Bedarf für den Pfeilertisch

Erforderliche Materialien

Entsprechend dem Bedarf für den Pfeilertisch; hinzu kommen:

12 mm starke MDF-Platte (Maßangaben s. Zeichnung JB1)

3-Lagen-Sperrholz für die Basis des Tableaus (s. Zeichnung JB2)

Libanonzeder-Furnier (*Cedrus libani*), um Innenwände, Boden, Deckel und Basis des Tableaus auszukleiden

Mahagoni-Hartholz-Streifen

Zwei Messingscharniere (je nach persönlichem Geschmack)

1 Verwenden Sie für diese Schatullengröße eine stabile MDF-Platte von 12 mm Stärke, für eine kleinere genügt dünneres Material. Sägen Sie die einzelnen Teile akkurat aus. Denken Sie daran, dass der abgeschrägte Winkel am jeweiligen Seitenende 22,5° misst. Mit einer Gehrungssäge lässt sich sehr präzise arbeiten, sofern sich der Anschlag für beide Seiten einstellen lässt. Die sechs Teile im Bereich der »Rundung« müssen alle gleich sein. Dies gilt auch für die beiden Seitenteile. Nehmen Sie sich Zeit für diesen Arbeitsschritt – Sie ersparen sich mühsame Nacharbeit.

2 Leimen Sie die Seitenteile mit PVA-Leim an die Basis. Verwenden Sie nicht zu viel Leim, und reiben Sie den Überschuss ab, solange er noch nass ist.

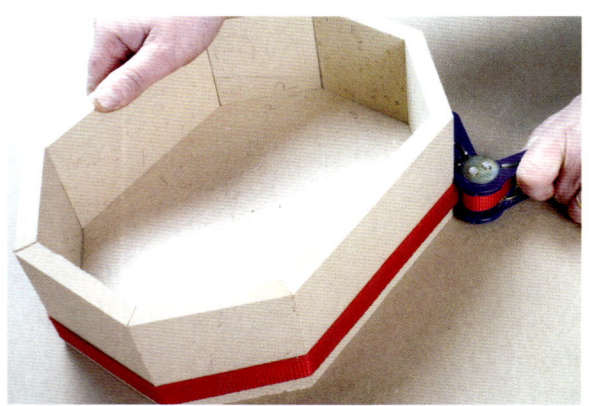

3 Halten Sie die Teile mit einem Spanngurt oder einer ähnlichen Vorrichtung zusammen. Auch ein starker Riemen kann verwendet werden.

SCHATULLENDECKEL

Die Deckplatte bildet nun eine Art Falzfuge (Nut) mit acht Seiten. Jede Fuge wird mit einer massiven Mahagoni-Profilleiste im 22,5°-Winkel ausgefüllt. Die Profilleisten werden auf die Ränder des Deckels geleimt. Sobald sämtliche aneinandergefügten Teile trocken sind, werden die Mahagoni-Profile im 45°-Winkel abgehobelt. Sie bilden eine in Richtung Deckplatte abgeschrägte Kante und machen die Schatulle geschmeidiger.

SCHARNIERE

Für diese Schatulle müssten zwei jeweils 25 mm breite massive Messingscharniere ausreichen. Sie können natürlich auch Spezialscharniere verwenden, die den Deckel bei einem Öffnungswinkel von 115° arretieren. Auch die Wahl eines etwaigen Verschlussmechanismus bleibt Ihnen überlassen; erhältlich sind die unterschiedlichsten Varianten. Als dekorative Umrandung eines Schlüsselloch würde man wohl ein Marketerie-Motiv wählen. Außerdem sollte die Größe des Schlosses immer auch auf die Größe des Deckels abgestimmt sein.

4 Die Deckplatte sollte exakt den Innenmaßen der Seiten entsprechen. Vorgesehen ist, dass sie bis zur Hälfte ihrer Stärke in die Schatulle eingelassen wird (s. Abb. 5). Markieren Sie diese »Einlass-Linie« rundum mit einem Streichmaß. Verleimen Sie die Deckplatte bis zu dieser Markierung mit den Seiten.

5 Nun folgt das Abtrennen des Schatullendeckels, was sich mit einer Bandsäge leicht bewerkstelligen lässt. Mit Hilfe eines stabilen Richtscheits oder Anschlags, der am Sägetisch eingespannt wird, kann man ganz exakt sägen. Eine andere Möglichkeit wäre, zwei Parallelen um die Schatulle zu ziehen, die die Position des Deckels markieren. Stellen Sie ein Zapfenstreichmaß auf etwa 5 mm ein und sägen Sie mit einer Feinsäge zwischen den Linien. Mit einem kleinen Hirnholzhobel lassen sich die Kanten passgerecht glätten.

6 Um die Mahagoni-Profilleiste im Bereich der Deckplatte einzupassen, sind zwei weitere Profilleisten aus dem gleichen Holz erforderlich: eine für den Abschluss des unteren Teils der Schatulle und eine weitere für den parallel dazu verlaufenden unteren Rand des Deckels. Auf diese Weise vermeidet man, dass nach dem Aufbringen des Furniers auf der Außenseite der Schatulle ein unansehnlicher Rand von der MDF-Platte sichtbar ist. Die äußeren Kanten der beiden Profile müssen also furniert werden (Erklärung folgt später), im Bereich der Innenkanten wird die Vollholzversion beibehalten.

FÜNFTES KAPITEL | PROJEKTE

INNENAUFTEILUNG

Eine Schmuckschatulle sollte in jedem Fall mehrere kleine Fächer enthalten. Unsere Schatulle enthält neun unterschiedlich große Fächer im oberen Bereich und ein großes Fach darunter; die Konstruktion wird im Folgenden erklärt. Falls Sie den Deckel in diesem Stadium bereits mit Scharnieren versehen haben sollten, müssen Sie diese vorläufig noch einmal entfernen.

DAS TABLEAU

Die Seitenwände des Tableaus bestehen aus massivem Mahagoni, das auf eine Stärke von 3 mm gehobelt wurde. Die Basis besteht aus zwei Zedernholzfurnieren, die auf eine Sperrholzplatte geleimt wurden. Die Basis sollte auf entsprechende Größe gesägt und die beiden Furniere aufgeleimt, gepresst und geschliffen werden, bevor man die Seitenwände der beiden Tableaus anbringt. Das obere Tableau sollte relativ flach sein, damit es leicht zugänglich ist. Zeichnung JB2 zeigt ein achteckiges Tableau mit acht Fächern, die ein kleineres achteckiges Fach einrahmen. Die beiden Tableaus müssen getrennt gefertigt werden, bevor die acht Trennwände eingepasst werden, die die acht äußeren Fächer bilden.

7 Das große Innenfach des Tableaus wird genau so gefertigt wie das Haupt-Tableau, was aber erst später erklärt wird (s. Bild 12). Beim Sägen der Seitenteile des Tableaus heißt es ganz akkurat zu arbeiten; sowohl die Längen als auch die Winkel beidseitig der Enden müssen stimmen. Am besten nummerieren Sie diese entsprechend den Seiten.

SCHMUCKSCHATULLE

8 Sobald sämtliche Seitenteile ausgesägt und noch einmal auf Passgenauigkeit geprüft sind, können sie um die Basis geleimt werden. Verwenden Sie nicht zu viel Leim, denn im Inneren lässt sich überschüssiger Leim nur schwer entfernen. Um die acht Seiten mit der Basis des Tableaus zu verspannen, benötigen Sie einen Spanngurt oder einen kräftigen Riemen.

9 Der nächste Schritt gilt der Inneneinteilung des Tableaus. Zeichnen Sie parallel zu den Außenwänden eine Linie, die die Konturen des inneren Fachs umreißt. Verwenden Sie dafür einen kleinen Holzklotz als Anschlag, um rundum den gleichen Abstand einzuhalten. Das innere Fach muss niedriger sein als die Außenränder des Tableaus. Sägen Sie die acht Seiten entsprechend der Maßangaben auf der Schemazeichnung zu, und vergessen Sie nicht, die Enden im Winkel von 22,5° abzuschrägen.

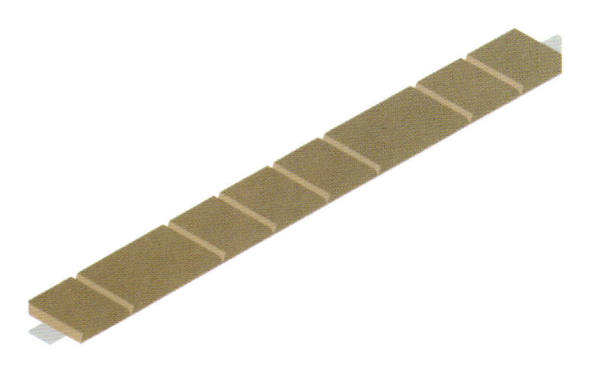

10 Die acht Seiten des Tableau-Innenraums werden so auf einen Streifen Abdeckband gelegt, dass sich die Enden berühren. Geben Sie etwas PVA-Leim zwischen die Fugen. Wenn Sie das Abdeckband nun zum »Kreis« zusammenlegen, fügt es sich um die Kanten des Tableaus. Spannen Sie einen kräftigen Riemen um die Kanten. Achten Sie darauf, dass das gerade gefertigte innere Tableau die gleiche Form zeigt wie die Kontur, die Sie auf die Innenseite der Tableau-Seite gezeichnet haben. Denken Sie auch daran, dass das innere Tableau als Schablone zum Zeichnen des Profils dient, das auf das Rohholz für die kleine Deckplatte gezeichnet wird. Markieren Sie die Umrisse, bevor Sie das Tableau verleimen.

FÜNFTES KAPITEL | PROJEKTE

DIE ACHT UNTERTEILUNGEN

Nun folgt die Unterteilung; sie verbindet das innere Tableau mit den Außenwänden des Haupt-Tableaus (s. Abb. 12). Für die Fugen, an denen die Unterteilungen der beiden Tableaus aufeinander treffen, sind zwei verschiedene Schnitte erforderlich, die beide am besten mit einem Stecheisen durchgeführt werden. Für die äußeren Enden, an denen die Unterteilungen auf die Außenwand stoßen, ist eine konvexe Spitze erforderlich, während für das andere Ende, an dem die Unterteilungen auf die innere Tableau-Wand stoßen, eine konkave Spitze erforderlich ist. Jede Unterteilung muss einzeln angepasst und verleimt werden (s. Abb. 11). Vergewissern Sie sich beim Einpassen der Unterteilungen, dass diese senkrecht zum Boden stehen. Benutzen Sie als Anschlag ein kleines Holzklötzchen, das zuvor genau rechtwinklig zugeschnitten wurde. Die oberen Ränder der Unterteilung sollten leicht abgerundet werden. Dies erfolgt am besten mit Schleifpapier im Anschluss an das Verleimen.

11

12

SCHMUCKSCHATULLE

13 Das Material für den inneren Tableau-Deckel können Sie nach Belieben wählen. Nun sollten Sie entscheiden, ob Sie die Deckplatte furnieren oder aus einem dekorativen massiven Holz herstellen. Wie immer Sie sich entscheiden, die Kanten sollten sorgfältig mit einem Hirnholzhobel geglättet werden, bis der Deckel genau die gleiche Größe hat wie das mittlere Fach. Schneiden Sie dann eine Nut ein, damit der Deckel richtig sitzt.

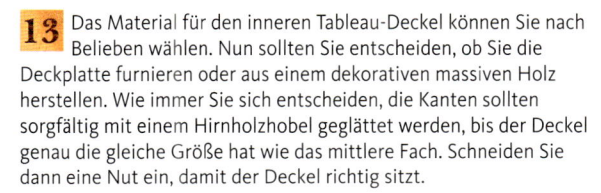

14 Falls Sie für die Abdeckplatte des mittleren Felds massives Holz verwenden, sollten Sie diese Platte so hobeln, dass sie annähernd Kissenform zeigt. Dies gelingt am besten, wenn Sie etwa 18 mm vom äußeren Rand entfernt rundum eine Linie einzeichnen. Bringen Sie dann entlang der Seitenkante im Abstand von 5 mm von oben rundum eine weitere Linie ein. Hobeln Sie einfach zwischen diesen beiden Linien, bis eine leichte Wölbung entsteht.

Fertigstellung Das fertige Tableau benötigt zum Aufstellen in der Schatulle vier »Beinchen«. Verwenden Sie Hartholz von etwa 6 mm Stärke und etwa 100 mm Länge, und formen Sie es mit einem Hirnholzhobel so, dass zwei gegenüberliegende Seiten einen Winkel von 22,5° bilden. Runden Sie die andere Ecke mit Schleifpapier ab. Schneiden Sie das Holz in 18 mm große Abschnitte. Leimen Sie diese an die äußeren Ecken, an denen die vorderen und hinteren Paneele auf die gegenüberliegenden kleineren Paneele treffen. Fixieren Sie das Ganze mit Abdeckband, bis der Leim »greift«. Der nächste Arbeitsschritt gilt der umlaufenden halbrunden Profilleiste an der unteren Kante der Schatulle. Sie besteht aus einer 3 mm starken Vierkantleiste aus dem gleichen Hartholz, das für die abgeschrägte Randleiste am Deckel verwendet wurde. Hobeln Sie die Leisten mit dem Hirnholzhobel in eine »D«-Form, indem Sie das eine Ende flach auf die Bank auflegen. Nur ein sehr kleiner Teil der Klinge darf aus der Basis des Hobels herausragen. Schleifen sie mit feinem Schleifpapier nach; sparen Sie dabei die geraden hinteren Enden aus, die auf der Rückseite der Schatulle verleimt werden. Schneiden Sie die Profilleiste auf die entsprechende Länge jeder Seite (einschließlich Gehrungen), nehmen Sie dann die Gehrungen an den Ecken vor, und verleimen Sie die Leiste. Fixieren Sie das Ganze mit Abdeckband, während der Leim abbindet.

FÜNFTES KAPITEL | PROJEKTE

FURNIEREN UND VERZIEREN DER SCHATULLE

Um eine Schatulle zu furnieren, die sowohl Marketerie als auch Parketterie-Muster enthält, sollte man zunächst die Farbe des Holzes auswählen und entscheiden, welche Hölzer der Gestaltung des Gegenstands am ehesten entsprechen. Für uns stand von Anfang an fest, dass der Deckel der Schatulle eine einzelne weiße Rose tragen sollte, das Wahrzeichen der Grafschaft Yorkshire. Anhand dieses Motivs können die Arbeitsschritte erläutert werden, die für die Fertigung einer Rose mit Hilfe der Fenstermethode erforderlich sind.

Die Zierleisten und abgeschrägten Profile im Umkreis der Basis und des Deckels bestehen aus Mahagoni. Als Kontrast dazu wählten wir Eschen- und Eibenmaser als die beiden dominierenden Furniere. Das Eibenmaserfurnier wird mit viertelkreisförmig abgerundeten Ecken in die Paneele eingelassen. Diese spezielle Eckbildung verleiht dem Stück das für den Regency-Stil typische Erscheinungsbild. Eingefasst werden diese Zierpaneele von Eschenmaser. Sie bildet einen klaren Kontrast und unterstreicht die Wirkung der Paneele. Um die Paneele von dem Randfurnier abzugrenzen, wurde eine 1 mm breite schwarze Ader eingeschnitten. Die Verarbeitung von Eibenmaser war relativ anspruchsvoll, denn immer wieder mussten herausbrechende Astlöcher verfüllt werden. Die Mühen wurden letztlich aber reich belohnt. Viele Hölzer bringen vergleichbare Probleme mit sich, wobei sich Maserhölzer immer leichter *in situ* reparieren lassen, weil sie mit ihrer willkürlichen Struktur kaschieren, wo »geflickt« werden musste.

Um die Schatulle fertig zu stellen, wurden die acht Paneele, die den Rand des Deckels bilden, mit Chevron-Parketterie versehen. Dieses Projekt ist zwar durchaus anspruchsvoll, lässt sich aber von Hobbytischlern mit einem Minimum an Erfahrung in Marketerie- und Furnierarbeiten bewältigen. Auch wenn Sie sich ganz andere Furniere für Ihre Schatulle wünschen sollten, die Konstruktionsmethode bleibt die gleiche.

ERFORDERLICHE WERKZEUGE

Skalpell, Stahllineal
Sortiment an Bügel-Schraubzwingen
Miniatur-Feinsäge, Feinsäge
Gehrungsschneidlade
Vakuum-Presse
Zirkel und Bleistift
Schneid-Streichmaß
5-Euro-Cent Münze (etwa 22 mm Durchmesser)

ERFORDERLICHE MATERIALIEN

Furniere wie von uns verwendet oder durch andere Ihrer Wahl ersetzt
Makoré, Eschenmaser, Eibenmaser und schwarz gefärbter Bergahorn
Pappelfurnier und Bergahorn (für die weiße Rose)
1,5 mm breite schwarze Ader
Weißes kartoniertes Papier
Fugenpapier, Abdeckband
PVA-Leim
Selbstklebende Klarsichtfolie

1 Fertigen Sie als erstes Schablonen aus weißem kartoniertem Papier: Sie benötigen eine Schablone für jedes der acht Paneele auf der unteren Hälfte der Schatulle und eine für den Deckel, die dessen Fläche genau entsprechen sollte. Fixieren Sie diese Schablone mit Klebestreifen, und markieren Sie mit Hilfe eines Zirkels oder eines Schneid-Streichmaßes in etwa 25 mm Entfernung zu den acht Seiten eine Linie. Nutzen Sie das Lineal als Anschlag, wenn Sie mit Hilfe eines Skalpells nun das innere Achteck ausschneiden.

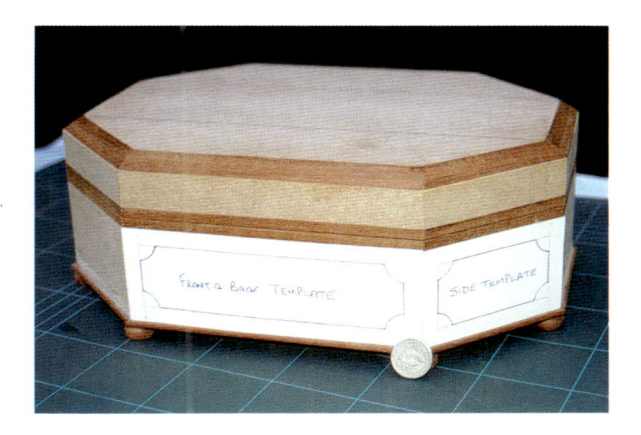

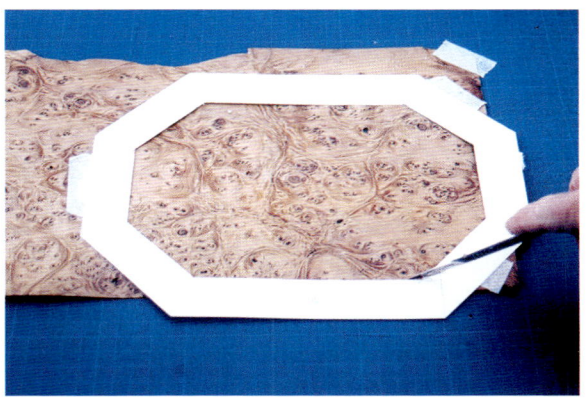

SCHMUCKSCHATULLE

2 Für jedes der acht unteren Paneele schneiden Sie das kartonierte Papier so zu, dass es die Fläche komplett abdeckt. Messen Sie von jeder der vier Seiten einen Rand von etwa 9 mm ab, und verbinden Sie die vier Seiten mit Bleistift und Lineal zu einem Rechteck. Nehmen Sie eine 5-Euro-Cent Münze und rücken Sie diese von jeder Ecke des Rechtecks um mindestens 10 mm ein. Um die abgerundete Ecke zu markieren, fahren Sie mit dem Bleistift um die Rundung der Münze. Verfahren Sie mit den anderen Paneelen ebenso. Schneiden Sie jedes der inneren Paneele mit Hilfe eines Skalpells aus, indem Sie Lineal und Münze als Anschlag nutzen.

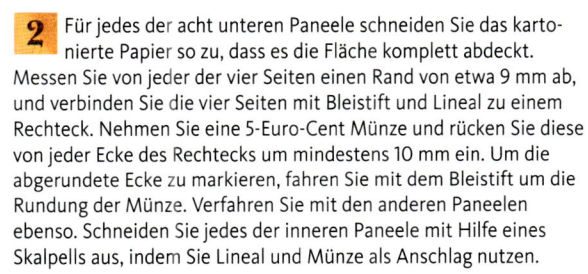

3 Legen Sie die äußere Schablone für den Deckel auf das Eibenmaserfurnier und fixieren Sie es mit Abdeckband. Verwenden Sie die Schablone als Anschlag, und schneiden Sie entlang der Innenseite des kartonierten Papiers, um das Mittelfeld für den Deckel zu erzeugen.

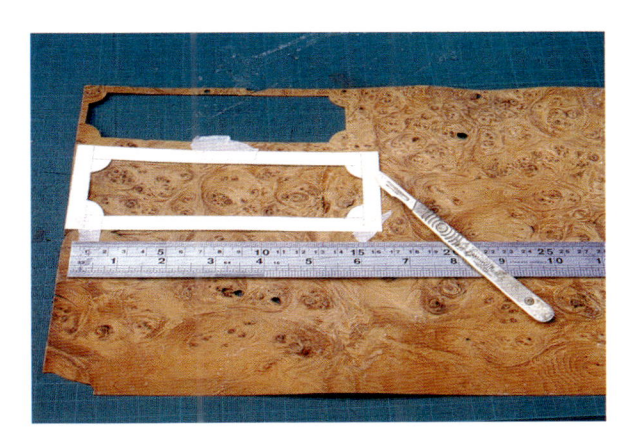

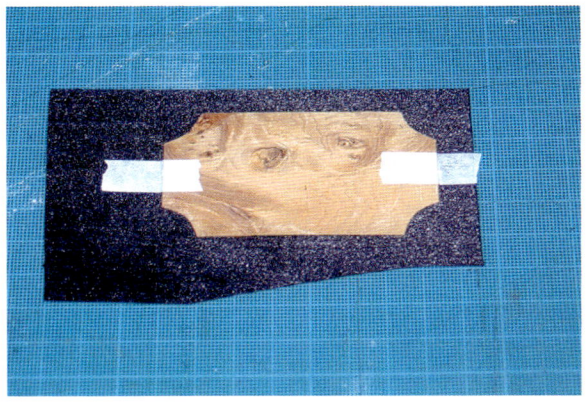

4 Legen Sie die Schablonen für jedes der acht Seitenpaneele auf das Eibenfurnier und schneiden Sie entlang der Innenseiten die Paneele aus. Am besten nummerieren Sie die Paneele, indem Sie die entsprechenden Zahlen auch auf den Seiten der Schatulle aufbringen.

5 Legen Sie ein Eibenfurnier-Paneel so auf einen Bogen schwarz gefärbtes Furnier, dass die Maserung in Längsrichtung des Paneels verläuft. Sichern Sie die beiden Furniere mit Abdeckband. Reißen Sie die Schnittlinie zwischen Eiben- und schwarzem Furnier an. Legen Sie das Eibenfurnier beiseite und schneiden Sie das schwarze Furnier entlang der Anrisslinie aus. Passen Sie das Eibenfurnier wieder in das Fenster des schwarzen Furniers ein und reiben Sie PVA-Leim in die Fugen. Verfahren Sie mit den anderen sieben Paneelen auf gleiche Weise. Lassen Sie den Leim mindestens zwei Stunden aushärten, bevor Sie weiter arbeiten.

Fünftes Kapitel | Projekte

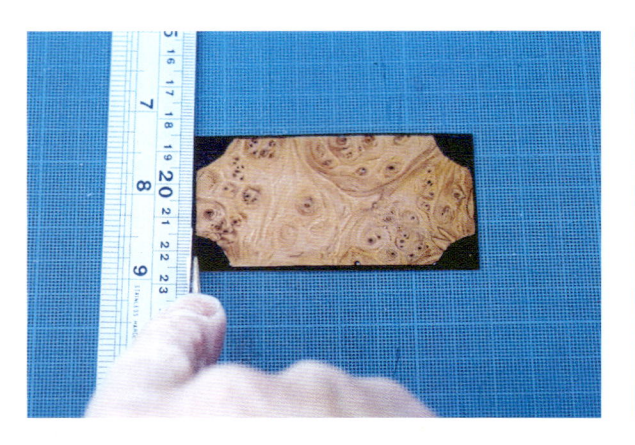

6 Sobald der PVA-Leim trocken ist, wird das schwarze Furnier so ausgeschnitten, dass im Umkreis der Seiten nur eine 1 mm breite Ader stehen bleibt. Legen Sie an den vier geraden Seiten im Abstand von 1 mm ein Lineal an das schwarze Furnier an. Schneiden Sie entlang der Linie das überschüssige schwarze Furnier ab. Die Viertelkreis-Ecken müssen »frei Hand« geschnitten werden. Man entwickelt aber bald schon ein Gefühl, entlang dieser gedachten Linie zu schneiden. Obwohl Sie im Bereich der beiden Enden und der vier Ecken durch Endmaserung schneiden, müsste der PVA-Leim die Adern an Ort und Stelle halten.

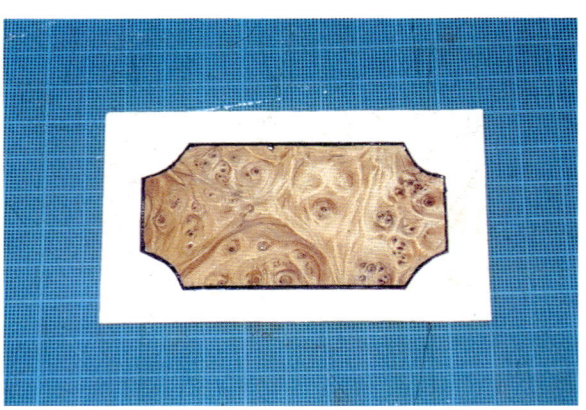

7 Nach Fertigstellung aller acht Paneele legen Sie eines auf ein Blatt Eschenfurnier. Fixieren Sie es mit Abdeckband, bevor Sie die Schnittlinie zwischen den beiden Furnieren anreißen. Legen Sie das Paneel beiseite und schneiden Sie aus dem Eschenfurnier das Fenster aus. Setzen Sie das Eibenpaneel ein und verleimen Sie es. Fahren Sie mit Arbeitsschritt 8 fort, bevor Sie die restlichen sieben Paneele fertig stellen.

8 Legen Sie die einzelnen Seitenschablonen nacheinander auf und passen Sie die mit Eschenfurnier eingefassten Eibenpaneele so ein, dass das Fenster der Schablone zentriert über dem Eibenpaneel liegt. Schneiden Sie entlang der oberen und unteren Kanten, indem Sie die Schablone als Anschlag nutzen. Geben Sie in der Breite jeweils 3 mm zu. Nur so verfügen Sie über ausreichend Material zum Schleifen, nachdem jedes Paneel aufgeleimt ist.

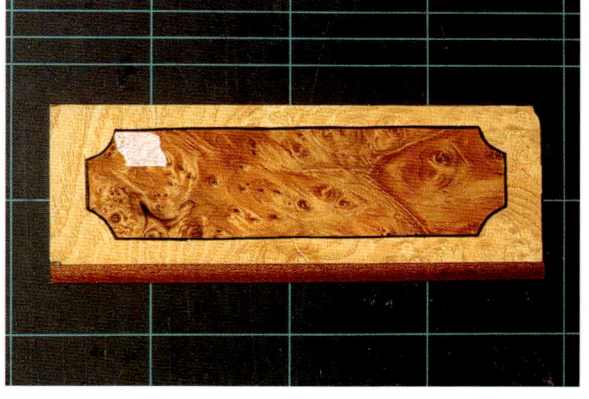

9 Schneiden Sie aus Makoré- oder Sapelli-Furnier acht 6 mm starke Streifen entsprechend den Maßen jedes Paneels zu. Diese werden jeweils mit Fugenpapier auf der Vorderseite der oberen Kante fixiert. Die weiteren sieben Paneele werden auf gleiche Weise gefertigt (s. Arbeitsschritte 7–9). Beschweren Sie die acht fertig gestellten Paneele mit einem Gewicht, damit Sie flach bleiben, während Sie die restlichen Arbeiten erledigen.

SCHMUCKSCHATULLE

10 Wie die weiße Rose gefertigt wird, ist im zweiten Kapitel (S. 62) erklärt. Nachdem diese in das Eibenmaser-Paneel eingelassen ist, kann das Mittelfeld auf den Deckel geleimt werden. Zentrieren Sie das achteckige Mittelfeld so präzise wie nur möglich auf dem Deckel. Fixieren Sie den oberen Rand mit Fugenpapier am Deckel; auf diese Weise entsteht eine Art Klappmechanismus. Fahren Sie die acht Seiten des Furniers mit Bleistift nach und klappen Sie das Furnier hoch, um den Leim aufzubringen.

11 Verteilen Sie den PVA-Leim innerhalb der Bleistiftlinien dünn, aber gleichmäßig über die Auflagefläche des Deckels. Verstreichen Sie den Leim mit einer etwa 25 mm breiten Walze. Klappen Sie das Arrangement erneut auf die nun mit Leim bestrichene Fläche, und halten Sie sie lediglich zehn Minuten lang gepresst. Unser Zwei-Phasen-Pressverfahren ermöglicht Ihnen, das Paneel mit dem Schneid-Streichmaß genau zentriert auf dem Deckel aufzubringen. So ist auch gewährleistet, dass die Ränder und Adern beim Anpassen an allen acht Ecken genau in der Flucht der Gehrung liegen.

12 Stellen Sie das Schneid-Streichmaß auf 28 mm ein und achten Sie darauf, dass die Schneide lediglich einen winzigen Streifen von jeder Seite des achteckigen Paneels entfernt. Wie Sie sich erinnern, wurden beim Erstellen der Schablone als Breite für die Einfassung 25 mm angesetzt. So müsste auf jeder Seite gerade genügend übrigbleiben, um das Deckelpaneel genau mittig zwischen den acht Seiten auszurichten. Entfernen Sie die überschüssigen Furnierstreifen mit einem scharfen Stecheisen oder Skalpell, und geben Sie den Deckel mindestens eine Stunde in die Presse.

13 Messen und schneiden Sie acht Streifen des Eschenmaser-Furniers, um das Paneel für den Deckel einzufassen. Die Adern sollten so lang sein, dass sich an jeder Seite eine Gehrung schneiden lässt. Schneiden Sie insgesamt acht Stücke der 1,5 mm breiten Ader, eines für jede Seite. Die Adern befinden sich zwischen dem Paneel und den acht Randfurnieren.

FÜNFTES KAPITEL | PROJEKTE

14 Vergewissern Sie sich, dass der Bereich, in dem die Gehrungen geschnitten werden, mit Fugenpapier abgedeckt ist. Fixieren Sie sowohl das obere als auch das untere Furnier. Legen sie das Stahllineal an die Punkte an, an denen sich die Adern kreuzen sowie an die äußeren Ränder, an denen sich die Einfassungen schneiden. Drücken Sie das Lineal, ohne zu verrutschen, fest an, und schneiden Sie durch beide Furniere und die beiden Adern, um die Gehrung zu bilden. Wiederholen Sie diesen Arbeitsschritt für sämtliche Gehrungen.

15 Abschließend klappen Sie der Reihe nach jeweils zwei gegenüberliegende Seiten zurück und bringen PVA-Leim auf die Deckelfläche. Leimen Sie sämtliche Einfassungen und geben Sie das Werkstück mindestens eine Stunde in die Presse.

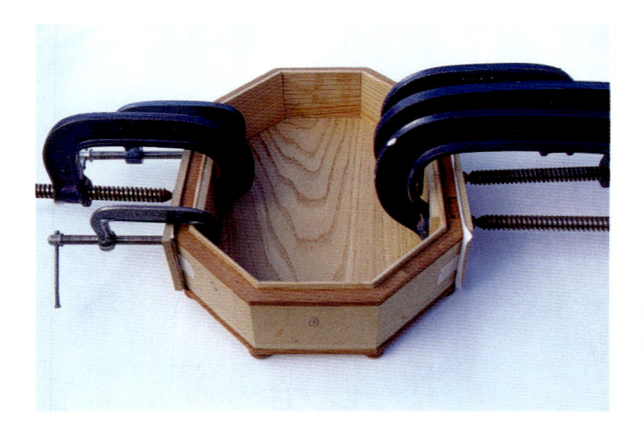

16 Leimen Sie die acht Paneele auf die untere Hälfte der Schatulle, jeweils zwei auf einmal. Verteilen Sie dafür PVA-Leim auf einem Paneel der Schatulle. Bringen Sie ein furniertes Paneel auf, und achten Sie darauf, dass es genau rechtwinklig auf der vorstehenden Zierleiste am Fuß des Paneels aufsitzt und an beiden Seiten jeweils gleichmäßig übersteht. Bringen Sie einige Lagen Papier sowie Streifen einer MDF- oder Sperrholzplatte auf Innen- und Außenseite der Schatulle auf, und pressen Sie das Ganze mit Bügel-Schraubzwingen mindestens eine Stunde. Schleifen Sie die beiden Enden randbündig mit dem Winkel der Schatulle. Beachten Sie, dass Sie in Richtung Ecke schleifen und nicht bis in die Ecke hinein, die andernfalls brechen könnte.

17 Die Fertigung des Chevron-Parketterie-Musters ist im zweiten Kapitel (S. 90) erklärt. Sobald alle acht Chevron-Paneele vorbereitet sind, werden sie, wie in Arbeitsschritt 16 erklärt, auf die Seitenpaneele des Schatullendeckels geleimt. Damit ist die Marketerie- und Parketterie-Dekoration abgeschlossen.

Zu Schliff und Oberflächenbeschichtung: siehe viertes Kapitel.

WANDSCHIRM

Obwohl man den Wandschirm als Wohnzubehör in modernen Häusern vermutlich kaum mehr findet, bieten solche Stellwände Tischlern und Marketeuren eine ausgezeichnete Möglichkeit, ihre Kunstfertigkeit unter Beweis zu stellen.

Unser Wandschirm bietet ein klar konzipiertes Design, das reichlich Raum für ländliche Szenerien oder auch abstrakte Muster vorsieht. Dieser Wandschirm ließe sich in seiner großzügigen Konzeption ohne weiteres auch als Paravent einsetzen, um etwa einen Ankleidebereich vom übrigen Zimmer abzutrennen.

MASSANGABEN FÜR DIE KONSTRUKTION

Kopieren Sie die Pläne im Anhang. Die Schemazeichnungen SC1 und SC2 enthalten sämtliche Größenangaben, wobei SC2 die Angaben zusätzlich in Form einer Explosionszeichnung wiedergibt.

Um die bogenförmige Abschlussleiste des Wandschirms zu schaffen, sollten Sie den Plan unbedingt in voller Größe zeichnen. Der Detailplan (SC1) enthält die beiden Radius-Angaben, aus denen sich der Bogen mit Hilfe eines Stangenzirkels erzeugen lässt. Wenn Sie sich für die Zeichnung dieses überaus wichtigen Abschnitts Zeit nehmen, lässt sich diese auch als Konstruktionsplan oder Arbeitsschablone verwenden.

Sämtliche Teile des Wandschirms müssen in Größe und Ausführung möglichst genau gearbeitet werden, bevor mit dem Aneinanderfügen begonnen werden kann. Sämtliche Positionen der Fugenelemente und Längen der Teile lassen sich dem Plan entnehmen. Die Form der abschließenden Rahmenleisten muss mit Hilfe von Kohlepapier von der originalgroßen Zeichnung auf das Holz übertragen werden.

Wir haben für den Wandschirm Kirsche ausgewählt, ein Holz, das sich durch ein klares Erscheinungsbild mit reizvoller Maserung auszeichnet, dabei aber nicht überteuert ist. Ein weiterer Vorteil von Kirsche ist, dass der Rahmen nicht zu dominant wirkt – die Marketerie kommt auf diesem Holz bestens zur Geltung.

Die Größe der Beine und Rahmenelemente ist harmonisch auf die Größe des Wandschirms abgestimmt. Wirkt der Rahmen zu schwer, können die Paneele unverhältnismäßig klein erscheinen und die Marketerie ihre Blickfangwirkung einbüßen. Daher sind die Gesamtproportionen ganz wichtig. Der bogenförmige Rahmen lässt den Wandschirm zusätzlich weich und geschmeidig erscheinen.

Fünftes Kapitel | Projekte

Erforderliche Werkzeuge

Entsprechend dem Bedarf für den Pfeilertisch; hinzu kommen:
Schabhobel mit abgerundeter Sohle
Großer Hobel
Oberfräse
Zysa-Scharniere

Erforderliche Materialien

Entsprechend dem Bedarf für den Pfeilertisch, hinzu kommen:
Zellulose-Schleifgrund
Zellulose-Lack

WANDSCHIRM

1 Jedes Paneel wird in einer umlaufenden Nut gehalten. Die einzelnen Paneele bestehen aus einer 6 mm starken MDF-Platte, die mit einem Furnier in Standardstärke überzogen ist. Die furnierten Paneele müssen mit Schleifpapier bearbeitet werden, bevor sie in den Rahmen eingepasst werden.

2 Sobald die verschiedenen Größen der Rahmen festgelegt sind bzw. die Länge zuzüglich der Nut an jedem Ende markiert ist, müssen Sie wählen, welche Seite die Vorderseite sein soll, und diese entsprechend kennzeichnen. Markieren Sie die Schlitze und Zapfen entsprechend den Größenangaben der Schemazeichnung SC2. Ideal wäre ein Schlitz in Stecheisengröße.

3 Das Schneiden der Schlitze kann je nach Möglichkeit maschinell oder von Hand erfolgen. Bedenken Sie, dass die Nut auf der nach oben weisenden Seite des unteren Rahmenelements vom linken bis zum rechten Zapfen durchgehen muss. Falls Sie von Hand arbeiten, müssen Sie ganz sorgfältig mit der Feinsäge vorgehen. Als einfache Alternative bietet sich eine Einspannvorrichtung an; verwenden Sie eine Oberfräse mit einer Frästiefe von mindestens 12 mm (s. folgende Abb.).

4 Die Einspannvorrichtung lässt sich auch zum Schneiden der Zapfen mit den abgewinkelten Überblattungen verwenden; oft ist es jedoch besser, die Überblattungen mit einer Feinsäge vorzusägen. Die Oberfräse kann dann hin- und herbewegt werden und noch überstehendes Material entfernen. Wenn man so vorgeht, besteht kaum Gefahr, dass die Faser bricht, auch dann nicht, wenn auf einer Seite des Rahmens zwangsläufig gegen die Faser gearbeitet werden muss.

Fünftes Kapitel | Projekte

5 Beachten Sie die beiden Holzkeile, die in entgegengesetzter Richtung am oberen Ende der Einspannvorrichtung liegen. Diese sorgen dafür, dass sich die Hölzer beim Fräsen nicht verschieben und weder Sie noch das Material Schaden nimmt.

6 Die Nut lässt sich auch mit einem Nuthobel, einer kleinen Oberfräse oder einer Tischfräse einschneiden. Wichtig ist, dass die Breite der Nut der Stärke des Paneels entspricht, denn das Paneel sollte zwar richtig sitzen, nicht aber übermäßig spannen. Vergessen Sie nicht, die Paneele vor dem Einpassen in die Rahmenelemente zu schleifen; außerdem sollte auch schon eine Grundierung aufgebracht werden. In unserem Fall beträgt die Nuttiefe 10 mm. Falls Massivholz verwendet wird, kann es sein, dass das Paneel etwas mehr Spiel hat. Wenn es in diesem Stadium bereits eine Grundierung erhält, lässt sich verhindern, dass ein sichtbarer »Strich« erscheint, falls sich der Rahmen doch noch geringfügig zusammenzieht.

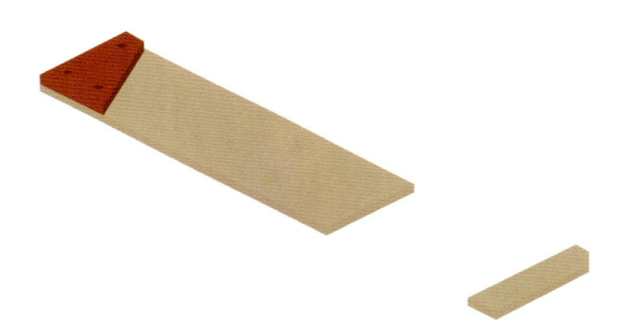

7 Bauen Sie sich eine einfache Einspannvorrichtung (s. Abb.), mit deren Hilfe Sie die Sichtwände einspannen können. Sie sollte in Form des oberen Rahmenwinkels konstruiert werden, wobei die Außenkante der Vorrichtung parallel zur unteren Rahmenkante verlaufen muss. Der Winkel des oberen Rahmenelements verändert sich für jedes Paneel geringfügig, was bedeutet, dass die Einspannvorrichtung jeweils entsprechend anzupassen ist. Das Rahmenprofil wird auf eine flache MDF- oder Sperrholzplatte von der Breite eines Sichtschutzelements aufgebracht.

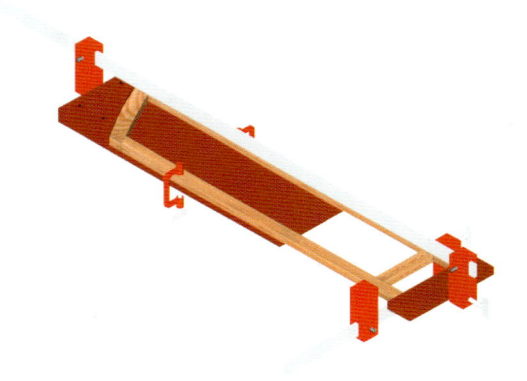

8 Fügen Sie den Rahmen probeweise ohne Leim zusammen, um sicherzugehen, dass alle Teile ineinander passen. Fügen Sie dann den Rahmen erneut zusammen, dieses Mal mit Leim. Lediglich im Bereich der Schlitze und Zapfen ist eine dünne Schicht Leim erforderlich, denn für die Fixierung der Paneele ist allein die Nut zuständig. Mit einem Spannknecht und der Einspannvorrichtung lässt sich der Rahmen spannen. Zwei Bügel-Schraubzwingen verhindern, dass der Rahmen aus der Einspannvorrichtung springt, wenn man den Spannknecht anzieht. Der Rahmen ist hier ohne das zugehörige Marketerie-Element dargestellt; dieses ist aber vor dem Verleimen unbedingt einzupassen.

9 Nach dem Zusammenfügen des Rahmens wird die obere Rahmenleiste mit einem Schabhobel mit gerader Sohle und einem mit abgerundeter Sohle ausgeformt; gearbeitet wird immer in Maserrichtung (die Abb. demonstriert das an einem einzelnen Rahmenelement). Für das oberste Rahmenelement ist oben ein Profil in Form eines Kreissegments erforderlich. Zeichnen Sie 8 mm unterhalb des oberen Rands auf der Vorder- und Rückseite des Rahmens je eine Linie, sowie eine weitere Linie, die sich genau mittig über die oberste Fläche des Rahmens zieht. Diese Linien dienen beim Hobeln des Profils der Orientierung. Sobald ein zufriedenstellendes Profil vorliegt, wird die Form mit Schleifpapier geglättet.
Das Einpassen der einzelnen Teile erfolgt am besten mit Hilfe eines großen Hobels wie etwa einer Rauhbank. Die Kanten sollten gut ineinander passen, ohne irgendwo Lücken zu zeigen. Dann erst können die Scharniere angebracht werden.

10 Um die einzelnen Sichtwände miteinander zu verbinden, werden so genannte Zysa-Scharniere verwendet, die sich genau in die Rahmen jedes Paneels einpassen lassen. Achten Sie beim Einpassen der Scharniere auf akkurates Markieren der Position, was am besten paarweise mit einem scharfen Messer gelingt. Bohren Sie ein entsprechend großes Loch für den Zylinder des Scharniers; folgen Sie den Anweisungen des Herstellers.
Was die Oberflächenbeschichtung betrifft, so werden die Paneele zunächst auf beiden Seiten mit zwei Überzügen Zellulose-Schleifgrund versehen, bevor sie in die vorgesehenen Rahmen eingepasst werden. Abschließend werden Rahmen und Paneele mit Zellulose-Lack besprüht, der für seidenmatten Glanz sorgt.

DAS MARKETERIE-DESIGN

Die Marketerie-Bilder auf beiden Seiten der Sichtwände sind ein in vier Monate langer Arbeit entstandenes Gemeinschaftswerk der Marketerie-Gruppe Leeds. Zwei Themenkomplexe wurden ausgewählt: ein orientalisches Thema mit Koi-Karpfen, Schmetterlingen und Bambuspflanzen, kombiniert mit einem typisch englischen Thema, symbolisiert durch Narzissen, Tulpen und Stiefmütterchen, wogende Hügel und Schwalben als Frühlingsboten. Die der Gruppe angehörende Künstlerin Elizabeth Dorree entwarf das maßstabsgerechte Design und wählte ganz gezielt leuchtende Farben aus, um zur Verwendung einer Vielzahl gefärbter Hölzer anzuregen. Als Hintergrundfurnier dient Vogelaugen-Ahorn, das bestens zum Kirschbaumrahmen passt. Die einzelnen Motive wurden zunächst aus einem Restfurnier oder kartoniertem Papier ausgeschnitten. Dann erst wurde das Motiv aus dem Ahornfurnier ausgeschnitten und mit Hilfe der Fenstermethode von hinten eingesetzt.

Falls Sie einen solchen Wandschirm herstellen wollen, werden Sie wohl eigene Vorstellungen verwirklichen wollen. Wir haben deshalb auch darauf verzichtet, genauer zu veranschaulichen, wie die Gruppe ihr spezifisches Design zu einem Bild zusammenfügte.

SECHSTES KAPITEL
MÖBELGALERIE

WANDSCHIRM
VON JOHN APPS UND DER MARKETERIE-GRUPPE LEEDS
Unser Entschluss, so viele Teilnehmer wie nur möglich in Entwurf und Fertigung einzubinden, stand von Anfang an fest. Johns kunstvoller Rahmen bietet ein ideales Feld, um eine Sequenz von Marketerie-Themen zu integrieren. Die Mitglieder der Marketerie-Gruppe Leeds trugen zu den zehn Paneelen des zweiseitigen Wandschirms bei. Mit künstlerischem Geschick wusste Elizabeth Dorree die Entwürfe auf jedes Paneel zu übertragen. Der Wunsch, wo immer möglich, gefärbte Furniere einzubringen, erwies sich als gewagte, aber richtige Entscheidung.

Wandschirm – Vorderseite mit Blick auf einen Garten im Orient.

MÖBELGALERIE

Wandschirm – Rückseite mit Blick auf einen Garten in England mit Schwalben als Frühlingsboten.

149

SECHSTES KAPITEL | MÖBELGALERIE

ORIENTALISCHE VASE
VON FRED DAY (1877–1955)

Dieses erstaunliche Exempel kunstvoller Holzbearbeitung wurde dem Abbey House Museum Kirkstall in Leeds Ende 2002 von der Familie des verstorbenen Fred Day aus Armley (Leeds) als Schenkung vermacht. Die 380 mm hohe Vase wurde in neunjähriger Arbeit vollendet und umfasst sowohl Marketerie- als auch Parketterie-Ornamente. Höchste Fertigkeiten im Holzschnitzen, Drechseln und Miniaturmalen waren ebenso erforderlich wie die Beherrschung der Schichtholzverleimung. Die geschweiften Klauen- und Ballfüße der Cabriole Legs sowie die Drachen- und Schulterelemente im Bereich der Ecken bestehen ausnahmslos aus schichtverleimtem Massivholz, jedes mit außergewöhnlichen Parketterie-Motiven geschmückt. Die vier Miniatur-Marketerie-Szenen lassen auf eine Fertigung anhand der Fenstermethode schließen, obwohl das Stück vor 1930 entstand, die Fenstermethode als Technik nachweislich aber erst 25 Jahre später praktiziert wurde. Die Schnurrbarthaare des Löwen und ein Spinnennetz verraten, unter dem Mikroskop betrachtet, dass feinste, mit höchster Präzision geschnittene Holzspäne in die miniaturenartigen Bilder eingefügt wurden.

MÖBELGALERIE

Jeder nicht einmal 25 mm Durchmesser umfassende Fuß besteht aus 220 Holzschichten, wobei die Muster zur Mitte der hölzernen Bälle hin verlaufen. Einer der Bälle war gebrochen und gewährte somit Einblick in die komplexen Schichten im Inneren.

151

Sechstes Kapitel | Möbelgalerie

Löwen-Paneel der orientalischen Vase.

Pfau-Paneel der orientalischen Vase.

MÖBELGALERIE

Spinnweben-Paneel der orientalischen Vase.

Kirchen-Paneel der orientalischen Vase.

ACHTECKIGER TISCH AUF MITTELSÄULE
VON JACK METCALFE

Die segmentierten Flöten wurden anhand von Schablonen gefertigt; zunächst aber galt es einen Zirkelschneider entsprechend dem großen Radius zu modifizieren. Jede Flöte enthält Segmente aus Eichenholz und Eichenmaser-Furnier, durch Buchsbaumadern von den angrenzenden Flöten abgesetzt. Reizvoll in Form und Größe (Durchmesser: 880 mm) eignet sich dieser Tisch ausgezeichnet zum Frühstücken.

LÖWE IM KÄFIG
VON FRED DAY (1877–1955)

Das 50 mm x 75 mm x 75 mm große, aus einem einzigen massiven Holzblock geschnitzte Arrangement »Löwe im Käfig« liegt auf einem Fahrgestell mit drehbarer Achse und beweglichen Rädern in einem Käfig, dessen Tür offen steht. Jeder Aspekt von Fred Days Miniaturschnitzwerk entspricht dem Charakter des Holzes, aus dem es geschnitzt ist.

Achteckiger Tisch auf Mittelsäule.

Löwe im Käfig (ausgestellt im Marketerie-Museum in Leeds).

MÖBELGALERIE

ITALIENISCHER BARWAGEN
Von Jack Metcalfe

Ein Servierwagen im italienischen Stil, der 1996 furniert und mit Marketerie-Ornamenten, eingelegt in schwarzes amerikanisches Nussbaum-Maserfurnier, geschmückt wurde.

Servierwagen mit heruntergeklapptem Seitenteil.

Ornament des Servierwagens.

COUCHTISCH
Von Tomoko Hasuo

Von einer Kursteilnehmerin des Marketerie-Lehrgangs gefertigt, beweist der Tisch Tomokos Kunstfertigkeit in Sachen Marketerie und Tischlerei sowie die große Zuwendung, die sie selbst kleinsten Details widmet. Jedes Blatt des eleganten Unterbaus ist handgeschnitzt und mit den Beinen verfugt. Nach Abschluss ihrer Lehrzeit hat Tomoko bei einem angesehenen Kunsttischler in York Arbeit gefunden.

Sechstes Kapitel | Möbelgalerie

Nähkasten
Von Alan Rollinson

Der unverkennbar hohe Standard der Marketerie- und Parketterie täuscht über die kurze Zeit hinweg, in der sich Alan in dieser Kunst übte. Als leidenschaftlicher Marketeur strebt Alan eine weitere Vertiefung seiner Fertigkeiten an, indem er einen zweijährigen Lehrgang am York College belegt hat.

CARLTON-HOUSE-SEKRETÄR
VON JOHN APPS

Der halbrunde Schreibtischaufsatz besteht aus mehreren 1,5 mm starken Blättern Balsaholz, die einen profilierten Korpus umschließen. Traditionelle Schlitz- und Zapfenverbindungen schließen die gerundeten Profile mit den vorderen zusammen. Die Konstruktion ist traditionell: die Schubladen sind mit Zedernholz ausgeschlagen, die Schwalbenschwanz-Zinken von Hand eingeschnitten. An Massivholz und Furnier wurde hauptsächlich französisches Kirschbaumholz verwendet, das an Satinholz erinnert, welches in den erforderlichen Abmessungen nur schwer erhältlich ist. Als Kontrast wurde Mahagoniflader verwendet. Die Furniere für die bogenförmigen Flächen wurden mittels Vakuumpresse dauerhaft aufgebracht. Die Schlösser wurden in die beiden bogenförmigen Türen eingelassen. Das zweite Bild zeigt eines der beiden Geheimfächer, das nur geöffnet werden kann, wenn man den Schließmechanismus betätigt, der sich hinter der verschließbaren Tür verbirgt.

Sheraton-Sekretär mit Geheimfächern.

SECHSTES KAPITEL | MÖBELGALERIE

Schatulle mit Geißblatt-Ornament (Anthemion).

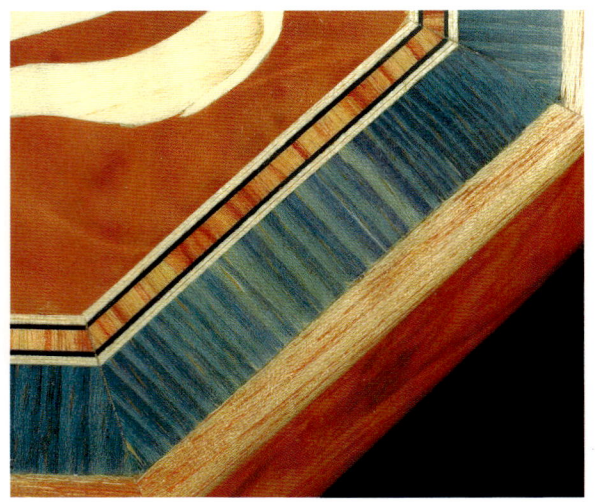

Detail der Schatulle.

SCHATULLE MIT GEISSBLATT-ORNAMENT
VON JACK METCALFE

Eine Schatulle im italienischen Stil, mit einem Anthemion- oder Geißblatt-Motiv (Lonicera) geschmückt, findet man häufig in der klassizistischen Epoche, ob in Robert Adams Gipsabdrucken oder in Chippendales Möbelstücken. Beachten Sie das blaue Randfurnier – es entstand durch chemische Behandlung von Buchenholz, wie sie im ersten Kapitel erläutert wurde.

TABLETT MIT PARKETTERIE-DEKOR
VON TONY THORPE

Hier fällt das imposante Parketterie-Dekor ins Auge, das, mit traditionellen Eckfächern geschmückt, zu einem einzigartigen Blickfang wird. Beachten Sie, dass sich das Muster im Bereich des erhöhten Tablettrands wiederholt. Tonys Werk wurde mit der John Boddy Trophäe für die beste eingereichte Arbeit der Gruppe 2001 des Seaton Cup Wettbewerbs ausgezeichnet.

Tablett mit Parketterie-Dekor.

MÖBELGALERIE

RECHTECKIGES TABLETT
VON JENNY GROUT
Mit diesem Tablett errang die erst 15jährige Jenny eine Bronze-Medaille beim Duke-of-Edinburgh-Wettbewerb. Es war ihr erstes Marketerie-Werk überhaupt. Der muschelförmige Rand des Eichenmaserfurniers bildet eine kreative Ergänzung des ovalen Fächermotivs.

CHINESISCHER OFENSCHIRM
VON MARGARET CAPITANO
Die Chinesin bildet ein ansprechendes Motiv für diesen schlichten, aber farbenfrohen Ofenschirm. Eine mit einem Scharnier angebrachte Stützstrebe hält den Schirm aufrecht. Margaret suchte die Hölzer für Kleidung und Arrangement aus, die sie als gelernte Schneiderin reizvoll aufeinander abzustimmen wusste.

SECHSTES KAPITEL | MÖBELGALERIE

STANDUHR
VON CHARLES KERR
Diese Standuhr verrät mit ihrem bezauberndem Dekor höchste Kunstfertigkeit im Marketerie-Schneiden und Tischlern. Sie wurde bei der Axminster Show 2002 mit dem ersten Preis bedacht.

WANDSCHIRM MIT CHINESISCHER MAUER
VON JACK METCALFE
Ein Hartholzrahmen aus Buchenholz mit dekorativem Einlegeband und kunstvoll geschnitztem Kopf umgibt ein Marketerie-Bild der Chinesischen Mauer. Der lichte Morgenhimmel wird durch Zitronenholz bestens wiedergegeben.

ANHANG

SCHABLONEN

ROSE, MUSCHEL UND KONKAVER FÄCHER

ANHANG

SCHABLONE FÜR OVALE FÄCHER

Schablonen

Kompassrose

Äußerer Kreis 80 mm
Zweiter Kreis 55 mm
Dritter Kreis 35 mm
Innerer Kreis 25 mm

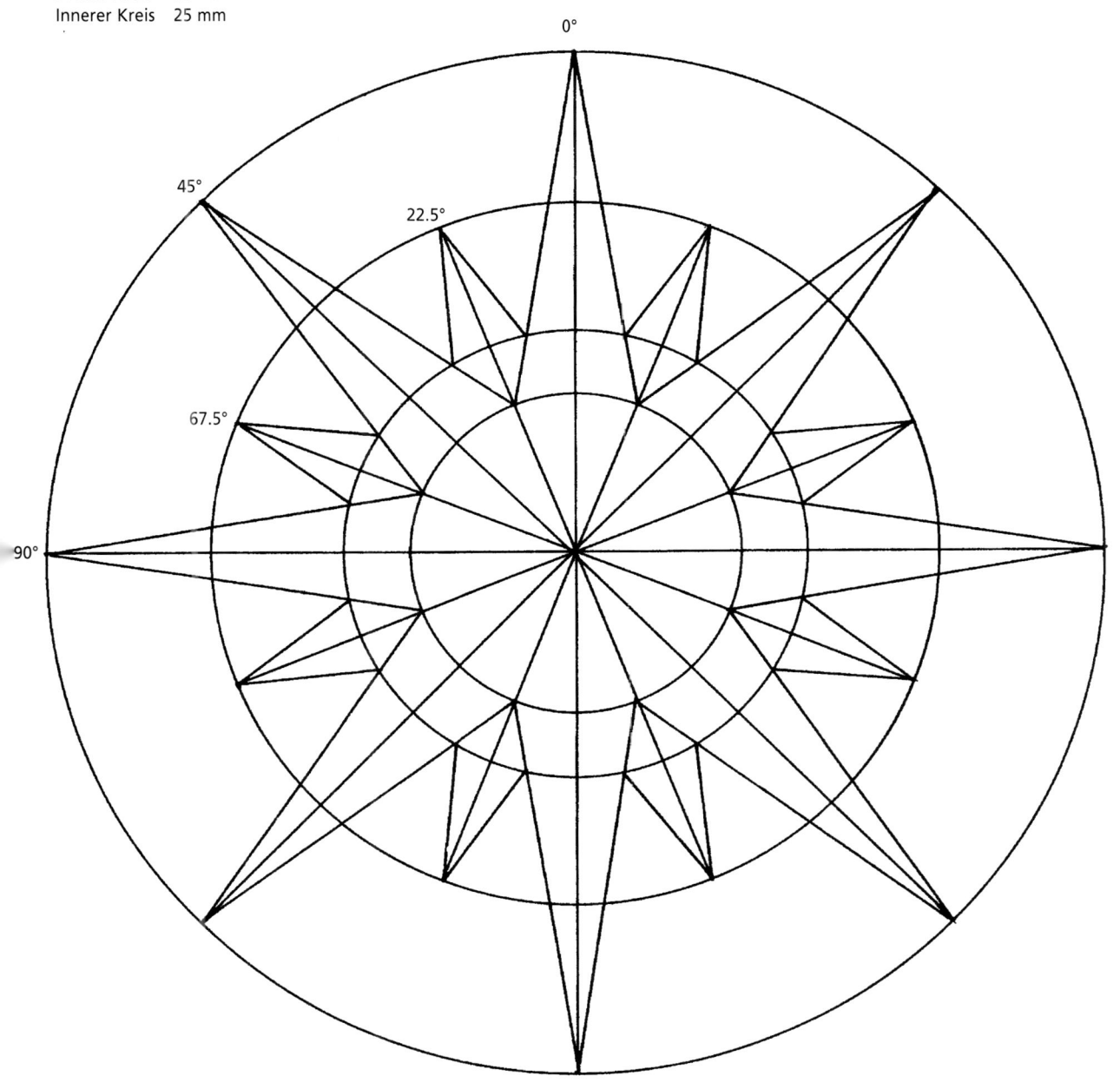

0°
22.5°
45°
67.5°
90°

Anhang

Patera

Halbrunder Fächer

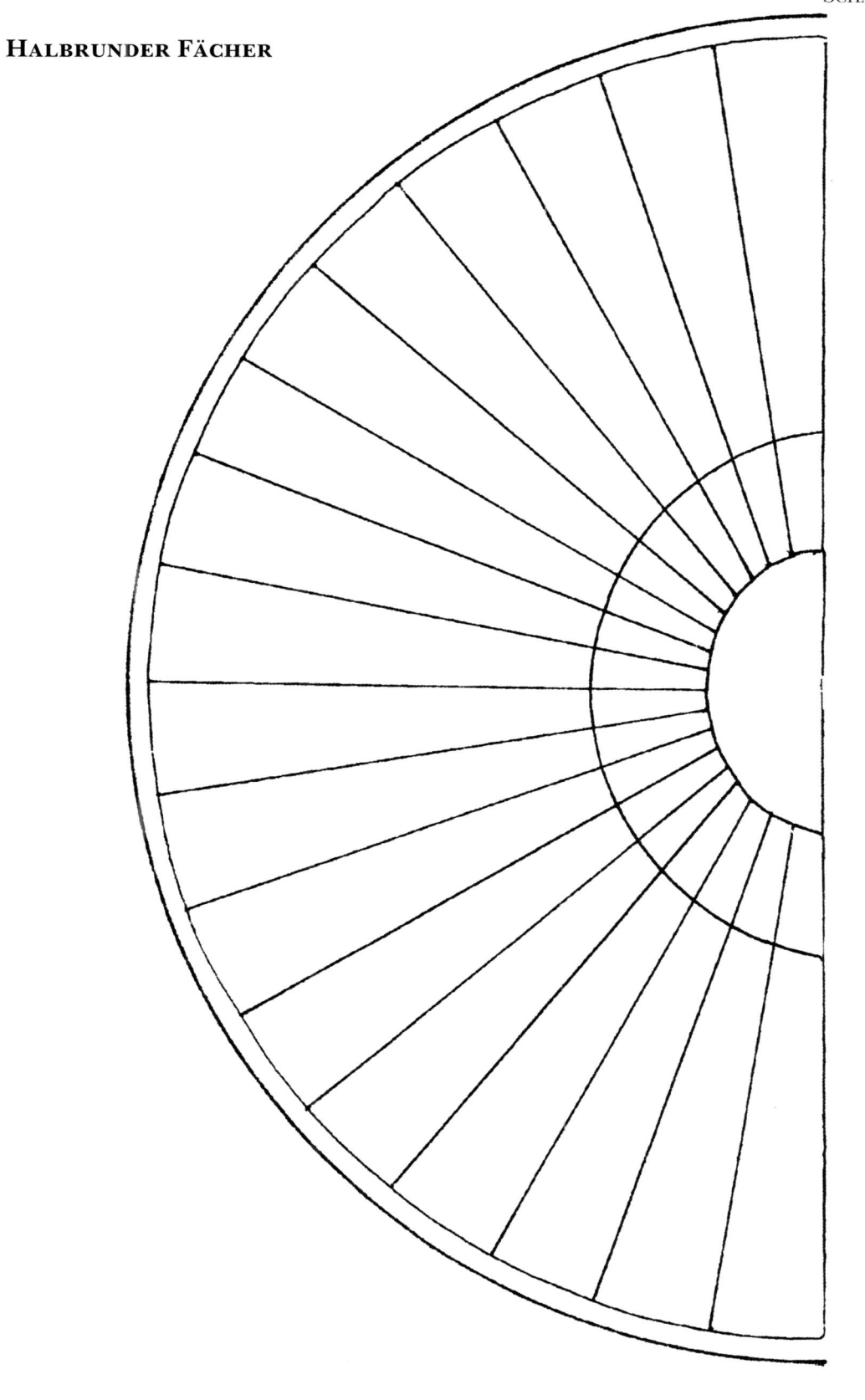

Schablonen

Anhang

Schablonen für den Pfeilertisch

166

FURNIERPRESSE

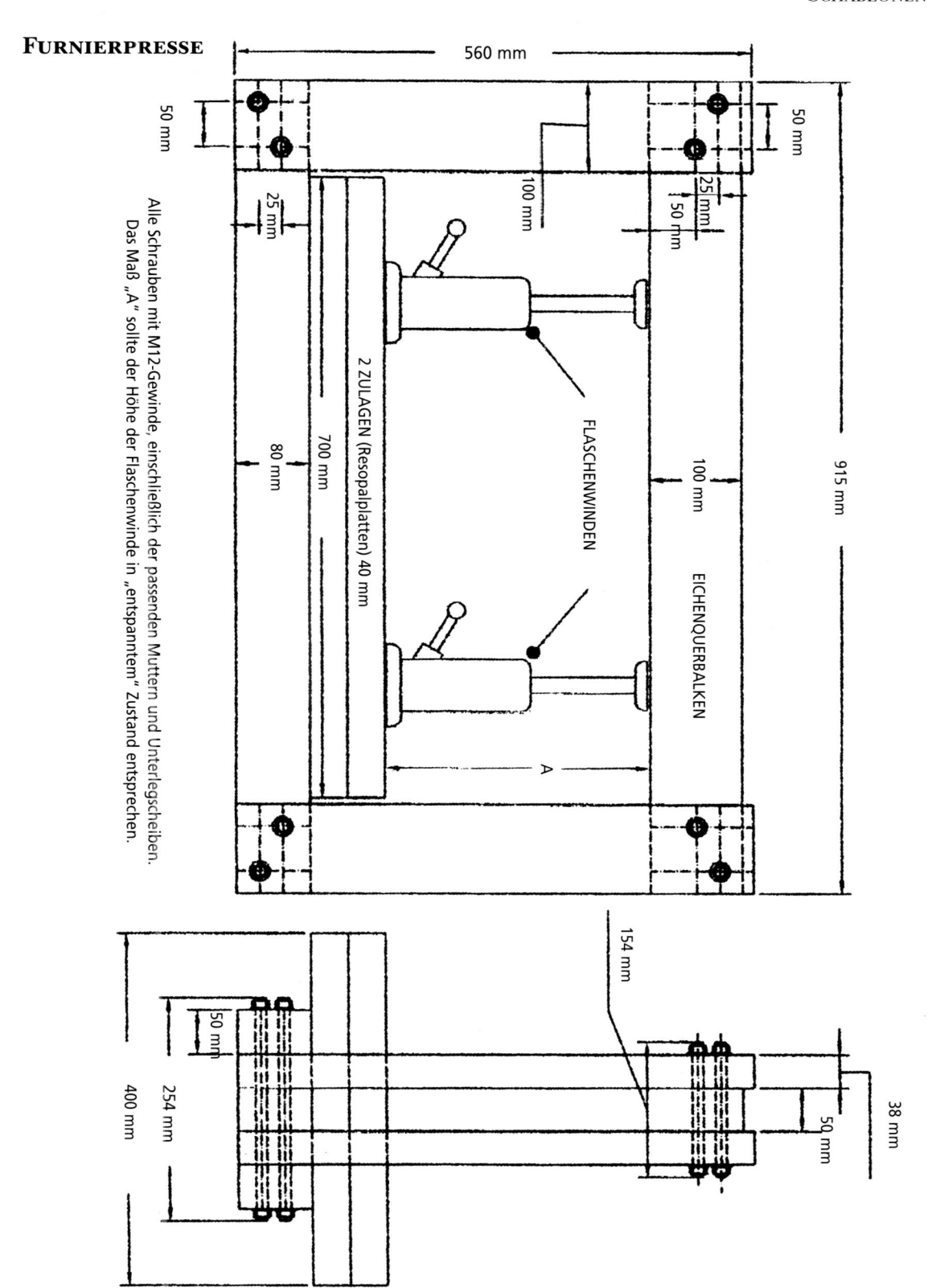

- 560 mm
- 50 mm
- 100 mm
- 25 mm / 50 mm
- 25 mm
- 80 mm
- 700 mm
- 2 ZULAGEN (Resopalplatten) 40 mm
- FLASCHENWINDEN
- 100 mm
- EICHENQUERBALKEN
- 915 mm
- A
- 154 mm
- 50 mm
- 254 mm
- 400 mm
- 38 mm
- 50 mm

Alle Schrauben mit M12-Gewinde, einschließlich der passenden Muttern und Unterlegscheiben. Das Maß „A" sollte der Höhe der Flaschenwinde in „entspanntem" Zustand entsprechen.

KONSTRUKTIONSZEICHNUNGEN

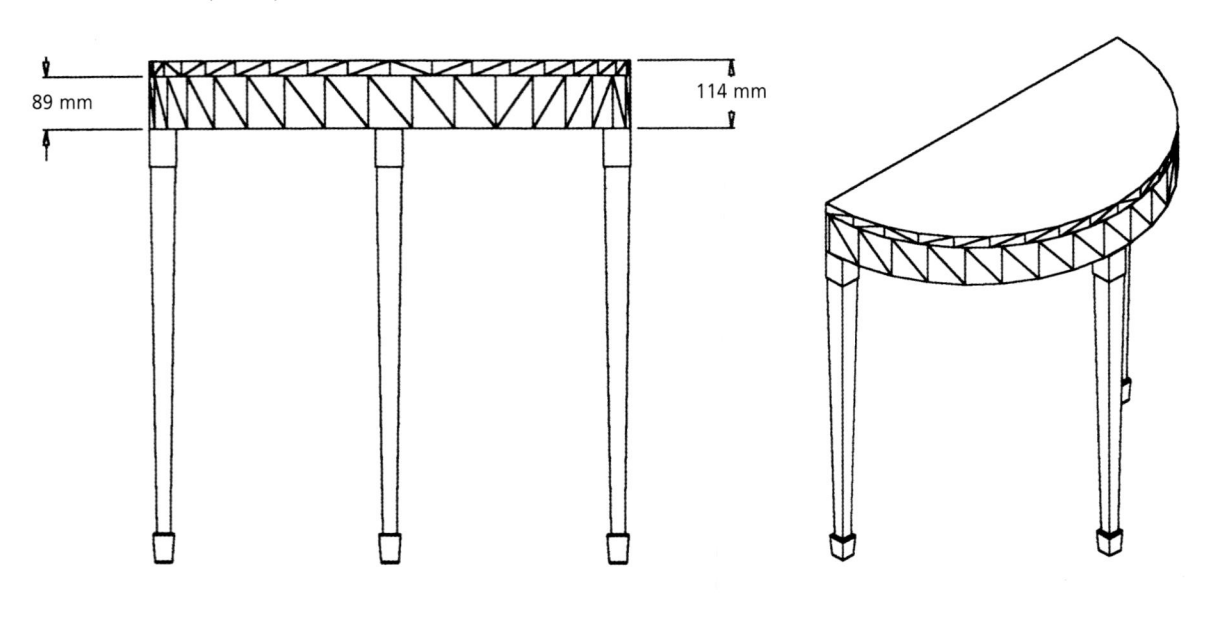

Pfeilertisch (TB1)

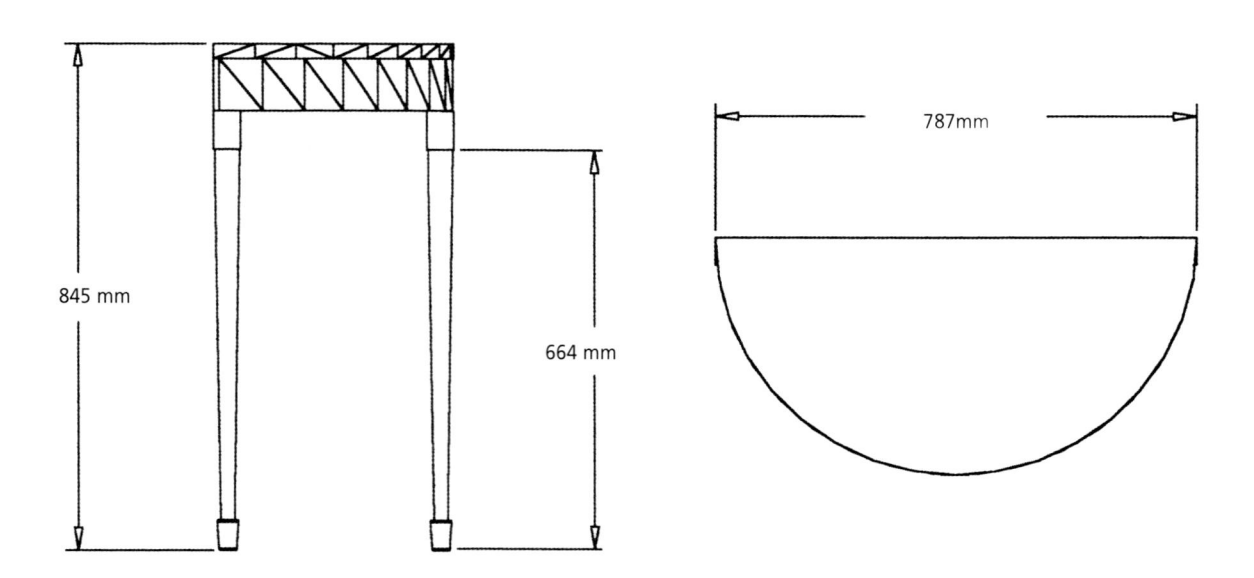

89 mm

114 mm

845 mm

664 mm

787 mm

Konstruktionszeichnungen

Pfeilertisch (TB2)

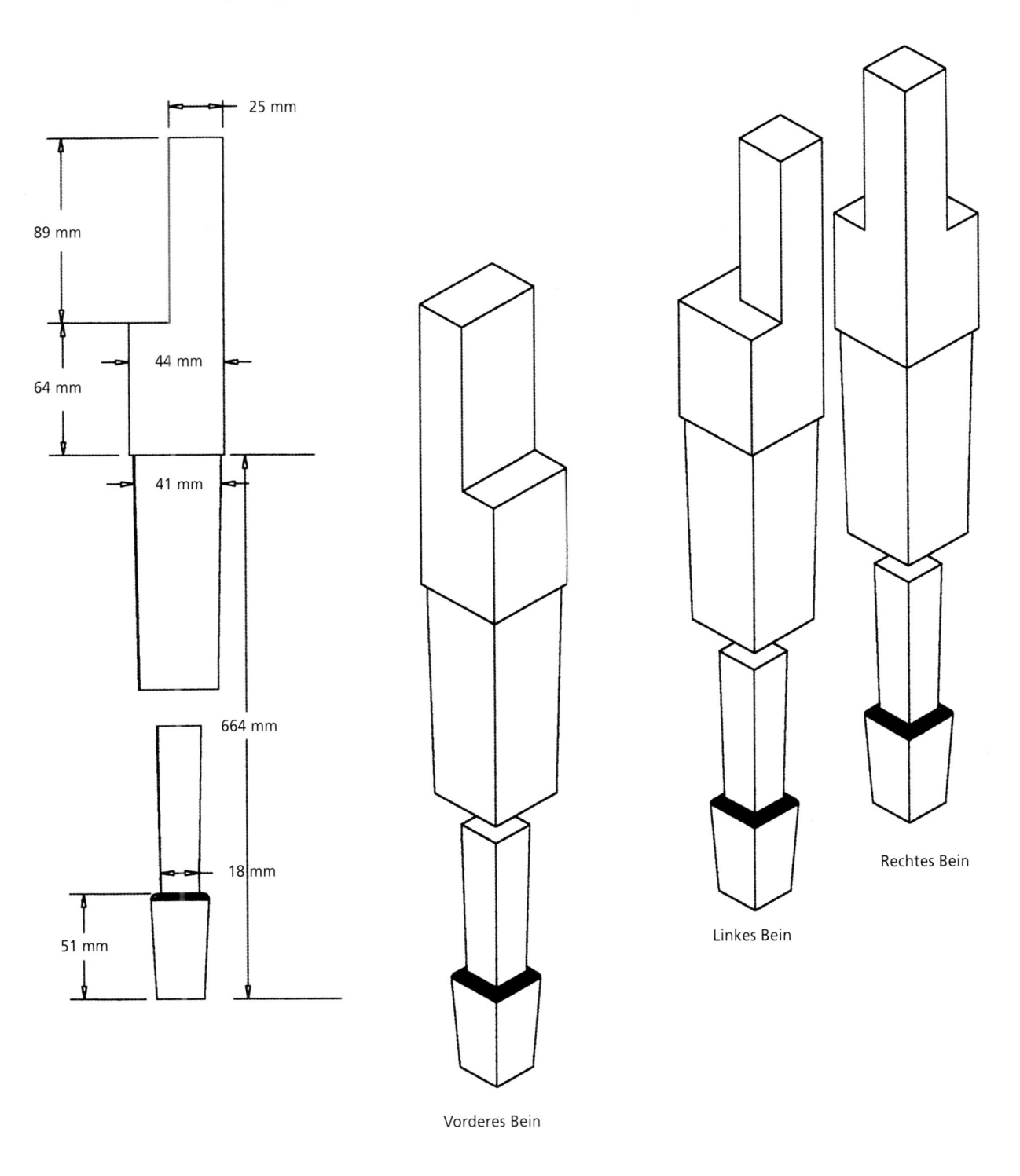

- 25 mm
- 89 mm
- 44 mm
- 64 mm
- 41 mm
- 664 mm
- 18 mm
- 51 mm

Vorderes Bein

Linkes Bein

Rechtes Bein

Anhang

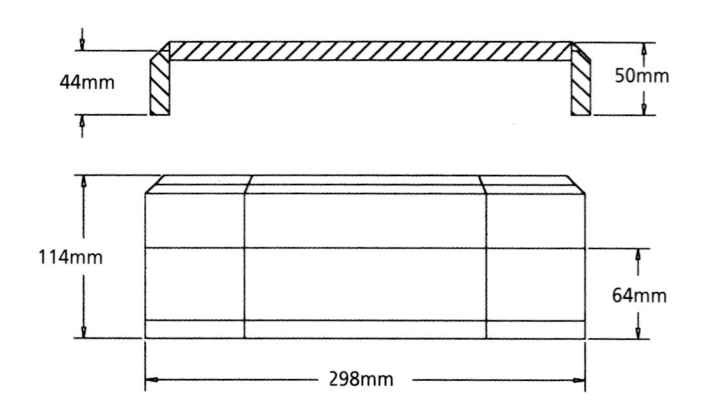

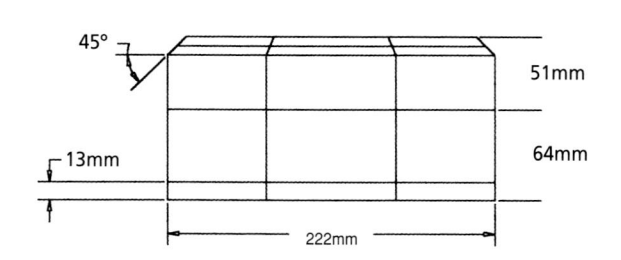

Schmuckschatulle (JB1)

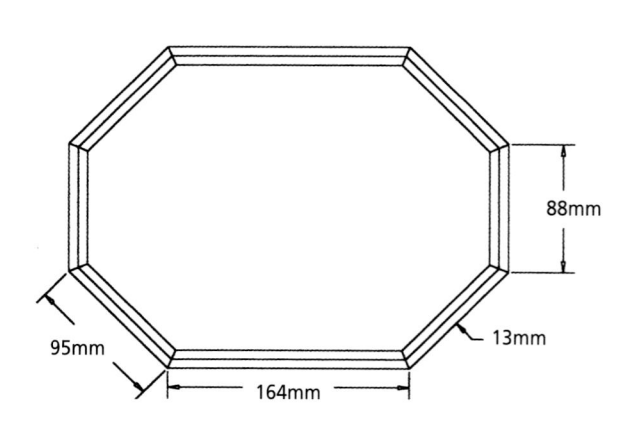

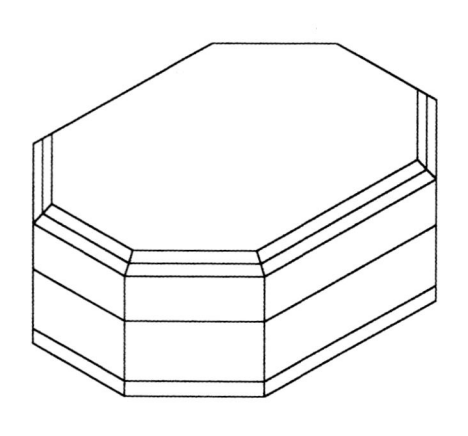

Konstruktionszeichnungen

Schmuckschatulle (JB2)

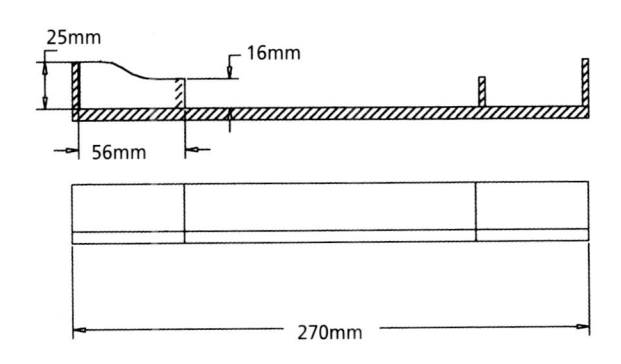

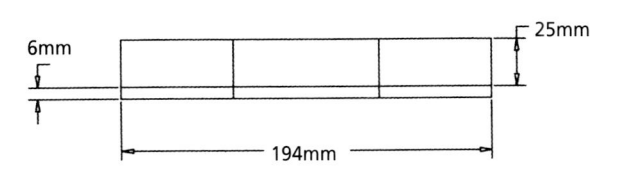

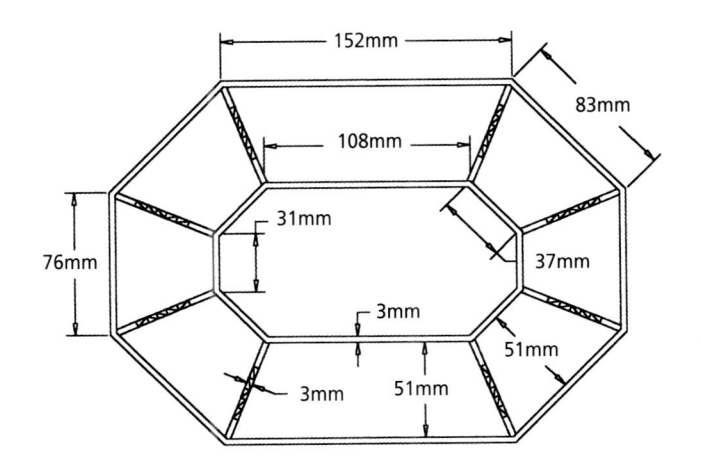

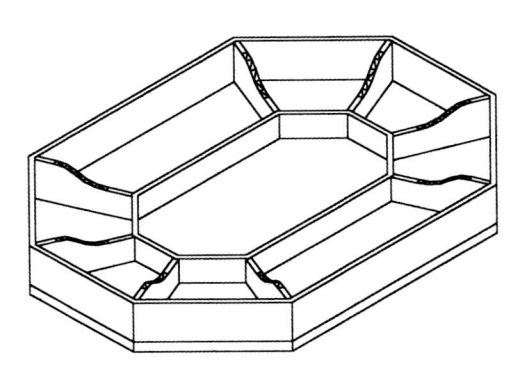

Anhang

Wandschirm (SC1)

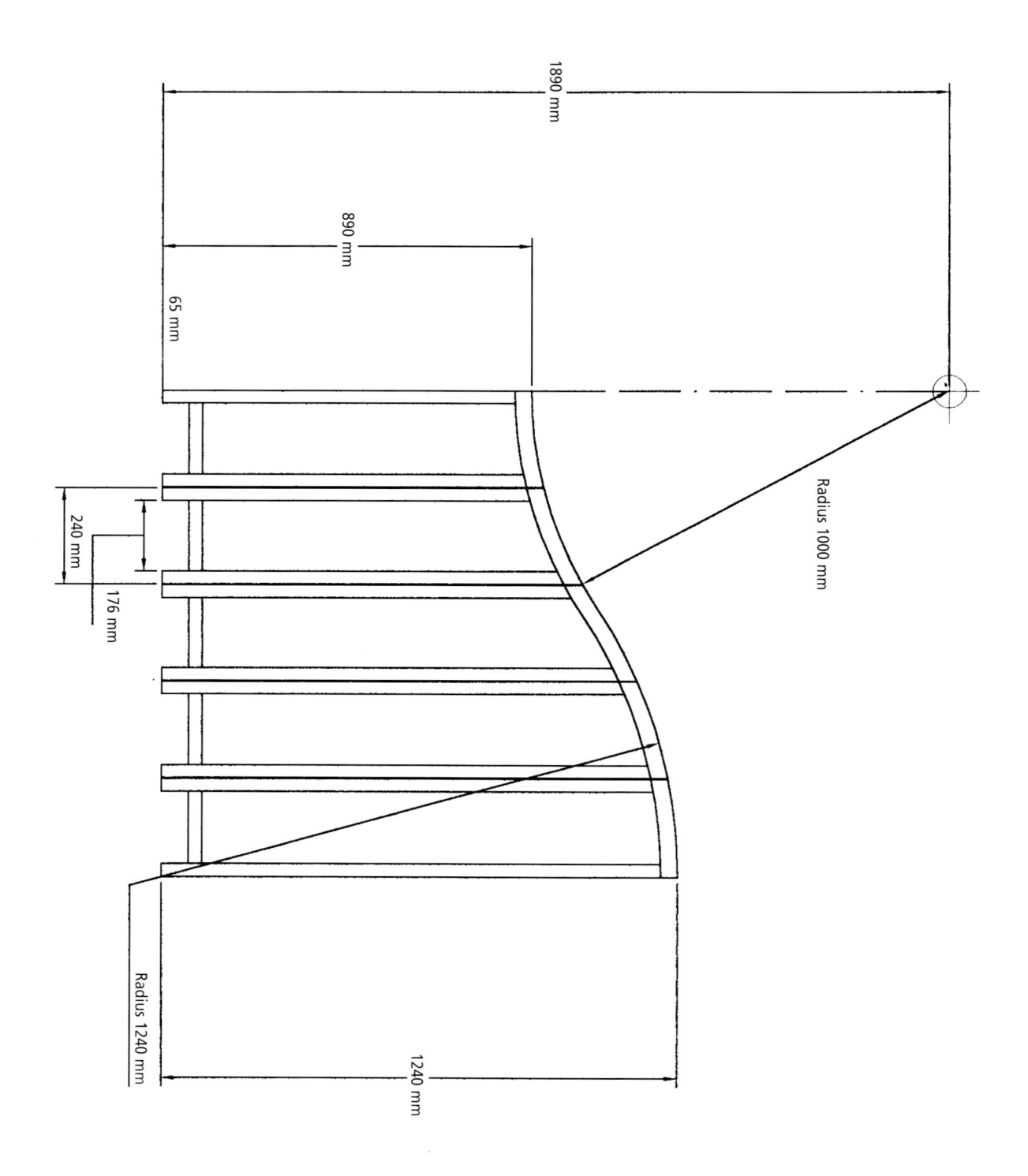

Konstruktionszeichnungen

Wandschirm (SC2)

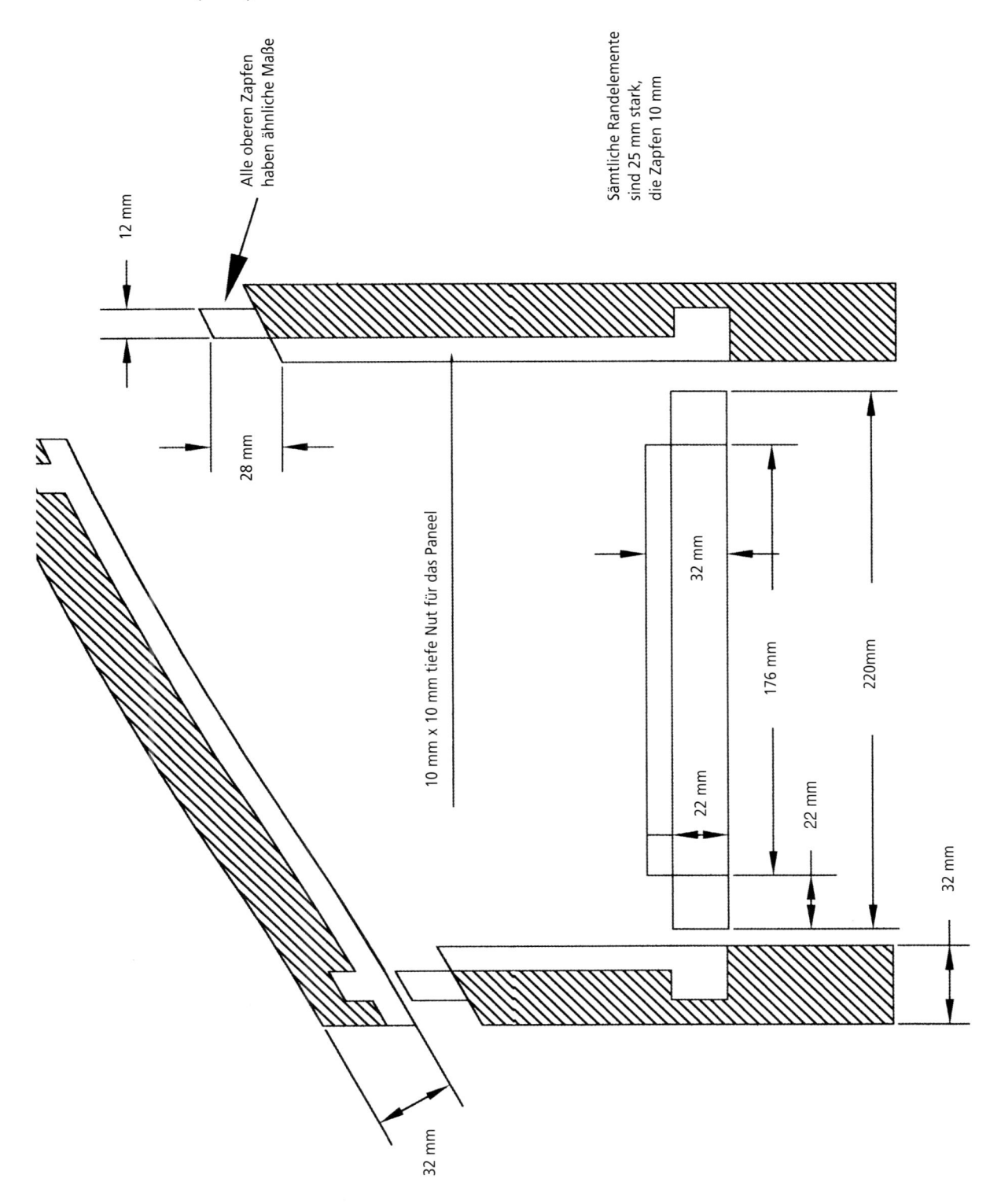

Alle oberen Zapfen haben ähnliche Maße

Sämtliche Randelemente sind 25 mm stark, die Zapfen 10 mm

12 mm
28 mm
10 mm x 10 mm tiefe Nut für das Paneel
32 mm
176 mm
220 mm
22 mm
22 mm
32 mm
32 mm

GLOSSAR

Ader Dünner Holzstreifen zur Dekoration von Möbelstücken und Marketerie-Arbeiten.

Anschlag Feste oder verstellbare Führungsvorrichtung, um die Schneide von Maschinen und Werkszeugen in einem bestimmten Abstand zu halten. Hilfsmittel, um ganz gerade Kanten zu erzielen.

Anthemion Geißblatt-Ornament, das in der klassizistischen Periode (Adam-Periode, 18. Jh.) ein beliebtes Stuckmotiv darstellt und an Möbeln als Marketerie in Erscheinung tritt.

Aushärt-, Abbindzeit Die Zeit, die Leim auf Wasserbasis benötigt, um zu trocknen.

Bandintarsie Dünner Streifen aus dekorativem Holz, der als kontrastierender Rand oder Abschlusselement auf das Basisholz aufgebracht wird.

Bogenkante (Muschelrand) Bogenförmige Ränder (Muschelrand) der Flöten/Kannelierungen von Marketerie-Fächern.

Elektrokorundpapier Ein Schleifpapier, das mit einem Mineral von besonderer Härte (Aluminiumoxid) beschichtet ist.

Falzfuge, Hohlkehle Eine ins Holz eingeschnittene Nut.

Geviertelte Ecke Eine 90°-Ecke, die durch ein inliegendes Viertelkreis-Element gebrochen wird.

Klassizistisch Historische Epoche in Möbelkunst und Architektur; bezeichnet in England die Zeit zwischen 1770 und 1800.

MDF-Platte Mitteldichte Faserplatte aus Holz, ideal für Furnierarbeiten.

Parketterie (auch: Parkett-Marketerie) Schneiden von Holz- oder Furnierteilen, die, entsprechend zusammengefügt, sich wiederholende geometrische Musterfolgen ergeben.

Patera Rosettenmotiv, das man von Tiefreliefs an Friesen kennt, und das in der Marketerie erneut aufgegriffen wird.

Pigment Pulverförmige Substanz, die als Farbträger fungiert und in Verbindung mit Fugenfüllmaterial (Porenfüller) bei der abschließenden Oberflächenbehandlung verwendet wird.

Polierballen In ein Baumwolltuch eingeschlagener Wattebausch zum Aufbringen von Schellackpolitur.

Porenfüller Farbige oder transparente Flüssigkeit zum Füllen der Holzporen, aber auch zum Schließen von Rissen oder kleineren Lücken in Laubsägearbeiten; wird vor dem Schmirgeln und der Oberflächenbehandlung aufgebracht.

PVA-Leim Poly-Vinyl-Acetat-Leim, auch Weißleim genannt, ist ein moderner transparenter Klebstoff auf Wasserbasis.

Querfurnierband Im 90°-Winkel zur Maserung des angrenzenden Furniers eingelegtes Band, oft als dekorative Einfassung eines Furniermittelfelds.

Riegelahorn Das wellig quergestreifte (geriegelte) Bild des durch Radialschnitt gewonnenen Ahornfurniers, das traditionell den Boden der Geige schmückt.

Sandwich (Furnierpaket) Paket aus mehreren Furnierschichten, das vor dem Aussägen mit der Laubsäge mit Nägeln oder Stiften zusammengeheftet wird.

Schattieren (Brennen) Leichtes Ansengen der Holzfurniere in heißem Quarzsand, um eine Schattenwirkung und somit einen dreidimensionalen Effekt zu erzeugen. Kunstgriff zur Farbabstufung in der Marketerie.

Schellack Politur aus Harz und einem Produkt, das von der Lackschildlaus ausgeschieden und in Alkohol aufgelöst wird, um Schellackpolitur herzustellen.

Schleifgrund Eine auf Methylalkohol oder Zellulose basierende Grundierung, die vor der Endlackierung aufgebracht wird.

Schmiege Werkzeug, vergleichbar mit dem Gehrmaß, aber mit beweglicher Zunge, die sich auf jeden beliebigen Winkel einstellen lässt und zu akkuraten Schnitten und Sägekanten verhilft.

Schneid-Streichmaß Werkzeug mit verstellbarem Kopf und integrierter Klinge, um Furniere parallel zur Hobelkante akkurat zu schneiden.

Siliziumkarbidpapier Ein gleitfähiges (selbstschmierendes) Schleifpapier, das ein Klumpen verhindert. Mit Zinkoxidpulver bestreutes Siliziumkarbidpapier, das wie ein trockenes Schmiermittel wirkt, eignet sich für den Feinschliff von Schellackpolituren.

Trägerholz (Basis) Holzbrett oder Paneel (Türfüllung), auf das ein dekoratives Furnier und Marketerie aufgeleimt wird.

Verwerfung Nutzholz, das sich verzieht und somit bogenförmig aufwirft.

Wurzel- oder Maserholz Das aufgrund abnormaler Wucherungen an der Basis des Baums und im Bereich der Wurzeln besonders geschätzte Holz mit auffallend ausgeprägtem Wuchsbild.

Zweikomponenten-Lack (säurehärtend) Modernes, auf Zellulose basierendes Überzugsmittel, dem ein Härter als Katalysator beigegeben wurde, um rascher abzubinden.

Bezugsquellen

Templin OHG
Schillerstraße 8
21423 Winsen
Tel.: +49 4171 3122
www.furniere-templin.de
(Furniere)

Theodor Nagel GmbH & Co. KG
Billstraße 118
20539 Hamburg
Tel.: +49 40 781100-0
Fax: +49 40 781100-24
www.theodor-nagel.com
(Furniere)

Theodor Nagel (GmbH) Basel
Grellingerstrasse 9
4020 Basel
Tel.: +41 61 3113640
Fax: +41 61 3113686
www.tnb.ch
(Furniere)

Gotthilf Dieterle GmbH
Graf-Zeppelin-Str. 28
72202 Nagold
Tel.: +49 7452 8462-0
Fax: +49 7452 8462-23
www.dieterle.com
(Furniere)

Dieter Schmid – Feine Werkzeuge
Cauerstraße 18
10587 Berlin
Tel.: +49 30 34217-57
Fax: +49 30 34217-64
www.feinewerkzeuge.de
(Werkzeuge)

Wilh. Schmitt Comp.
Königstr. 59
42853 Remscheid
Tel.: +49 2191 78204-10
Fax: +49 2191 78204-20
www.kirschen.de
(Werkzeuge)

Dick GmbH
Donaustr. 51
94526 Metten
Tel.: +49 991 9109-0
Fax: +49 991 9109-50
www.dick.biz
(Werkzeuge)

Hilfreiche Internet-Seiten:
www.holzhandel.de
www.furnier.de

REGISTER

Abachi 24
Abdeckband 15
Abziehstein (Ölstein) 8, 27
Adam, Robert 42
Adern 92, 93, 95-101
Ahorn, gebeizt 37, 38
Amerikanische Schwarznuss 23
Aningeria (Aningré) 24
Anschlagvorrichtung 114, 120–122, 145, 146

Bandsäge 122, 133
Bergahorn 24
Bogenkante 46, 47, 49, 50, 55
Bordüren 93, 95–101
Bügeleisen 8, 16

Chevron-Parketterie 86–90, 111, 116
Chippendale, Thomas 42, 118

Doppelschnitt-Verfahren 30–35

Ebenholz 103
Eckfächer, konkav 48–50
Eckfächer, konvex 44–47
Eibe 19
Eibenmaser 138
Einlegearbeit 6, 43, 67, 92
Eschen-Maser 25

Fächer 6, 42–56
Feder-Technik 39, 40, 123
Fehhaarpinsel 107
Fenstermethode 57–65
Fladerschnitt 22, 23
Fugenpapier 15

Furnier 21
Furniere, gefärbte 148, 149
Furnierhammer 17
Furnierpresse 13, 14, 94, 129

Gefladertes Maserbild 22, 23
Geflechtmuster 81–85
Gehrung 96–99
Gehrungsschneidlade 9, 10, 79, 88, 90
Geometrie-Set 8
Gestürztes Furnierbild 25
Girlande 123–130

Handlaubsäge 10, 34, 35, 69
Harnstoffharzleim 17
Hefter 11, 32
Heizplatte 12
Hirnholzhobel 133, 137

Kevasinga 97
Khaya 21
Kirsche 143
Klebstoffe 15–18
Klingen, Skalpell 8, 26, 27
Kohlepapier 62
Kontaktkleber 18

Laubsäge-Sägeblätter 10

Madrona-Maser 25
Magnolia 24, 123, 126
Mahagoni 21, 24
Maserbirke 75
Maserholz 16, 25, 138–142
Miniatur-Feinsäge 9, 79, 87
Montage 91

Nass- und Trockenschleifpapier 18, 105

Oberflächenbehandlung 106
Oberfräse 121, 145
Ovaler Fächer 51–57

Packband 32, 68
Padouk 103
Pappel 24
Pappel-Maser 25
Parketterie 74–90
Patera 70, 73, 111, 114
Pauspapier 67
Pfeilertisch 118–130
Pinzette 13
Polierballen 107, 109
Polituren 106–110

Quarzsand 12, 13, 36, 37
Querfurnierband 97–101

Rosenholz 65, 78, 97

Sapelli 24
Satinholz 30, 123
Säurehärtender Einkomponenten-Lack 106, 110
Schablonen-Methode 43–56
Schachbrett 75, 77, 95, 96, 103
Schärfen von Skalpellen 8, 27
Schattieren (Brennen) 12, 13, 36, 37
Schellack 19, 106, 107, 109
Schleifgrund 103, 104, 108–110

Schleifklotz 105, 129
Schleifmittel 18, 104, 105
Schmuckschatulle 131–142
Schneidbrett 11, 12
Schneid-Streichmaß 8, 94, 126
Schwingschleifer 9, 104, 105
Sepele 24
Silikonkarbidpapier 18, 105
Skalpell 8, 26
Spachtel 73
Spindelfräse 120
Spiralbohrer 11, 33
Stahllineal 8, 12, 40
Stahlrichtscheit 8, 76, 87
Stahlwolle 18, 107, 109, 110
Stockflecken 16
Strukturlinien 40, 41

Tellerschleifer 114

Vogelaugenahorn 23, 148, 149

Wandschirm 110, 143–149
Windrose 58–61
Wirbeliges Maserbild 22
Wurzelholz 16, 25, 138–142

Zebrano 23, 87, 111
Zellulose-Schleifgrund 19, 102, 103, 108–110
Zirkelschneider 8
Zuckerahorn 24
Zuckerahorn-Maser 25
Zulagefurniere 32, 33